明远通识文库

主 编：刘亚丁

编 委：马文颖 王逸群 匡 宇
 邢小于 池济敏 李志强
 吴兵先 赵心竹 高树博
 魏褐夫

透视双头鹰

从 文 艺 看
俄 罗 斯 的 历 史 道 路

四川大学出版社
SICHUAN UNIVERSITY PRESS

通识教育的"川大方案"

◎ 李言荣

大学之道，学以成人。作为大学精神的重要体现，以培养"仝人"为目标的通识教育是对马克思所讲的"人的自由而全面的发展"的积极回应。自 19 世纪初被正式提出以来，通识教育便以其对人类历史、现实及未来的宏大视野和深切关怀，在现代教育体系中发挥着无可替代的作用。

如今，全球正经历新一轮大发展大变革大调整，通识教育自然而然被赋予了更多使命。放眼世界，面对社会分工的日益细碎、专业壁垒的日益高筑，通识教育能否成为砸破学院之"墙"的有力工具？面对经济社会飞速发展中的常与变、全球化背景下的危与机，通识教育能否成为对抗利己主义，挣脱偏见、迷信和教条主义束缚的有力武器？面对大数据算法用"知识碎片"织就的"信息茧房"、人工智能向人类智能发起的重重挑战，通识教育能否成为人类叩开真理之门、确证自我价值的有效法宝？凝望中国，我们正前所未有地靠近世界舞台中心，前所未有地接近实现中华民族伟大复兴，通识教育又该如何助力教育强国建设，培养出一批批堪当民族复兴重任的时代新人？

这些问题都需要通识教育做出新的回答。为此，我们必须立足当下、面向未来，立足中国、面向世界，重新描绘通识教育的蓝图，给出具有针对性、系统性、操作性和前瞻性的方案。

一般而言，通识教育是超越各学科专业教育，针对人的共性、公民的共性、技能的共性和文化的共性的知识和能力的教育，是对社会中不同人群的共同认识和价值观的培养。时代新人要成为面向未来的优秀公民和创新人才，就必须具有健全的人格，具有人文情怀和科学精神，具有独立生活、独立思考和独立研究的能力，具有社会责任感和使命担当，具有足以胜任未来挑战的全球竞争力。针对这"五个具有"的能力培养，理应贯穿通识教育始终。基于此，我认为新时代的通识教育应该面向五个维度展开。

第一，厚植家国情怀，强化使命担当。如何培养人是教育的根本问题。时代新人要肩负起中华民族伟大复兴的历史重任，首先要胸怀祖国，情系人民，在伟大民族精神和优秀传统文化的熏陶中潜深情感、超拔意志、丰博趣味、豁朗胸襟，从而汇聚起实现中华民族伟大复兴的磅礴力量。因此，新时代的通识教育必须聚焦立德树人这一根本任务，为学生点亮领航人生之灯，使其深入领悟人类文明和中华优秀传统文化的精髓，增强民族认同与文化自信。

第二，打好人生底色，奠基全面发展。高品质的通识教育可转化为学生的思维能力、思想格局和精神境界，进而转化为学生直面飞速发展的世界、应对变幻莫测的未来的本领。因此，无论学生将来会读到何种学位、从事何种工作，通识教育都应该聚焦"三观"培养和视野拓展，为学生搭稳登高望远之梯，使其有机会多了解人类文明史，多探究人与自然的关系，这样才有可能培养出德才兼备、软硬实力兼具的人，培养出既有思维深度又不乏视野广度的人，培养出开放阳光又坚韧不拔的人。

第三，提倡独立思考，激发创新能力。当前中国正面临"两个大局"（中华民族伟大复兴的战略全局和世界百年未有之大变局），经济、社会等各领域的高质量发展都有赖于科技创新的支撑、引领、推动。而通识教育的力量正在于激活学生的创新基因，使其提出有益的质疑与反思，享受创新创造的快乐。因此，新时代的通识教育必须聚焦独立思考能力和底层思维方式的训练，为学生打造破冰拓土之船，使其从惯于模仿向敢于质疑再到勇于创新转变。同时，要使其多了解世界科技史，使其产生立于人类历史之巅鸟瞰人类文明演进的壮阔之感，进而生发创新创造的欲望、填补空白的冲动。

第四，打破学科局限，鼓励跨界融合。当今科学领域的专业划分越来越细，既碎片化了人们的创新思想和创造能力，又稀释了科技资源，既不利于创新人才的培养，也不利于"从 0 到 1"的重大原始创新成果的产生。而通识教育就是要跨越学科界限，实现不同学科间的互联互通，凝聚起高于各学科专业知识的科技共识、文化共识和人性共识，直抵事物内在本质。这对于在未来多学科交叉融通解决大问题非常重要。因此，新时代的通识教育应该聚焦学科交叉融合，为学生架起游弋穿梭之桥，引导学生更多地以"他山之石"攻"本山之玉"。其中，信息技术素养的培养是基础中的基础。

第五，构建全球视野，培育世界公民。未来，中国人将越来越频繁地走到世界舞台中央去展示甚至引领。他们既应该怀抱对本国历史的温情与敬意，深刻领悟中华优秀传统文化的精髓，同时又必须站在更高的位置打量世界，洞悉自身在人类文明和世界格局中的地位和价值。因此，新时代的通识教育必须聚焦全球视野的构建和全球胜任力的培养，为学生铺就通往国际舞台之路，使其真正了解世界、不孤陋寡闻，真正了解中国、不妄自菲薄，真正了解人类、不孤芳自赏；不仅关注自我、关注社会、关注国家，还关注世界、关注人类、关注未来。

我相信，以上五方面齐头并进，就能呈现出通识教育的理想图景。但从现实情况来看，我们目前所实施的通识教育还不能充分满足当下及未来对人才的需求，也不足以支撑起民族复兴的重任。其问题主要体现在两个方面：

其一，问题导向不突出，主要表现为当前的通识教育课程体系大多是按预设的知识结构来补充和完善的，其实质仍然是以院系为基础、以学科专业为中心的知识教育，而非以问题为导向、以提高学生综合素养及解决复杂问题能力为目标的通识教育。换言之，这种通识教育课程体系仅对完善学生知识结构有一定帮助，而对完善学生能力结构和人格结构效果有限。这一问题归根结底是未能彻底回归教育本质。

其二，未来导向不明显，主要表现为没有充分考虑未来全球发展及我国建设社会主义现代化强国对人才的需求，难以培养出在未来具有国际竞争力的人才。其症结之一是对学生独立思考和深度思考能力的培养不够，尤其未能有效激活学生问问题，问好问题，层层剥离后问出有挑战性、有想象力的问题的能力。其症结之二是对学生引领全国乃至引领世界能力的培养不够。这一问题归根结底是未能完全顺应时代潮流。

时代是"出卷人"，我们都是"答卷人"。自百余年前四川省城高等学堂（四川大学前身之一）首任校长胡峻提出"仰副国家，造就通才"的办学宗旨以来，四川大学便始终以集思想之大成、育国家之栋梁、开学术之先河、促科技之进步、引社会之方向为己任，探索通识成人的大道，为国家民族输送人才。

正如社会所期望，川大英才应该是文科生才华横溢、仪表堂堂，医科生医术精湛、医者仁心，理科生学术深厚、术业专攻，工科生技术过硬、行业引领。但在我看来，川大的育人之道向来不只在于专精，更在于博通，因此从川大走出的大成之才不应仅是各专业领域的精英，而更应是真正"完整的、大写的人"。简而言之，川大英才除了精熟专业技能，还应该有川大人所共有的川大气质、川大味道、川大烙印。

关于这一点，或许可以做一不太恰当的类比。到过四川的人，大多对四川泡菜赞不绝口。事实上，一坛泡菜的风味，不仅取决于食材，更取决于泡菜水的配方以及发酵的工艺和环境。以之类比，四川大学的通识教育正是要提供一坛既富含"复合维生素"又富含"丰富乳酸菌"的"泡菜水"，让浸润其中的川大学子有一股独特的"川大味道"。

为了配制这样一坛"泡菜水"，四川大学近年来紧紧围绕立德树人根本任务，充分发挥文理工医多学科优势，聚焦"厚通识、宽视野、多交叉"，制定实施了通识教育的"川大方案"。具体而言，就是坚持问题导向和未来导向，以"培育家国情怀、涵养人文底蕴、弘扬科学精神、促进融合创新"为目标，以"世界科技史"和"人类文明史"为四川大学通识教育体系的两大动脉，以"人类演进与社会文明""科学进步与技术革命"和"中华文化（文史哲艺）"为三大先导课程，按"人文与艺术""自然与科技""生命与健康""信息与交叉""责任与视野"五大模块打造 100 门通识"金课"，并邀请院士、杰出教授等名师大家担任课程模块首席专家，在实现知识传授和能力培养的同时，突出价值引领和品格塑造。

如今呈现在大家面前的这套"明远通识文库"，即按照通识教育"川大方案"打造的通识读本，也是百门通识"金课"的智慧结晶。按计划，丛书共 100 部，分属于五大模块。

——"人文与艺术"模块，突出对世界及中华优秀文化的学习，鼓励读者以更加开放的心态学习和借鉴其他文明的优秀成果，了解人类文明演进的过程和现实世界，着力提升自身的人文修养、文化自信和责任担当。

——"自然与科技"模块，突出对全球重大科学发现、科技发展脉络的梳理，以帮助读者更全面、更深入地了解自身所在领域，学习科学方法，培养科学精神、科学思维以及创新引领的战略思维、深度思考和独立研究能力。

——"生命与健康"模块，突出对生命科学、医学、生命伦理等领域的学习探索，强化对大自然、对生命的尊重与敬畏，帮助读者保持身心健康、积极、阳光。

——"信息与交叉"模块，突出以"信息＋"推动实现"万物互联"和"万物智能"的新场景，使读者形成更宽的专业知识面和多学科的学术视野，进而成为探索科学前沿、创造未来技术的创新人才。

——"责任与视野"模块，着重探讨全球化时代多文明共存背景下人类面临的若干共同议题，鼓励读者不仅要有参与、融入国际事务的能力和胆识，更要有影响和引领全球事务的国际竞争力和领导力。

百部通识读本既相对独立又有机融通，共同构成了四川大学通识教育体系的重要一翼。它们体系精巧、知识丰博，皆出自名师大家之手，是大家著小书的生动范例。它们坚持思想性、知识性、系统性、可读性与趣味性的统一，力求将各学科的基本常识、思维方法以及价值观念简明扼要地呈现给读者，引领读者攀上知识树的顶端，一览人类知识的全景，并竭力揭示各知识之间交汇贯通的路径，以便读者自如穿梭于知识树枝叶之间，兼收并蓄，掇菁撷华。

总之，通过这套书，我们不惟希望引领读者走进某一学科殿堂，更希望借此重申通识教育与终身学习的必要，并以具有强烈问题意识和未来意识的通识教育"川大方案"，使每位崇尚智识的读者都有机会获得心灵的满足，保持思想的活力，成就更开放通达的自我。

是为序。

（本文作于 2023 年 1 月，作者系中国工程院院士，时任四川大学校长）

目　录

第一讲　彼得一世：跨越三个世纪的文学形塑/1

　　一、18 世纪：罗蒙诺索夫笔下的彼得一世/1

　　二、19 世纪：普希金笔下的彼得一世/5

　　三、20 世纪：阿列克谢·托尔斯泰笔下的彼得一世/10

　　四、小结/14

第二讲　黄金时代：文学和社会的觉醒/16

　　一、19 世纪俄罗斯文学的社会土壤/16

　　二、璀璨的文学群星/22

第三讲　《谁之罪?》：现实主义的社会批判/37

　　一、作品介绍和解读路线/37

　　二、作品照进现实/40

　　三、国家与贵族的使命/49

　　四、贵族的困境——田园式幻想下的旧世界/54

第四讲　《战争与和平》：民族道路的沉思/59

　　一、进入民族性问题的背景/60

二、《战争与和平》中的世界/63

三、俄罗斯人和俄罗斯道路/71

第五讲　新的人格的建构：《钢铁是怎样炼成的》/79

一、作品的时代背景/79

二、尼古拉·奥斯特洛夫斯基与《钢铁是怎样炼成的》/83

三、苏联新人与保尔精神/87

四、作品异乎寻常的世界影响力/91

第六讲　一个人与一个时代：《一个人的遭遇》/97

一、肖洛霍夫其人/97

二、早期作品/98

三、《一个人的遭遇》/105

第七讲　北方的河：18—19世纪俄罗斯历史画中的民族、国家与风景/117

一、概述/117

二、图像、历史与人民/119

三、巡回画派：俄罗斯19世纪绘画的高峰/125

第八讲　星辰大海：20世纪俄罗斯先锋艺术与设计/137

一、抽象与形式：康定斯基、马列维奇与俄罗斯现代主义艺术/137

二、工业、未来与乌托邦：俄苏设计/153

第九讲　凝固的英雄：纪念碑礼瞻/160

一、雕塑艺术的概念/160

二、俄罗斯历史概述/162

三、纪念碑礼瞻/166

四、结语/187

第十讲　足尖上的风云：芭蕾舞与时代——俄罗斯"学院派"芭蕾漫议 /189

　　一、风起之时/189

　　二、创立学派/192

　　三、芭蕾的救赎者——俄罗斯芭蕾舞团（Russian Ballet）/198

　　四、苏联芭蕾——阵痛与探索/202

　　五、俄罗斯学派与中国芭蕾/205

　　六、结语/208

第十一讲　导师和朋友：俄罗斯文学与中国现代作家/211

　　一、五四时期中俄文学交流的总体情况/211

　　二、鲁迅与俄国文学/217

　　三、巴金与俄国文学/223

第十二讲　俄罗斯的自我意识与中国想象/230

　　一、俄罗斯观照中国的自我意识/230

　　一、当代俄罗斯文学中的中国元素/235

　　三、俄罗斯艺术家的中国想象/238

第一讲

彼得一世：跨越三个世纪的文学形塑

主讲人：刘亚丁

第一讲介绍和分析俄罗斯文学中的彼得一世，呈现三个时代的彼得大帝形象：18 世纪、19 世纪和 20 世纪三位诗人或作家笔下的彼得一世。通过讲解这三个世纪俄罗斯文学中的彼得一世的形象，重点关注文学作品是如何思考俄罗斯历史发展道路的。

一、18 世纪：罗蒙诺索夫笔下的彼得一世

在 18 世纪，大诗人、大科学家罗蒙诺索夫创作了歌颂彼得的作品，包括长诗和赞美辞。

罗蒙诺索夫画像

1. 长诗《彼得大帝》

1760—1761 年，罗蒙诺索夫写了 1126 行的长诗《彼得大帝》，这只是
其中两章，还没有写完。罗蒙诺索夫的这些作品都没有翻译成中文，他写
彼得的诗和散文都很有特色，所以有必要加以介绍。罗蒙诺索夫给长诗
《彼得大帝》加了副标题"英雄诗篇"（героическая поэзия）。他写道：

俄罗斯的强大军队

从拉多加湖进入涅瓦河，

沿着河岸行驶，树林阻拦不了俄罗斯勇士……

俄罗斯的捍卫者行进到瑞典海岸，

成千上万壮汉来自涅瓦河，

满怀胜利的渴望。①

① М. В. Ломоносов. Петр Великий, героическая поэма//М. В. Ломоносов. Полное
собрание сочинений. Том восьмой. М. и Л.：Издательство Академий СССР. 1959. С. 722 —
723. 本书所引外文文献，如无特殊说明，均为笔者自译。

此段讲述了俄罗斯 1702 年战胜瑞典，夺得诺特堡的史实。此后，俄国军队 1703 年攻占尼沙涅茨要塞，占领了涅瓦河两岸。同年，彼得一世在涅瓦河畔为圣彼得堡奠基。1712 年，他把俄国的首都从莫斯科迁到圣彼得堡。这样，俄罗斯就逐渐控制了波罗的海的出海口。

在彼得一世之前，从 16 世纪中叶到 18 世纪初，沙俄通过一系列扩张，已经成为雄踞欧亚大陆的帝国，可仍然是一个与海洋隔绝的内陆国家。彼得一世为沙俄帝国打开出海口而南奔北走。在夺取黑海的努力失败后，转而向北争夺波罗的海。为战胜控制波罗的海的主要强国瑞典，彼得拼凑了反瑞典的"北方同盟"，发动了 1700—1721 年的"北方大战"，最终占领了波罗的海沿海的大片土地。彼得为完全控制波罗的海，建立了俄罗斯海军，使俄国由一个内陆国变成了濒海国。罗蒙诺索夫的长诗《彼得大帝》与俄罗斯的历史发展道路具有重要联系，记录了现代俄罗斯发展的一个重要基点。

2.《彼得大帝赞美辞》

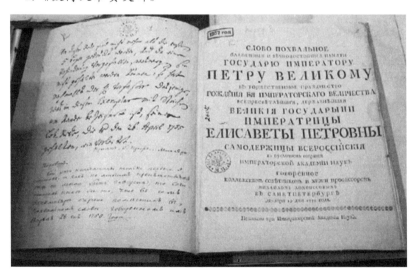

《彼得大帝赞美辞》扉页书影

在此之前的 1755 年，罗蒙诺索夫还写了《彼得大帝赞美辞》，全称

《喜乐缅怀彼得大帝赞美辞》。我们看罗蒙诺索夫是如何塑造彼得一世的形象的：

> Я в поле межь огнем, я в судных заседаниях межь трудными рассуждениями, я в разных художествах между многоразличными махинами, я при строении городов, пристаней, каналов, между бесчисленным народа множеством, я межь стенанием валов Белаго, Чернаго, Балтийскаго, Каспийскаго моря и самаго Океана духом обращаюсь. Везде Петра Великаго вижу в поте, в пыли, в дыму, в пламени — и не могу сам себя уверить, что один везде Петр, но многие и некраткая жизнь, но лет тысяча.①

译文：我在烟火缭绕间，我在难以判决疑案的法庭上，我在各种杂物中的绘画作品之间，我在城市、港口和运河人来人往的工地上，我在白海、黑海、波罗的海、里海和大洋的波涛之间，都拜谒了彼得的神灵。只见他汗流满面，灰尘满身，穿行在烟里火里。我难以相信，以彼得一人之身，何以到处都能看到他的身影，似乎他分身无数，生命长存。

这篇对彼得一世充满崇敬之情的作品，从形式上也是值得关注的。罗蒙诺索夫在散文的形式中，实际上既考虑了朗诵的效果，也采用了不少诗歌的手法，比如，写海的文字："我在白海、黑海、波罗的海、里海和大洋的波涛之间……"（межь стенанием валов Белаго, Чернаго, Балтийскаго, Каспийскаго моря и самаго Океана...）作者列举海的名称

---

① М. В. Ломоносов. Слово Пахвальное блаженныя памяти Государыю Императору Петру Великому//М. В. Ломоносов. Полное собрание сочинений. Том восьмой. М. и Л.: Издательство Академий СССР. 1959. С. 610.

的时候既没有按照彼得一世征战的时间顺序来排列，也没有按照地理方位来排列，而是按照朗诵的要求，表示海的名称的形容词二格形式从音节少的开始，越到后面音节越多，白海（Белаго，这里是形容词的二格形式，意为"白海的"）是 3 个音节，里海（Каспийскаго，这里是形容词的二格形式，意为"里海的"）是 5 个音节。在这一段文字中，也有诗歌写作中采用的内韵。如，"我在城市、港口和运河人来人往的工地上……"（я при строении городов, пристаней, каналов, между бесчисленным народа множеством...）。其中的"о"和"а"有规律地次第出现，达到了有节奏地重复相似音节的效果。

在这两篇作品中罗蒙诺索夫以第一人称的方式，想象了彼得一世的形象，突出了他在开拓疆土和指挥建设彼得堡、完善国家制度等方面的独特作用。

二、19 世纪：普希金笔下的彼得一世

普希金创作了有关彼得一世的三部曲，他对这位君王的认识由单纯的赞美逐渐转向了对其复杂历史作用的反思。

1.《彼得大帝的黑人》

1827 年普希金写了《彼得大帝的黑人》这篇小说，小说没有写完，主人公是普希金的曾外祖父，黑人汉尼拔·伊勃拉基姆，他原来是彼得一世的仆人。彼得一世派他到巴黎留学，作品写到彼得一世召伊勃拉基姆返回俄国，他去驿站迎接，为其设宴接风。小说描写了伊勃拉基姆归国后第二天早晨见到彼得一世的印象：

伊勃拉基姆……一天天更加依恋皇帝，更加理解他那崇高的精神。研究伟大人物的思想是一门引人入胜的学问。伊勃拉基姆看到过彼得在

枢密院同布尔图林和多尔戈鲁基争论问题，分析立法的重要质询，看过他在海军部奠定俄国海军的宏伟规模。看过他同费奥凡、加夫里伊尔·布仁斯基和科比耶夫在一起，休息的时候他阅览翻译的外国政论作品或访问商人的商场、手工艺人的作坊及学者的书房。伊勃拉基姆觉得俄罗斯像一个巨大的工厂，机器在其中运转，每个工人遵循制定好的规程忙碌于自己的一份工作。①

从这里可以看出，普希金通过伊勃拉基姆来描绘彼得一世的形象，与罗蒙诺索夫在《彼得大帝赞美辞》中塑造的彼得一世形象相似：勤政、有为，几乎无所不能，总之赞美之情溢于言表。

2.《波尔塔瓦》

普希金写彼得一世的第二部作品是叙事诗《波尔塔瓦》。在这部写成于 1828 年的诗中，普希金对彼得也是大加赞美。这首叙事诗的主人公不是彼得大帝，只是捎带写了一下彼得大帝，写到了他事业的最高峰，即他战胜瑞典皇帝查理十二的最重要的波尔塔瓦战役。普希金称彼得一世为波尔塔瓦的英雄。在这部叙事诗中，普希金写下这样的诗句：

> 他在军队前面飞奔而过，
> 象战斗一般愉快而威严。
> 他向着战场上扫了一眼。
> 他后边紧跟着飞来一群
> 彼得窝巢中养大的雏鹰——
> 在大地命运的转换中、
> 在国事与战争的辛劳中

① 普希金：《彼得大帝的黑人》，迎秀译，载《普希金文集》第 6 卷，北京：人民文学出版社，1995 年，第 18～19 页。

和他一起的伙伴、子弟们：

那位高贵的舍列梅杰夫，

勃留斯、鲍维尔和列普宁，

还有出身贫困的幸运儿

统治着半壁江山的将军。①

这一节诗歌既描写了彼得一世的英武，更突出了他善于聚天下英才为我所用的胸襟。这里最后一句所提到的将军是亚历山大·缅希科夫，这就是彼得一世不拘一格用人才的证明。缅希科夫的父亲是马夫，他自己曾在街头卖点心糊口，彼得一世器重他的智慧和才能，把他培养成了自己的股肱之臣。

3.《铜骑士》

俄文版《铜骑士》书影

普希金写彼得一世的第三部作品是叙事诗《铜骑士》。这部 1833 年

---

　　① 普希金：《波尔塔瓦》，余振译，载《普希金文集》第 3 卷，北京：人民文学出版社，1995 年，第 379～380 页。

写成的诗，主人公也不是彼得大帝，而是一个叫叶甫盖尼的一个小官吏，一个年轻人。二号主人公是一座城市——圣彼得堡。第三才是彼得一世，而且还不是他本人，是他的塑像，就是标题所说的"铜骑士"，这是建在圣彼得堡参政院广场上的彼得一世骑马的雕塑。

《铜骑士》讲述了圣彼得堡的小官吏叶甫盖尼的悲惨遭遇。由于海水倒灌，圣彼得堡发大水，叶甫盖尼的恋人和母亲的房子被洪水卷走，她们也因此丧命。叶甫盖尼无家可归，神智混乱，他跑去责怪圣彼得堡市中心彼得大帝骑马的铜像，他觉得彼得大帝策马来追赶自己。最后他发疯死在了河中的一个小岛上。诗中这样描写被暴雨和倒灌的海水摧残的圣彼得堡：

> 涅瓦河狂吼着，河水猛涨，
> 象开了锅的水，翻滚回旋。
> 突然，它象发狂的野兽
> 向城市扑去。在它面前，
> 一切都迅速逃亡，周围
> 顿时称成白茫茫的一片——
> 洪水灌进了所有的地窖，
> 运河的水也漫过了铁栏杆，
> 彼得堡漂浮着……①

这是彼得堡这个城市遭受的灾难。叶甫盖尼在这个城市灾难中失去了一切。诗人描写了失去了亲人的叶甫盖尼的狂乱思绪：

---

① 普希金：《铜骑士》，冯春译，载《普希金文集》第 3 卷，北京：人民文学出版社，1995 年，第 483～484 页。

……他认出

这里就是洪水泛滥的地方，

凶猛的浪涛曾爆发出狂怒，

汹涌着，在他周围咆哮，

他认出那石狮、广场和铜像，

就是他，在黑暗中巍然屹立，

昂起青铜的头凝视着远方，

就是他，按照他坚强的意识，

把都城建造在这海岸之上……①

　　叶甫盖尼突然觉得铜塑像彼得大帝成了活人，骑马狂奔来追赶他。后来人们发现发疯后的叶甫盖尼死了。普希金的这部作品对彼得一世建设圣彼得堡的史实做出了新的评价：这座城市具有重要的政治军事意义，但它并不适合普通人居住和生活。

《铜骑士》雕塑

---

① 普希金：《铜骑士》，冯春译，载《普希金文集》第 3 卷，北京：人民文学出版社，1995 年，第 494～495 页。

9

圣彼得堡是按照彼得一世的意志建成的。1703 年彼得一世决定在涅瓦河的荒滩上修建一座城市，这座城市几个世纪以来经常遭受水患，直到 2011 年彼得堡大坝建成，才杜绝了水患。① 有学者认为，普希金借《铜骑士》思考了国家意志与普通人生活的复杂关系。比如文艺学家尤里·洛特曼就曾指出：在普希金的《波尔塔瓦》和《铜骑士》之间有很大的跳跃。这体现了普希金那一代人对彼得一世改革的反思，他们感受到了绝对专制制度与个人自由之间的紧张关系。②

三、20 世纪：阿列克谢·托尔斯泰笔下的彼得一世

阿列克谢·托尔斯泰的长篇小说《彼得大帝》是一部篇幅宏大、内容厚重的作品。这部小说原来的标题是《彼得一世》（Пётр первый）。朱雯先生把俄文的 Пётр первый 翻译成《彼得大帝》，这是一种误读，朱雯先生自然有他的考虑。这部小说展示了一个人和一个国家的高光时刻。俄罗斯的现代化，就是从彼得一世开始的。

1. 彼得一世的成长

《彼得大帝》采取了一种平视的视角，不仰视，不把自己的主人公当成神，而是把他当成普通人，写了他的童年、他的成长，他作为普通人的所有喜怒哀乐，既写他胆识过人、杀伐决断、纵横捭阖，也写他浑身是病、拈花惹草、见异思迁、饮酒作乐、捉弄臣属。

---

① 参见尼尔·肯特：《圣彼得堡传》，毕然、钱杨静译，北京：新星出版社，2019 年，第 3～7 页。

② См. Ю. Лотман. Комментарий к роману А. С. Пушкина "Евгений Онегин" //Ю. Лотман. Пушкин. СПБ.: Издательство "Искусство СПБ", 1997, С. 713—714.

《彼得一世》俄文版书影

　　这里插播俄罗斯人拍的电视传记片《彼得大帝》片段。1682 年，彼得 10 岁，他成了俄罗斯的皇帝，但是权臣们把他和母亲赶到了莫斯科郊外的一个村落，那里叫 Преображенский дворец，音译是普列奥勃拉任斯基宫，意译是变容圣象宫。在那里，他们只是远离克里姆林宫的孤儿寡母。彼得在家里接受教育，很快就能识文断字，他从老师那里听到了很多先前的俄罗斯君王的统治故事，但是彼得并不喜欢郊外宫殿里的时光，也不喜欢听大贵族们絮絮叨叨。彼得在年纪很小的时候，就对军事很感兴趣，他把宫殿附近的小孩组成了一支军队，有军官，有枪手队，有鼓手队，天天进行操练。这就是他的童子军。

　　在阿列克谢·托尔斯泰的小说《彼得大帝》中，1689 年，在训练童子军的时候，突然听说索菲娅长公主的射击军来了，17 岁的彼得吓得骑上马落荒而逃，一口气跑了 40 多公里，逃到了莫斯科东北边的圣三一修道院。他惊魂未定，就有人替他出谋划策，他身边的缅希科夫、他的外国老师都说：你是坐正位的王，你现在就向军队的高层下令，向这些大贵族下令，让他们来见你，听你的调遣。此后彼得一世就派人去下他的敕令。得到敕令后，这些重臣和将军就到圣三一修道院去了。小说重点写了戈登将军的犹豫，他是射击军的首领，尽管他平定了这次射击军叛乱，但他曾效忠于长公主索菲娅，所以他夜不能寐。他想，如果这个时候不去见彼得，这帮人杀过来，他的老命就不保了，所以他犹豫半天，也到圣三一修道院去了。在这以后，彼得大帝就执掌大权。这一事件成为他人生成长的一个重要转折，彼得由一个胆小怕事的孩子，成长为一个年轻有为的君王。

2. 彼得一世的方略

小说写了彼得是如何从善如流的。第二卷第二章利沃尼亚大贵族约翰·帕特库尔对彼得说："陛下，您要在波罗的海建立一个坚强的据点……再没有比这更适当的时机了。把瑞典人打败，在海边立定了脚跟，您就可以得到世界的声誉……"[①] 尽管彼得一世当时好像并没有接受这个建议，但后来，帕特库尔的这个建议基本上就成了俄罗斯版的《隆中对》，彼得一世完全照此执行，这就有了北方战争，有了建设圣彼得堡的后续发展。

小说写了国家是如何从封闭走向开放的。这部小说描绘了文化激荡的画面。一方面是落后的农奴制下的专制俄国，另一方面是与之对比的文化飞地——外国人居住的奎尔区。在这里彼得看到了一个完全不同于俄国贵族和普通民众生活的世界，对比非常强烈。在这里彼得得到了外国籍的老师，得到了外国籍的恋人。

小说里有一个场景，讲到了一个英国商人对彼得讲述他所感受到的文化冲突。第一，俄国的沙皇所颁布的法令不利于俄国的外贸，不利于外国商人做生意，也不利于俄国国库的收益。第二是法律的差异和生活习俗的差异。这个英国商人看到城里的一个绞架上吊着一个犯了死罪的

① 阿列克谢·托尔斯泰：《彼得大帝》，朱雯译，北京：人民文学出版社，1986年，第594页。

妇女，由于她杀死了她的丈夫。但是这个外国人反思的是俄罗斯妇女的生活状态，认为她们过的不是人的生活。英国商人说，俄国的法律非常残酷，先把犯了罪的这个妇女半活埋，到她半死不活的时候再把她吊上绞架。后来彼得就去看了绞架，他觉得确实太过分，就让手下的人把她枪毙了。彼得对英国商人说：这些事我们自己都看到了，我们绝不吹嘘什么都好，我要派 50 个侍从，挑那些最聪明的人到国外去向你们学习，我还得从 АБВ（俄语的头三个字母）开始学习。我们应该那样做。你当面说，我们是蛮子，是乞丐，是傻瓜，是野兽，我们自己知道，等着吧。后来彼得主动学习国外先进的方面，他带领大使团到西欧国家学习，促使俄国摆脱野蛮落后，走向国家发展的新路途。

3. 彼得一世的残暴

小说也写了彼得的残酷和暴虐。1798 年他对支持索菲娅公主发动叛乱的射击军进行了残酷镇压。在小说《彼得大帝》中，阿列克谢·托尔斯泰为了保持历史的真实，引用驻莫斯科的外交官的日记，直接呈现令人惊悚的场景：

> 断头台早已准备好。刮起一阵寒风，个个人的脚都给冻坏了……后来，沙皇带着他的宠臣亚历山大赶到了，跳下马车，就在一座断头台的附近站着。……那些不幸的人不能不依着次序，挨着个儿地走上去受刑。①

俄罗斯的文学和艺术是相通的，它们都会去表现同样的历史事件。俄罗斯的画家也描绘了彼得出现在绞死射击军的刑场上的画面。1881年俄罗斯大画家瓦·苏里科夫完成了油画《近卫军临刑的早晨》。

---

① 阿列克谢·托尔斯泰：《彼得大帝》，朱雯译，北京：人民文学出版社，1986 年，第467 页。

阿列克谢·托尔斯泰的《彼得大帝》还描写了另一个惊悚的场景：

新圣女修道院前面立着三十个绞刑架，排成了一个四方形，有两百三十名射击军士兵就在那上面被绞死了。向索菲娅长公主呈递劝进书的三个主犯给绞死在修道院墙上，正对着索菲娅的修道室的窗口。吊在中间的那个人，死僵僵的手上还系着那份请愿书。①

1879 年，俄罗斯大画家列宾画了《索菲娅公主在新圣女修道院》。小说中的这些残酷的场景在俄罗斯画家的作品中得以重现。

伊利亚·列宾《索菲娅公主在新圣女修道院》（局部），1879

四、小结

总之，18 世纪罗蒙诺索夫的作品、19 世纪普希金的小说和诗歌、

① 阿列克谢·托尔斯泰：《彼得大帝》，朱雯译，北京：人民文学出版社，1986 年，第467 页。

20世纪阿列克谢·托尔斯泰的小说《彼得大帝》，为我们呈现了生动、鲜活的彼得一世"多面孔"，他既是有作为的统治者、现代俄罗斯的奠基人，与此同时，也有历史人物难以避免的历史局限性。从俄罗斯文学作品中呈现的"多面孔"彼得一世来看，我们应该对他的复杂性有新的认识。在彼得一世身上，对文明的渴望与对残酷手段的嗜好是矛盾的，也是长期相伴偕行的。列宁指出，彼得一世促使野蛮的俄罗斯加紧仿效西方主义，不惜采用独裁的方式，在反对野蛮势力时，不拒绝使用野蛮的斗争手段。马克思指出，彼得大帝用野蛮制服了俄国的野蛮。正因为如此，对于彼得一世为俄罗斯的利益而采取的扩张性的军事行动，我们不能简单地认同他的祖国对他的赞美，也不能以俄罗斯的作家对他的评价来取代我们自己的立场。

参考资料

普希金：《彼得大帝的黑人》，迎秀译，《普希金文集》第6卷，北京：人民文学出版社，1995年。

普希金：《波尔塔瓦》，余振译，《普希金文集》第3卷，北京：人民文学出版社，1995年。

普希金：《铜骑士》，冯春译，《普希金文集》第3卷，北京：人民文学出版社，1995年。

阿列克谢·托尔斯泰：《彼得大帝》，朱雯译，北京：人民文学出版社，1986年。

М. В. Ломоносов. Слово Пахвальное блаженныя памяти Государю Императору Петру Великому//М. В. Ломоносов. Полное собрание сочинений. Том восьмой. М. и Л.：Издательство Академий СССР. 1959.

第二讲

黄金时代： 文学和社会的觉醒

主讲人：李志强

各位同学，晚上好！很高兴和大家一起交流有关俄罗斯文学的一些情况。刘亚丁老师已经讲了彼得大帝改革的问题。今天我主要讲"黄金时代：文学和社会的觉醒"这一主题。

一、19世纪俄罗斯文学的社会土壤

1. 彼得大帝和19世纪俄罗斯文学

首先我想提一个问题：有没有同学可以简单地讲讲你所了解的彼得大帝的改革，它的主要内容是什么？它在俄国历史、社会思想史上起了什么作用？彼得大帝的改革在俄罗斯历史上具有分水岭的意义，它和我们今天要讲述的主题是密切相关的。如果没有彼得大帝的改革，俄罗斯文学艺术能不能达到今天的成就？这个问题很难回答。因为在人类历史发展过程中，在很多情况下，有巨人往前推一把，可能就走得快一些，没有人推，按照历史发展的正常脚步前进，可能就是缓慢前行，慢上100年或者几个世纪都有可能。

彼得大帝在位的时间是1682—1725年，也就是说，他在17世纪末到 18 世纪初发动了一场改革。这是一场力排众议的西化改革。人们对彼得大帝的改革众说纷纭，但总体来讲，它对俄国历史的进步意义是远远大于负面意义的。马克思就认为，彼得以其野蛮征服了俄国。的确，彼得在推进改革的过程中采取了很多极端的，甚至可以说是野蛮暴力的做法。但是我们不能以现在的观点去考察几百年以前的事实。在当时的历史环境下，如果他不使用某些手法，可能就无法进行改革，用暴力对抗暴力可能是一种无奈的选择。以我们现在的观点来看，以暴制暴是不被推崇的，考虑任何事情都应该从法治的角度出发，用法律的规范来推进。但是在彼得所处的年代很难通过法律来推进改革，因为没有健全的法律，很多情况下就是通过暴力。很多沙皇都"不得善终"，或被刺杀或被谋杀，这就是暴力推动下的王朝更迭。

　　彼得大帝的改革不仅在俄罗斯政治史上，而且在俄罗斯文化史上也具有重要意义。俄罗斯文学虽然号称有千年历史，但是它独立发展的时间并不长。当西欧的文学已经在古典主义的大道上阔步前进的时候，俄罗斯文学还处在蹒跚学步的阶段。但是俄罗斯文学一踏上自己的发展道路，马上就迸发出强劲的发展势头，赶上并超越了自己的欧洲同行。当屠格涅夫、托尔斯泰、陀思妥耶夫斯基这些大作家登上俄国文坛的时候，俄罗斯文学就走向了世界，奠定了自身的世界地位。这一现象值得我们研究。

　　从现代意义上的文学概念来讲，俄罗斯文学的发展历史并不长，它主要是学习西方。这同彼得大帝的改革紧密相关。引进一种先进的文化是需要时间和过程的。我们拿麦当劳、肯德基做个类比。中国以前早餐、午餐、晚餐一般是自己在家里做饭。所以当欧美的快餐文化进入中国时，大家都觉得很奇怪。后来人们发现快餐其实很好，它省时，而且把黄油、蔬菜和肉夹到一起，同面包一起吃，营养也跟得上。这样，就逐渐产生了中国快餐文化。也就是说，并不是西餐才可以做成快餐，中餐也可以做成快餐。一种文化从引进、模仿、吸收到创新是需要一个过程的，文学也是这样。一种先进的文学理念从引进、模仿、吸收到创新，也需要一个过程。俄罗斯文学正是走了这样一条道路。这个时候我们要反思一下中国文学。中华文明上下五千余年，我们的文学之路是很漫长的，从《诗经》到《楚辞》一路延续下来。我们的文学史比俄罗斯文学史长多了，但是二者的发展之路差别很大。即使是20世纪以后，俄罗斯文学也出现了一个高峰，以诺贝尔文学奖作为参照，俄罗斯从帝俄到俄苏到苏联阶段有5位诺贝尔文学奖获得者，我们中国目前为止只有莫言一人。俄罗斯文学的发展之路值得我们反思，其中有益的东西是值得我们借鉴的。

大致来说，俄罗斯文学发端于11世纪。彼得大帝改革是俄罗斯18世纪的一个重要事件，它使俄罗斯发生了巨大的变化，这种变化也反映在文学中。18世纪是俄罗斯古典主义文学和感伤主义文学充分发展的时期。19世纪俄罗斯浪漫主义文学和现实主义文学得到积极发展。19世纪是俄罗斯文学的黄金时代。如果再缩小时间范围，黄金时代是指以普希金为首的现实主义一代。这一时期的俄罗斯现实主义文学在世界文学中达到了一个顶峰。当然，俄罗斯文学还有一个白银时代，它主要指19世纪末至20世纪初，大致20～30年间的俄罗斯文学。19世纪的俄罗斯文学取得了骄人的成绩，群星璀璨，光彩夺目，既有普希金、莱蒙托夫、果戈理、托尔斯泰、陀思妥耶夫斯基等一批文学巨匠激扬文字，又有以赫尔岑、车尔尼雪夫斯基、别林斯基为代表的一批文学批评家指点江山。这个时期的俄罗斯文学异常繁盛，你方唱罢我登场，盛况空前，无愧于黄金时代的称谓。同时，我们还要看到19世纪也是俄罗斯社会意识强烈觉醒的时代。

2. 19世纪的俄罗斯社会

同学们回想一下，在19世纪的世界史上，在19世纪的俄罗斯，发生了什么？法国大革命发生于 1789 年。列宁讲法国大革命对整个世界的发展产生了巨大的影响，尤其是在欧洲，法国大革命所倡导的一些思想理念，如君主立宪、三权分立等影响深远。托克维尔的《旧制度与大革命》正是讲这一时期的法国大革命。为什么法国的三个等级会因为利益分配不均而爆发革命？当时欧洲的发展，尤其是法国的社会形态，具有一定的普遍意义：当社会发展到一定程度，各个利益集团必然会分配不均，这就会产生一些问题。同学们再思考一个问题：第一次工业革命大致发生在什么时候？第一次工业革命从英国开始，其标志为蒸汽动力代替人力、畜力、风力和水力，生产力获得了极大发展。我们可以把俄罗斯和欧洲作一比照：在第一次工业革命的冲击之下，资本主义的生产方式已经在西欧确立起来了，俄罗斯和欧洲相比还是非常落后。彼得大帝的改革并没有改变俄罗斯的政治制度，他不仅没有放松农奴制，反而加强了农奴制。当时西欧很多国家的农奴制已经取消或逐步取消了。马克思主义讲经济基础和上层建筑的矛盾、生产力和生产关系的矛盾。当它们不相适合、相互牵制的时候，产生的矛盾必然影响社会的稳定和发展。所以尽管当时俄罗斯出现了资本主义生产方式的萌芽，但农奴制对其社会发展起到了严重的制约作用。

我们再看看当时的国际局势。19 世纪初有俄法之争。1805 年发生了著名的奥斯特里茨战役，俄国败给了法国。1812 年，拿破仑想要建立强大的法兰西帝国，因此入侵俄国。他没有想到自己会在俄国折戟沉沙。1812 年俄国的卫国战争具有反侵略性质。接着，1812—1815 年期间，俄国与一些欧洲国家形成了神圣同盟。1814 年俄国军队攻入法国巴黎。当时存在欧洲体系这一概念。第一个欧洲体系是 1648 年开始的威斯特伐利亚体系。1618—1648 年三十年战争之后的《威斯特伐利亚和约》确定了主权国家的概念。还有一项协议内容是国家之间遵守彼此达成的契约。若不遵守将会面临集体制裁，即其他国家可以一起攻打这个国家。1648年的威斯特伐利亚体系并不是一个全世界范围的体系，仅仅是一个欧洲体系。1815年法国战败，俄罗斯等国形成神圣同盟，在欧洲又建立了维也纳体系，就又保证了欧洲的和平，欧洲在几十年间没有发生大的战争。俄罗斯军队作为胜利之师进入了巴黎。虽然俄罗斯落后又野蛮，但它赢了。这一次战争给俄罗斯带来了荣誉，也促成了俄罗斯社会意识的觉醒。俄罗斯人作为战胜之师进入法国，他们看到了西欧的繁荣景象，这一切都同当时俄国的落后景象形成了巨大反差。当时在前线打仗建功立业的一些贵族青年目睹西欧国家的发达，特别是有的欧洲国家已经实现了君主立宪，有的已经实现了共和，这引起了俄国青年贵族的反思。当时俄国的贵族青年并不都是一天到晚吃喝玩乐、浑浑噩噩，他们也会思考社会问题。这批贵族军官在1816年成立了救国同盟，1818年救国同盟改组为幸福同盟。1821年3月彼斯捷尔在乌克兰成立了十二月党人南社。南社认为俄国应该走共和之路，成立共和国。1822年穆拉维耶夫成立了北社。北社认为俄国应该走君主立宪的道路。可以看到，这些贵族青年之间也有矛盾，他们的政治路线是不一致的。1825年爆发了十二月党人起义。1825年12月亚历山大一世去世，这批贵族军官本来想要请愿，希望商议君主立宪或是共和的问题。他们一群人到广场请愿，沙皇的军队赶到后，请愿就被定义成了起义。十二月党人遭到了沙皇军队的残酷镇压。这一切也导致了后来尼古拉一世的反动。从一些传记资料来看，亚历山大一世是比较开明的。他在执政后期也希望俄罗斯走君主立宪的道路。当新的沙皇尼古拉一世上台之后，由于十二月党人的起义再加上他本身性格的原因，他走向了反动统治。我们姑且把十二月党人的行动定义为"起义"。这次起义对俄罗斯社会发展产生了重要影响，甚至对当时的俄国思想、文学创作也产生了重要影响。

　　刚刚我们从整个欧洲的发展背景出发审视了俄国当时的情况。从政治经济学的角度来看，以经济基础和上层建筑、生产力和生产关系的不相适应作为考察的社会背景。列宁曾经把俄国的解放运动分为三个阶段：第一阶段为贵族革命阶段，大约为 1825 至 1861 年；第二阶段为平民知识分子或称资产阶级民主革命阶段，大约为 1861 至 1895 年；第三阶段为无产阶级革命阶段。十二月党人起义属于贵族革命阶段。俄国的根本问题是发展道路的问题。那么，俄国到底该走什么样的道路？俄国的斯拉夫派和西方派就这个问题争论不断。事实上很多国家都存在这一问题，当时中国也存在同样的问题。19 世纪上半叶以英国为首的西欧国家已经进入工业革命时代，俄国仍然是一个落后的农业国家。俄国无论在经济还是政治方面都明显落后于西欧。如果说十二月党人的起义唤醒了一代人，那么俄国的生存问题也引起了俄国各阶层的广泛关注。在 19 世纪三四十年代出现了关于俄国该如何发展和走什么道路的争论，形成了肯定俄国历史特性的斯拉夫派和肯定西欧文明的西方派。

3. 西方派和斯拉夫派之争

西方派代表人物恰达耶夫认为，俄国从没有如同其他民族的"一个精力充沛的活动和道义力量发挥崇高作用的时代"，俄国的"社会生活只是由于受凌辱才振作一下，只是由于凌辱才安宁下来"。他说，在我们的民族传统中从没有不朽的教义，世界上的一切民族中只有我们才对世界毫无贡献，我们也没有从这个世界上学到什么，我们对人类精神的进步从来没有任何贡献，我们一直玷污了它。如果说恰达耶夫的言论刺伤了俄罗斯的民族尊严，斯拉夫派则极力从俄罗斯的历史中挖掘优秀遗产，以证明俄罗斯民族并不是一个堕落的民族。斯拉夫派和西方派都认为俄罗斯的历史特质不同于西方。斯拉夫派基本肯定俄国自身的历史发展经验，认为俄罗斯民族有悟性和优越性，否认斯拉夫文明劣于西方文明，强调要从俄罗斯历史中寻找俄国发展的动力，而不是追随西方的道路。西方派则全盘否定俄罗斯的历史遗产，认为西方文明高于斯拉夫文明，强调斯拉夫文明本质上是东方文明，相比西方文明无任何优势可言。西方派主要是承认西方的价值文化和自由主义思想，认为俄国只有学习西方才有前途，认为历史上俄国的崛起，即彼得大帝的改革也是模仿西方的产物。俄国历史上从古至今一直都存在关于这两种道路的争论。斯拉夫派的主要代表人物有霍米亚科夫、基列耶夫斯基、阿克萨科夫等。西方派代表人物有恰达耶夫、屠格涅夫、别林斯基、赫尔岑和车尔尼雪夫斯基等。可以看到，这里面不乏有名的作家和文学批评家，可见这两种思想的斗争也体现在了文学创作当中，这就是为什么我们要特意提及西方派和斯拉夫派之争。一种文学、一个文学家的成长，一种文学流派的产生都离不开具体的社会背景。可以说 19 世纪前半期俄国一些主要的社会思想在一些作家的经典作品当中得到了充分的体现。

二、璀璨的文学群星

这节课我主要想通过点面结合的方式，让大家对 19 世纪俄罗斯文学黄金时代的一些经典作家和他们所代表的社会思潮有一个基本的了解。大家都知道普希金这位大诗人，他和我们后面要介绍的莱蒙托夫、普希金都不长命，他们的死因都是一样的，都因决斗而死，是为了维护自己的荣誉而死。有的是为了维护自己的妻子、家庭的荣誉，有的是为了维护个人的荣誉。

1. 普希金

普希金是俄罗斯杰出的诗人、小说家和戏剧家。一些文学评论家说，普希金就是俄罗斯精神文化的象征。他的生命虽然短暂，却为后世留下了一笔丰厚的文学遗产，包括诗歌、戏剧、小说、童话。普希金的代表作《叶甫盖尼·奥涅金》是一部诗体长篇小说，主要讲述了受西方文明熏陶的贵族青年奥涅金不满上流社会的生活，但他无力改变现状，玩世不恭，最后失去了友谊和爱情，一事无成。这部小说在一幅真实而广阔的社会生活画面上，塑造了一个具有高度概括性的典型形象，即俄国贵族社会中的多余人。普希金提出了贵族青年的生活道路问题，其中曲折地反映出农奴制的危机和一代人的觉醒。小说的女主人公达吉亚娜是一个非常单纯的农村小姐，她被奥涅金上流社会的做派所吸引。但奥涅金拒绝了达吉亚娜的示好。奥涅金有志于改革，他也想做一些事情，在村庄推行了一些改革措施。奥涅金接受过良好的教育，本质上比较善良，那为什么他会如此玩世不恭呢？这从另一个侧面也可以说明当时俄国社会背景对他天性的扼杀。这部作品被别林斯基称为"俄罗斯第一部现实主义小说""俄国社会生活的百科全书"。

接着我们来了解一下普希金的政治抒情诗。普希金创作了很多美妙的诗歌，如《致凯恩》。普希金还写了很多政治抒情诗，强烈反对农奴制，呼唤自由，要求改革，比较有代表性的有《自由颂》（1817）和《致恰达耶夫》（1818）。普希金出生于1799年，年仅18岁的普希金就已经能写出非常成熟的诗作了。这两首代表性诗作反映了当时以普希金为代表的杰出艺术家的基本社会意识。

普希金认为专制君主应该受到法理支配。由此可以看到18岁的普希金已经受到了西欧启蒙思想，尤其是法国大革命思想的影响。我们再来看看《致恰达耶夫》开头的4句诗：

Любви, надежды, тихой славы

Недолго нежил нас обман,

Исчезли юные забавы,

Как сон, как утренний туман;

我们可以细看一下这首诗的翻译：

爱情，希望，平静的光荣

并不能长久地把我们欺诳，

就是青春的欢乐，

也已经像梦，像朝雾一样消亡；

这首诗的中文是戈宝权老先生翻译的。"тихой славы"被译为"平静的光荣"，事实上这里的"тихой"还可以译作"没有""微不足道的"，即"微不足道的光荣，并不能长久地把我们欺诳"。"在专制暴政的废墟上，将会写上我们姓名的字样！"我们可以体会到普希金在创作这首诗的时候的一些基本思想。他公然抨击了暴政，在当时敢这么写很不简单。普希金的作品实在太多，由于时间关系我们大概介绍到这里。

2. 莱蒙托夫

莱蒙托夫在短暂的一生当中，创作了大量的文学作品。莱蒙托夫时运不济，命途多舛。他的创作反映了19世纪30年代俄国进步人士的孤独、忧郁和叛逆，以及对自由的渴望。莱蒙托夫的悲剧既有社会的原因，也有个性的原因。将莱蒙托夫和普希金相比，我们可以看到两位诗人的一些区别。普希金作品中积极的元素多一点，莱蒙托夫则是消极的多一点。二人处在共同的社会背景中，但个人成长环境也有重要影响。莱蒙托夫和普希金不太一样。普希金虽然也是没落贵族，但他的家庭相对来说比较和谐。莱蒙托夫则恰恰相反：父亲是一个贫穷的退役军官，外祖母则是富裕的大地主，因此，他的外祖母看不上他的父亲，二人之间始终有着不可化解的矛盾。莱蒙托夫的母亲早亡，她的临终遗言就是希望这两人能够好好相处。但事与愿违，他的母亲刚刚离世，外祖母就对他父亲说："要么就把他（指莱蒙托夫——笔者说）留在我这里，要么你就带走他。留在我这里你就不能再跟他见面。"莱蒙托夫的外祖母是大地主，拥有很多农奴，非常富裕，所以他的父亲就把他留给了外祖母。莱蒙托夫相当于既失去了母亲又失去了父亲。虽然父亲还活着，但是他们不能见面。莱蒙托夫从小生活在这样的环境中，对他的性格和创作造成了巨大的影响。

莱蒙托夫的代表作是《当代英雄》。小说的主人公毕巧林是继叶甫盖尼·奥涅金之后俄国文学史上的又一个多余人。这部作品被视为俄罗斯社会心理和哲理小说的首次尝试，它的问世标志着 19 世纪 30 年代俄国小说创作的最高成就。毕巧林和奥涅金虽同为多余人，但他们之间也有区别。在当时压抑的社会环境下，毕巧林走上了另外一条路，他放纵自我，危害别人。可以看到，贵族知识分子、贵族精英阶层在相同或类似的社会环境下有不同的选择。

除了《当代英雄》这部长篇小说，莱蒙托夫也创作了大量的抒情诗。他的抒情诗主要有两大主题，第一是孤独和怀疑，第二是否定和抗争。俄国伟大的文学批评家别林斯基曾经说过，普希金的诗歌充满了光明的希望和胜利的预感，莱蒙托夫的诗歌里面更多的是忧郁和低沉，震撼读者心灵的是：主角虽然渴望生活，洋溢感情，却惨淡凄凉，对生活和人类感情失掉信心。莱蒙托夫的诗中像普希金写的那样在宴会上狂欢畅饮的场景不多，但使人懊丧、寒心的场景却不少。

> 蔚蓝的海面雾霭茫茫，
> 孤独的帆儿闪着白光！……

同学们想象一下这个画面：一片孤帆在大海上漂来漂去，没有目的。

> 它到遥远的异地寻找什么？

它把什么都抛在故乡？……

呼啸的海风翻卷着波浪，

桅杆弓着腰在嘎吱作响……

唉！它不是要寻找幸福，

也不是逃避幸福的乐疆！

下面涌着清澈的碧流，

上面洒着金色的阳光……

不安分的帆儿却祈求风暴，

仿佛风暴里有宁静之邦！

上半节写帆船在大海中孤独飘荡，没有目的。下半节写宁静的大海上暴风雨来临，这艘帆船要冲向暴风雨，它不喜欢宁静，它祈求的是暴风雨。

普希金决斗死亡之后，莱蒙托夫感到异常悲愤，所以他一气之下写下了《诗人之死》。这首诗指向了当时的沙皇及其帮凶。我们对比莱蒙托夫的这两首诗和前面普希金的两首诗，可以看到两位诗人创作的主题和基调的差异，感受到在当时的社会背景下这些优秀的诗人内心的压抑和痛苦。

3. 果戈理

接下来我想讲一下果戈理。关于果戈理身份的问题很有意思。苏联时期不存在这一身份问题。但苏联解体后，果戈理到底是俄国作家还是乌克兰作家呢？果戈理出生、成长在小罗斯，也就是现在的乌克兰，但是他又是用俄语写作，且他后半生几乎都在俄罗斯生活，只是后来居住在国外。我们把果戈理归为俄国作家。但乌克兰也想要"争夺"果戈理。乌克兰在各个方面同俄罗斯都有一定的差距，有世界影响力的乌克兰大作家和大艺术家不多。每到果戈理诞辰，乌克兰大使馆都要举行纪念活动，俄罗斯也是如此。不管怎样，果戈理在俄国文学史上的地位是不容置疑的。

　　果戈理生于 1809 年，卒于 1852 年，活了四十多岁。果戈理堪称俄罗斯最伟大的作家之一，他开创了俄罗斯文学的果戈理时期，他的代表作有很多，如《塔拉斯·布尔巴》，这是一部英雄史诗，而《钦差大臣》和《死魂灵》被认为是俄罗斯文学的经典之作。

　　果戈理的作品促进了俄国民族意识的觉醒和解放运动的发展。为什么果戈理的作品有此意义呢？现今有一个概念叫"民族认同"。如果说普希金和莱蒙托夫的作品中还有西欧文学的影子，有模仿的痕迹，那俄国文学真正走向独立，真正的俄国民族文学应该是从果戈理开始的。他已经基本上走上了自己的创作道路。果戈理作品的题材和主题，包括他早期很多的童话故事都是取自小罗斯的一些民间童话，所以果戈理在俄国文学发展史上具有重要意义。《死魂灵》中的地主泼留希金成为世界文学长廊中的三大著名吝啬鬼形象之一。果戈理的作品对俄国文学的发展产生了重要的影响，陀思妥耶夫斯基曾说，我们所有人都脱胎于果戈理的《外套》。别林斯基称其小说的显著特征是"构思朴素，十足的生活真实，民族性，独创性"，而且包含着一种"被悲哀和忧郁之感所压倒的喜剧性的兴奋"。

　　《钦差大臣》讲述的是，在俄国某市以市长为首的一群官吏听到钦差大臣要来视察的消息之后的反应。市长是个贪污犯，法院院长玩忽职守，慈善医院院长心狠手辣，邮政局长偷拆信件。就是这样一群愚蠢无知的官僚政客，一听说钦差大臣要来视察，顿时吓得胆战心惊。忙乱之中，他们竟将一个偶然路过的彼得堡小官员误认为钦差大臣。于是，在市长的带领下，这群人拼命地巴结他，市长甚至还要把自己的女儿嫁给这个无赖。正闹得沸沸扬扬、不可开交之时，真的钦差大臣即将来到，市长等人目瞪口呆，不知所措。

　　这部作品揭露了当时俄国外省小城的黑暗。比如邮政局长的乐趣就是偷拆别人的信，有趣和有用的信件他就留下，没趣、没用的信件他就封好邮寄出去。我们说这是侵犯别人的隐私，但邮局局长就这样做了。这些官员如此贪污腐化，大家可以想象当时俄国社会已经黑暗堕落到了什么程度。《钦差大臣》所描写的事情在我们当今现实生活也能找到类似的影子。经典的文学作品之所以被称为经典是有道理的，不管过了多少年，都能从中找到一种普遍性的东西，《钦差大臣》就是如此。

《死魂灵》这一题目是鲁迅翻译的。郑海凌先生曾译作《死农奴》，这个译法很直白，也很好理解。但是如果把它放到象征主义的层面来看，还是鲁迅先生的翻译更好，《死魂灵》这个题目能将作品中蕴含的一些象征意义揭示出来。乞乞科夫是一个破落地主，靠买卖死农奴赚钱。当时俄国是农奴社会，很多农奴死掉之后都没有人管。在当时的俄国几乎不进行人口普查，很多农奴死掉之后都没有销户。乞乞科夫就去买农奴主的死农奴，准备将其当作活农奴抵押给监管委员会，以骗取押金。最开始的时候，地主们都不明白怎么有人买死农奴。活的农奴可以用来耕田，死农奴能用来干什么？乞乞科夫接触了五个地主。这些地主各怀鬼胎。最后地主们搞清楚了乞乞科夫的用意，他的计划就败露了。不管是《钦差大臣》还是《死魂灵》，我们都可以从中看到俄国社会，尤其是底层外省的落后状态。但对《死魂灵》和《钦差大臣》有不同的评价角度，有一些现实主义批评家认为这些作品展示了当时俄国社会农奴制背景下农奴的悲惨命运和社会现实。果戈理是东正教徒，他和别林斯基本来是好朋友，但是后来二人决裂了。果戈理觉得别林斯基曲解了他的意思。果戈理说之所以俄国会出现这些现象，是因为这些人没有信仰，无论是地主，还是农奴，没有信仰才会滋生罪恶，所以他希望通过宗教的力量，通过东正教的力量来改造俄罗斯社会。果戈理是这么想的，也是这么创作的。他的作品给我们留下了无限遐想的空间。

我希望学完这一讲之后，同学们能够把俄罗斯文学串起来。虽然我们讲了很多的文学家和文学作品，但大家要理解，这些作品中都贯穿着我们讲过的那些社会思潮。我选择的这几个代表性作家，其作品都推动着俄国社会意识的觉醒。

4. 赫尔岑

接着我想给大家讲一讲赫尔岑。在俄国社会意识觉醒的过程当中赫尔岑发挥了相当大的作用。他既写过有关哲学和美学的作品，也创作过很多小说。他不仅创作文学作品，还创办了《北极星》杂志。1857年，他和奥加廖夫创办《钟声》杂志，通过杂志积极宣扬他的思想。赫尔岑的基本主张就是废除农奴制，以革命手段实现社会改造。赫尔岑的《往事与随想》记述了从十二月党人起义到巴黎公社前夕的半个世纪里俄国和西欧的社会生活及革命事件。列宁评价他在俄国革命的准备上起到了巨大的、伟大的作用。除了《往事与随想》，赫尔岑还写了一部长篇小说《谁之罪?》。他在这部作品当中也创造了一个多余人——别里托夫。赫尔岑想表明主人公的生活环境被残暴无知、死气沉沉和停滞不前的气氛所笼罩，这样的环境扼杀生机、葬送人才。主人公爱情的悲剧在于他们身处这样的环境之中，不可能从感情的狭小圈子里走出来，投身广阔的天地。这部小说通过几组恋爱关系来反映当时的社会环境和背景。

19世纪70—90年代俄国社会资本主义不断发展，阶级矛盾日益尖锐。在此期间，俄国社会经历了民粹派运动蓬勃发展的70年代和反动势力猖獗的80年代以及社会民主主义运动开始形成的90年代。赫尔岑就是民粹派的代表。民粹派认为俄国农村的村社组织比资本主义制度优越得多，他们幻想俄国依靠村社而非资本主义来实现社会主义。马克思提出了人类社会发展阶段的理论：从原始社会到奴隶社会，从奴隶社会到封建社会，从封建社会到资本主义社会，从资本主义社会到社会主义社会，最后到共产主义社会。俄国社会发展是比较畸形的或者说是比较特别的。它没有经历奴隶社会，直接从原始社会过渡到封建社会。俄国从封建社会到资本主义社会的过渡是通过君主专制来完成的，那它如何实现从资本主义到社会主义的发展呢？民粹派认为应该借助俄国农村村社组织，资本主义有很多罪恶，所以不应该经过资本主义，而应该直接发展到社会主义。在此基础上，他们认为，俄国社会落后的症结在于老百姓的愚昧。俄国当时的受教育率很低，大批农奴没有文化，社会底层发展堪忧。民粹派大学生知识分子想要实现国家振兴、社会发展，就要唤醒民间、唤醒基层，要到农村去，给农民提供受教育的机会。所以1874年有人发起了一个叫"到民间去"的运动。这在一些文学作品中也得到了反映。

5. 屠格涅夫

屠格涅夫的《处女地》就反映了"到民间去"这个运动。"到民间去"的目的是给农民提供教育，让这些老百姓摆脱蒙昧无知，鼓动农民群众反抗沙皇专制和地主剥削。但是这场运动没有得到老百姓的支持。

《处女地》就描写了一个大学生到酒馆去宣传社会主义思想的场景。大学生对农民说，你们的贫困是源于专制制度。但农民说，你跟我说那些没有用，你想给我宣传，但你得比我们强你才能够宣传。怎么比？喝酒！你只要能喝过我们，我们就听你的。你要喝不过我们，就不要说其他的了。大学生急了，直接开喝。但大学生喝不过，喝多了之后就被送到警察局去了。大学生知识分子到民间去，但他们根本没有民间基础。不要说政府镇压，这些农民直接就把他们出卖了。所以，"到民间去"这个运动失败了。失败之后，这批俄国知识分子还是不甘心，他们在1876年成立了"土地与自由社"，提出把全部土地平均分配给农民，实行村社完全自治。1879年土地与自由社分裂为土地平分社和民意党。土地平分社坚持原来的立场，民意党则走上另一条道路——把恐怖活动作为政治斗争的主要手段。民意党这部分人走极端、搞暗杀，刺杀沙皇。于是亚历山大三世上台之后大力查封进步刊物，迫害进步力量。民粹派中的普列汉诺夫是一个社会革命活动家，也是一个大学者，写了很多东西，创立了劳动解放社。1895 年在彼得堡成立了列宁领导的工人阶级解放斗争协会。就这样，马克思主义革命理论和俄国工人运动的实践结合了起来。这就是 19 世纪 70—90 年代俄国社会的一些基本思想和社会运动情况。

屠格涅夫生于 1818 年，卒于 1883 年。他是俄罗斯第一位获得欧洲认可的杰出作家。他出身贵族，作品深刻反映了 19 世纪俄罗斯的社会生活，反映了 19 世纪俄国的思想斗争历程。

我们可以通过阅读屠格涅夫的作品来了解俄国社会那几十年间在社会意识形态方面的斗争。除了《猎人笔记》，他写了 6 部长篇小说，每一部长篇小说都是那个时代社会思想的一部发展史。比如《罗亭》和《贵族之家》反映了 19 世纪三四十年代贵族知识分子的思想状况，塑造了罗亭和拉夫列茨基两个多余人的形象，《父与子》表现了贵族知识分子同平民知识分子的思想交锋。《前夜》写于 1860 年，出版于农奴制改革前夕，具有象征意义。在那个时候他已经预感到俄国社会要发生变化。

6. 陀思妥耶夫斯基

我们再看大家比较熟悉的陀思妥耶夫斯基。不管是他的创作，还是他的人生，都是一座取之不尽、用之不竭的宝库。陀思妥耶夫斯基本人的思想历程决定了他的创作历程，他的创作则反映了他个人思想的转变。19 世纪 40 年代下半期是陀思妥耶夫斯基思想转变的时期，这种变化又和他本人的经历紧密相关。他曾对空想社会主义产生过强烈的兴趣，迷恋空想社会主义。1847 年他参加了彼得拉舍夫斯基小组，迷恋傅立叶的空想社会主义。他高度评价其进步作用，肯定西欧文明，嘲讽斯拉夫派，主张解放农奴，在俄国实行改革。19 世纪 40 年代下半期，他的思想倾向于西方派。1849 年 4 月陀思妥耶夫斯基被捕，12 月 22 日被判死刑。当时他都已经上了刑场，随时准备赴死。俄罗斯的 12 月，大雪纷飞，他穿着囚衣排队准备接受绞刑。幸运的是，命运之神眷顾了他，到他的时候判决突然就从绞刑改为苦役了。大家可以想一想，如果你们处于那个场景，你们会是一种什么样的状态？这种经历对人的行为、思想和心理的冲击是不可估量的。人生不过生死二字，陀思妥耶夫斯基在死亡的边缘转了一圈又回来了，这使得他的思想发生剧烈变化，开始转向保守。服役期间他没有其他书可看，只有一本圣经，所以他的思想从迷恋空想社会主义转向了东正教。

陀思妥耶夫斯基猛烈抨击资本主义，反对革命。他信仰东正教，认为俄国人民是人类美的理想，基督教要依靠俄国人民发扬光大。他提出了一种拯救意识，维护东正教会和沙皇制度。思想的转变也影响了他的创作。高尔基曾经评价说，陀思妥耶夫斯基的天才是无可争辩的。就艺术的表现力来讲，他的才华只有莎士比亚可以与之比肩。此处举《卡拉马佐夫兄弟》中的一个例子。小说中，有一个贫穷的退役军官，他的妻子生病了，女儿也要读书。他得罪了一个叫德米特里的年轻人，德米特里就把他从酒馆拖到广场上去，他的小儿子也一路跟着他。后来德米特里的弟弟想补偿他，要给他 200 卢布。他有一段自白，他说，你哥哥把我从酒馆拖到了广场，我的儿子看着他的父亲被拖到广场上去。我的尊严被践踏，一无是处，我还比他年纪大，所以你给我钱，我要还是不要？这 200 卢布可以解决我的很多问题，可以给我老婆治病，可以给我女儿读书的机会，可以解决我们一家人的生活问题。但是如果我要了这 200 卢布，我的尊严何存？我的儿子将如何看待我？所以他就把钱甩在了地上。虽然这个人是一个贫穷的退伍军官，但是他看重人的尊严。这段自白让我们为之动容。

陀思妥耶夫斯基的作品直击社会的弊病，值得一读。他的代表作包括几部长篇小说，如社会哲理小说《罪与罚》。在《罪与罚》中，陀思妥耶夫斯基深刻剖析了主人公拉斯柯尔尼科夫不平凡人理论产生和失败的根源。不平凡的人是不是就可以决定平凡人的命运？陀思妥耶夫斯基在作品中分析了这个理论产生和失败的根源。人与人是平等的，不平凡的人不能决定平凡人的命运。在《白痴》中，陀思妥耶夫斯基竭力塑造了一个十全十美的主人公，讲述了美拯救世界的理念的破灭。《群魔》是一部反虚无主义小说。屠格涅夫在《父与子》中也曾提过虚无主义的概念。小说主人公巴扎罗夫是一个虚无主义者。屠格涅夫在作品中用一句话解释了虚无主义："ни в кого не веришь, ни во что не веришь"，意为"谁也不相信，什么也不相信"。这部作品在苏联时期曾被列为禁书。《群魔》描写社会主义五人小组的故事。当时有人说五人小组滥用社会主义的名号，在《群魔》中作者就抨击了这种说法。

《卡拉马佐夫兄弟》是陀思妥耶夫斯基最后一部长篇小说。陀思妥耶夫斯基在其中思考了有关上帝存在和人类自由的永恒主题。书中有这样一个场景：小说主人公伊万是一个无神论者，而他的弟弟阿辽沙是一个基督徒。他们之间进行了有关人性的辩论。伊万举了一个例子，说基督耶稣降临到了中世纪的西班牙，老百姓蜂拥而至，亲吻他的脚，拥抱他。红衣大主教派人把基督抓起来关进了监狱。红衣大主教对基督说，我知道你是耶稣基督。虽然你降临的时候，那些信徒们都亲吻你的脚，拥抱你，向你下跪。但是，你信吗，要是我把你架到火堆上，他们会添柴烧死你，因为你答应他们的东西都是空的。而我红衣大主教给他们的是最简单的东西，是关乎他们生存的东西。老百姓是很现实的：你要信我，我就给你面包；如果今天他们都要饿死了，何谈信仰？要让老百姓信仰你就要让老百姓吃饱。红衣大主教说，为了让他们信仰我，我可以给他们面包，给他们吃的东西，但信仰你却不能有任何私心杂念，信仰耶稣基督不能有任何前置条件，这是最虔诚的信仰。在世俗世界，我这一套才是行得通的。耶稣基督听完之后就沉默了。这个故事让我们思考信仰的问题。

陀思妥耶夫斯基给我们提出了很多问题。苏联时期著名文学批评家巴赫金写过一部著作《陀思妥耶夫斯基诗学问题》。书中一个主要的观点就是：在陀思妥耶夫斯基的作品中，众多不同的声音相互辩论，主人公和作者也在辩论，这就是我们所说的复调。陀思妥耶夫斯基的伟大之处就在于，他提出了很多问题，并且不把他认为是正确的观点强加给你，而是让你自己去思考。

7. 车尔尼雪夫斯基

接下来我想给大家介绍车尔尼雪夫斯基。车尔尼雪夫斯基是 19 世纪中叶俄国伟大的革命家、思想家，作为一个革命民主主义者，他坚决反对改良，主张农民革命。那时对于国家发展道路的选择始终存在两种声音，一种是改革，一种是革命。中国走的是革命的道路，我们最后成立了新中国。在历史上我们激烈讨论过中国社会走什么样的道路的问题。俄国也面临同样的问题。俄国社会发展应该是走改革之路还是走革命之路？这也是俄国知识分子讨论的一个重要话题。以车尔尼雪夫斯基为代表的一批人坚决反对改良，主张农民革命，宣传推翻一切旧权力的群众斗争思想。车尔尼雪夫斯基的创作涉及很多领域。他最重要的著作除了小说《怎么办?》，还有《艺术与现实的审美关系》，等等。《怎么办?》塑造了新一代职业革命家拉赫美托夫的形象。车尔尼雪夫斯基写了两类新人，一类是维拉、罗普霍夫和吉尔沙洛夫，另一类就是拉赫美托夫。其中最出彩的就是职业革命家拉赫美托夫的形象，他为了锻炼自己的意志睡钉床，是一个坚决拥护革命的职业革命家。

8. 托尔斯泰

托尔斯泰是俄国伟大的现实主义作家。列宁曾经评价，托尔斯泰不仅创作了无与伦比的俄国生活图景，而且创作了世界文学中第一流的作品。托尔斯泰一生创作了大量的作品。他用朴素的语言、丰富的内容和卓越的心理描写展示了当时俄国社会现实及作家本人孜孜不倦的精神探索。他的三部巨著《安娜·卡列尼娜》《战争与和平》《复活》成为世界文学名著，也成为人类精神文化家园的重要组成部分。《战争与和平》是一部史诗巨著，以宏大的叙事和细腻的心理分析将家族、个人的命运融入历史，反映了19世纪初到19世纪20年代俄国社会的重要事件。有些评论家提出，人民是创造历史的动力，这是一种朴素的唯物主义观念。有学者认为，托尔斯泰想通过这部作品表达何为幸福，作品中的主人公们实际探讨的是幸福的主题。《安娜·卡列尼娜》着重探讨了家庭伦理道德问题。如果从社会思想角度来讲，在当时社会背景下，俄国的资本主义已经发展到一定的程度，西方思想，包括对个人幸福的追求，冲击了俄国旧社会。新思想和原有的保守思想发生冲突，安娜就是这种冲突的牺牲品。《复活》是托尔斯泰创作的最后一部长篇小说，是他的呕心沥血之作。作者关注的焦点是人在犯罪后的自我救赎，通过道德的自我完善实现精神的复活。《复活》展示了当时俄国社会的黑暗。小说女主人公玛斯洛娃是一个单纯的少女，在遭到涅赫柳朵夫公爵的诱奸之后，被赶出了庄园，备受欺凌。她到哪儿都受到欺负，最后又被人诬陷，说她毒死客人。在审判的过程中，作为陪审员的涅赫柳朵夫发现玛斯洛娃是他以前诱奸的对象。他突然良心发现，选择赎罪。在他赎罪的过程中我们可以看到俄国社会底层的贪腐，官员的腐败。最后玛斯洛娃嫁给了一个革命者，随革命者去服苦役，去流放。涅赫柳朵夫公爵最后在基督教和圣经的感召下实现了精神的自我救赎和复活。

9. 契诃夫

契诃夫是俄罗斯杰出的作家、戏剧家，他的作品深刻反映了当时俄国的社会现实，表达了对俄国社会庸俗国民性及民族劣根性的批判，以及对普通劳苦大众命运的同情。契诃夫的小说结构紧凑，语言精练，善于运用讽刺和幽默的手法。例如短篇小说《姚尼奇》讲了一个从医学院毕业后到一个小城市当医生的人。刚开始他也有崇高的理想，后来他到一个地主家里，发现地主一家附庸风雅，地主的妻子要给他读自己写的东西，地主的女儿弹琴也弹得不好，这一家人实际上并没有什么文化。接着地主家的女儿去彼得堡学钢琴，而他就留在小城。契诃夫是如何描写这个医生的呢？首先，写他的兴趣变化。每天打牌，每天输钱。其次，写他换了马车，从一匹马换到两匹马，再换到四匹马。这说明他的钱越来越多，社会地位也越来越高，他的精神却堕落了。地主的女儿从彼得堡回来，有了很大的提升，而他却在不断堕落，他的本性发生了变化。契诃夫同时也是一位具有世界影响的剧作家，他的代表剧作《樱桃园》《三姐妹》《海鸥》等开一代风气，经久不衰。《樱桃园》不仅具有现实主义的特点，并且是现代派之先锋。《樱桃园》表现了新兴资产阶级和旧贵族两股势力的斗争，新兴资产阶级作为一种新生力量登上历史舞台，旧贵族最终退出历史舞台。当今契诃夫的戏剧作品不仅在俄国上演，在中国也能经常看到。他的作品深刻反映了当时社会阶层的变化。

　　前面给大家介绍了19世纪俄国文学和社会意识的觉醒，现在我们做一个简单的回顾。在俄国，19世纪上半期社会意识形态发生变化，到19世纪下半期民粹派兴起，代表了整个社会意识的变化和觉醒。其中西方派和斯拉夫派的斗争一直延续至今，现在的俄国社会仍然存在这个问题。后来，俄国提出了欧亚主义概念，就是说它既是欧洲的国家，也是亚洲的国家。普京想要结合欧亚发展的特点为他所用，走出一条具有俄国特色的发展之路，但实践起来可以说是困难重重。理念已经有了，但在发展的过程中具体应该怎么办，这是个大难题。

第三讲

《谁之罪?》：现实主义的社会批判

主讲人：马文颖

一、作品介绍和解读路线

《谁之罪?》是 19 世纪俄国著名思想家、革命活动家赫尔岑在 1846 年出版的一部著作，这部作品沿着两条爱情线展开：其一，平民知识分子德米特里·克鲁茨费尔斯基大学毕业后，到退职将军涅格罗夫的庄园当家庭教师，与将军的私生女柳博妮卡相恋并结婚；其二，贵族青年别里托夫从国外回来，他渴望在事业上有所建树，但因脱离实际以致一事无成，而此时却与柳博妮卡点燃了爱情的火花。德米特里得知后，非常痛苦，整天绝望地向上帝祷告，借酒浇愁，别里托夫则感到破坏了他人的家庭幸福，十分懊悔，再次远走国外，柳博妮卡亦陷入极度痛苦之中，三人最终都没有得到幸福。两条爱情线交织在一起，造成了悲剧。由此赫尔岑提出了一个引人深思的问题：造成这种结果的原因究竟是什么？谁要为此承担责任？

值得注意的是，这部小说的大部分内容集中在对主人公家庭背景的描写上，而且始终都在强调俄罗斯外省的惰性和落后。例如，作品中的所有中心行动或发生在 N. N. 镇，或发生在下层阶级的各个庄园里（除了到圣彼得堡、莫斯科和瑞士的短暂旅行，这些部分涉及别里托夫流产的事业和流浪），并且，小说在最后四分之一的部分才开始整个情节的发展。因此，可以说作品中主人公所面临的困难似乎难以解决的一个特别原因在于俄罗斯外省的僵化。所以，如果从这个角度（这部作品乃至大部分 19 世纪俄罗斯文学中所描写的腐朽落后的社会图景）去解答作者提出的问题，那么不难找到一个贯穿始终的答案——俄国落后的农奴制造成了主人公的悲剧。

我们先来论述一下这部作品是如何与社会问题相联系的。俄国文学界对赫尔岑的《谁之罪?》的分析角度很多，但是如果要分析作品中反映的社会问题，就不得不参照 19 世纪俄国著名文学批评家别林斯基的观点。1845 年，别林斯基只读了小说的第一部分，便写下了热情的评论。而在他完整地阅读了这部小说后，却对完整版的喜爱程度大大降低。他在《1847 年俄国文学之一瞥》一文中写道，"虽然这部小说中有大量的人物，其中大部分都被巧妙地勾勒出来，但没有男主角，也没有女主角"，而别里托夫在他看来是"整部小说中最不幸的人物"①。与俄国诗人奥加廖夫一样，别林斯基认为别里托夫在小说中被置于不应有的高度。但是，奥加廖夫从别里托夫的"浪漫主义"中看到了他的"虚假"，而别林斯基只是不喜欢这个人物形象的非逻辑性及其性格中缺乏动机的"和谐"。别林斯基更喜欢小说的第一部分。在第一部分中，赫尔岑以人物传记的形式书写了地主阶级的粗鲁和残忍、彼得堡和省城官场的惰性和形式主义、知识分子的无能，等等。小说的第二部分包含了"多余人"的流浪故事和爱情悲剧，在别林斯基看来，这部分就不那么有趣和有说服力了。

---

① Белинский В. Г. Взгляд на русскую литературу 1847 года // Полн. собр. соч.: в 13 т. М.: Изд—во Академии наук СССР, 1956. Т. 10. С. 320.

因此，从社会批评的角度评估这部小说的问题时，别林斯基得出了一个不同寻常的结论，他发现了作品的中心主题："……人类尊严的思想，它被偏见、无知所羞辱，有时被人对邻居的不公正所羞辱，有时被自己对自己的自愿扭曲所羞辱。"① 在别林斯基看来，别里托夫在社会和爱情中的失败，不是由于他的教养，也不是由于他的浪漫主义，而是他所处的社会不好。因此，别林斯基认为俄罗斯社会的"落后"对主人公的命运具有决定性的影响。

1847 年，俄国批评家 A. A. 格里戈里耶夫在《莫斯科城市公报》第 68 期中，用赫尔岑对邪恶社会的典型唯物主义观点解释了赫尔岑叙述中的普遍悲观主义。格里戈里耶夫认为，小说的主旨在于"我们不应该被责备，被责备的应该是谎言，谎言的网从我们的童年开始就缠绕着我们……有多少智慧被浪费在否认人类活动的最高引擎——自由和与之相关的责任上"②。赫尔岑表达了这样一个基本思想，即不应该责怪我们，而应该责怪那些我们从小就被缠在其中的谎言。格里戈里耶夫重复了他文章中的话，在他看来，"没有人可以指责任何事情，一切都受制于之前的信息，这些信息缠绕着一个人，使他没有办法摆脱，因为习惯是人腿上的链条。一句话，人是一个奴隶，没有办法摆脱奴隶的身份。这是所有当代文学作品都倾向于证明的，在《谁之罪?》中清楚明确地说明了这一点"③。

别林斯基和格里戈里耶夫认为，赫尔岑最终将人格问题归结为社会

① Белинский В. Г. Взгляд на русскую литературу 1847 года // Полн. собр. соч.：в 13 т. Т. 10. С. 319—320.

② См. Григорьев А. А. Обозрение журналов за март 1847 г. // Московский городской листок. 1847. 31 марта. № 68. 在这方面，必须提到 A. A. 格里戈里耶夫 1848 年 11 月 17 日给 N. V. 果戈理的信，他在信中把《谁之罪?》和《与朋友通信选》作了对比。这两部作品是在同一年出版的，对于比较保守的格里高利耶夫来说，这两部作品的主要区别在于对人类责任问题的解决。

③ Григорьев А. А. Письмо Н. В. Гоголю, 17 ноября 1848 г. Москва // Григорьев А. А. Письма. М.：Наука, 1999. С. 31—33.

问题。《谁之罪?》虽然看似是一个爱情故事，但同时也是俄国父权制生活的写照。两位主人公是这种传统的产物。总的来说，赫尔岑似乎认为这种后代是有致命缺陷的，即建立在压迫和剥削关系基础上的孩子不可能茁壮成长。因此，柳博妮卡和别里托夫的生活，以及他们有缺陷的、有罪的爱情，是农奴解放前俄罗斯的隐喻。

至此，我们可以作一总结：《谁之罪?》表面上以爱情为主线，实质则在阐明社会对人性的影响，一种庸俗腐朽、充斥着谎言的社会影响着主人公性格的养成并最终导致其希望的破灭。而作品的根本目的在于揭露当时畸形社会生活的本源——农奴制。作者将反农奴制设置为作品的主题，透过这本书，我们不仅能看到 19 世纪俄国充满矛盾的社会图景，还能够体察旧式贵族的迂腐与没落，以及青年知识分子和贵族充满理想却又无可奈何的人生经历。正如俄国批评家斯特拉霍夫所认为的那样，在这部作品里已经体现出赫尔岑创作的主题：生活的偶然性和人性的荒诞，而这一切无疑与当时的社会矛盾有关。

二、作品照进现实

通过以上对于作品与现实的讨论，我们可以借《谁之罪?》来探讨 19 世纪俄国前进与动荡的发展道路，并引出形成作品和现实困境的根源性问题——农奴制。因此，该书所提出的"谁之罪?"的问题，连同"怎么办?"这个问题，构成俄罗斯发展历程中的两个核心问题。

本文将由这两个问题展开。在第一个问题"谁之罪?"的基础上，由俄国 19 世纪的前进与动荡的社会背景引出社会矛盾的根源——农奴制。针对第二个问题"怎么办?"，将从国家改革和贵族使命两个方面提供解决方案。

1. 俄国的前进与动荡

本文涉及的历史时期在亚历山大一世至亚历山大二世当权的这个区

间。这一时期俄国经历了三任沙皇的统治:亚历山大一世、尼古拉一世和亚历山大二世。在此期间俄国现代化史进一步发展,成为真正意义上的大国,然而与此同时,农奴制的隐患逐步凸显,社会矛盾愈演愈烈,并为罗曼诺夫王朝的终结埋下伏笔。

(1)"表面上的前进"

这一时期前进且辉煌的俄国凭借从彼得大帝到叶卡捷琳娜二世时期的不断积累,综合国力得到极大提升。在社会构成上,人口从1796年的3600万增长至1851年的6700万,城市的绝对人口数量和比例呈增长趋势。同时,俄国领土不断扩大,工业不断发展,在各方面逐渐跻身世界强国之列。

农业:19世纪上半期,俄国农业获得了进步,部分完成了现代化。由于使用机器和化学肥料,改进农业组织和技术,一些地主成功地转变为资本主义生产商。总体而言,随着俄国农业集约化程度的提高,劳动生产率也提高了。同时,农产品也逐渐变得多样化。主要谷物特别是黑麦和小麦仍然在大规模生产,而且逐渐在出口中获得重要地位,一些新的农产品也逐渐变得重要起来,包括土豆、甜菜籽及南方的葡萄。土豆的产量在19世纪40年代增加了四倍,葡萄酒的产量在19世纪30—50年代增长了两倍。

工业:这一时期,俄国工业增长迅速,工厂从1200家增至2818家,工人数量从10万至20万增长到50万至80万。相对年轻的棉纺织业发展速度最快,其产量在半个世纪内增长了16倍以上。在快速增长时期结束时,俄国已经有大约100万个棉纱锭。1825年,资本主义工厂已经占到工厂总数的54%。与此同时,尤其是在19世纪的最初25年以后,机器和蒸汽机的数量在俄国的工业中稳定增长,而且俄国人开始制造自己的机器:1851年,俄罗斯拥有19家机器制造厂,年产值50万卢布;1860年,机器制造厂数量达到99家,年产值达到800万卢布。俄国的第一条公用铁路在 1837 年公开运营，连接圣彼得堡市区和郊外的皇室别墅"皇村"（今名普希金村）。1851 年，连接圣彼得堡和莫斯科的俄国第一条干线铁路开始运营。

贸易：俄国商业资本不断发展，集市贸易逐步扩大。据不完全统计，到 1825 年，俄国的国内贸易额达 9 亿卢布。与此同时，俄国的对外贸易在 19 世纪前半期发展十分迅速。"大变革"前夕，俄国的年出口总额为 2.3 亿卢布，进口总额为 2 亿卢布；而 19 世纪初的出口总额只有 7500 万卢布，进口总额为 5200 万卢布。此外，俄国仍继续出口原料，如木材和木材制品、大麻、亚麻、牛脂以及谷物[①]。

俄国的强盛不只体现在经济方面，还表现为对外策略上的优势。这一时期，俄国通过若干次重要的战争不断扩大领土，并逐渐获得国际话语权，彰显出强国的态势。以下以亚历山大一世时期至尼古拉一世时期俄国的对外扩张为例加以说明。

亚历山大一世时期：

1801—1810 年间，俄国分别吞并格鲁吉亚东部和西部地区；对波斯的战争（1804—1813）获胜，签订《古里斯坦条约》，迫使波斯承认俄对格鲁吉亚的统治；对瑞典的战争（1808—1809）获胜，将芬兰纳入版图；俄法战争（1812—1815），神圣同盟打败拿破仑法国，通过维也纳会议，俄国的国际地位急剧上升，成为欧洲认可的强国。

尼古拉一世时期：对波斯的战争（1826—1828）获胜，签订《土库曼恰伊条约》，继续保持对格鲁吉亚的占领，并获得亚美尼亚的部分地区，在里海保有舰队；对土耳其的战争（1828—1829）获胜，签订《阿德里安堡条约》，得到多瑙河入海口和高加索大部分地区；对波兰革命起义的镇压（1830）。

---

① 数据引自梁赞诺夫斯基、斯坦伯格：《俄罗斯史》，杨烨等译，上海：上海人民出版社，2007 年，第 316～317 页。

通过以上一系列扩张，俄国以主导者的姿态积极参与国际事务，实现了欧洲强国的梦想。

（2）"内在的动荡"

正如前文所述，在以彼得大帝欧化改革为基础的国家发展中，俄国上下层不平衡的问题也逐渐暴露出来。俄国的工业化发展迅速，但是根基仍然是以农奴制为主的封建集权国家，这种根源性的矛盾随着经济的发展更加凸显。不仅如此，还有若干事件加剧了俄国已有的不平衡，从而引发更多的动荡，如尼古拉一世的统治（乌瓦罗夫的"三位一体"、沙皇第三办公厅），俄国"欧洲宪兵"的角色引起欧洲不满并结成反俄同盟以及克里米亚战争（1853—1856）等。

"内在的动荡"首先体现在加强专制集权方面，在俄国的工业化达到很高水平的同时，以农奴制为基础的社会制度没有改变，原有的集权统治甚至升级了。尼古拉一世时期的大臣谢尔盖·乌瓦罗夫提出"官方人民性"，即"三位一体"原则。"三位一体"这个词原本是宗教术语，是整个基督教的核心概念。乌瓦罗夫于1833年正式提出的这一理论包括三个原则：东正教、专制制度和人民性。东正教指官方教会及其在俄罗斯的重要地位，也指那些赋予生活和社会意义的道德和理想的根源；专制制度是指对君主的绝对权威的肯定和维护，被认为是俄罗斯立国必备的基础；人民性指俄罗斯人民的特性，正是这个特性使人民成为其王朝和政府的强大和忠诚的支持者。

乌瓦罗夫的"官方人民性"理论最早出现在1832年关于莫斯科大学的教育计划中，其完整表述主要来自两份他亲自撰写的文件：一份是1833年11月19日乌瓦罗夫提交给尼古拉一世的一份长达10页的报告书《关于一些强化国民教育部管理的普遍原则》，这份文件保存在俄国国家历史博物馆书写资料分部；另一份是1843年完成并发表在《国民教育部杂志》上长达20余页的《国民教育部的十年》。《国民教育部的十年》分为四个部分：第一部分是"自 1833 年以来帝国教育体系的主要原则和发展"，第二部分是"教育机构的部分部门的改革"，第三部分是"关于学术机构的成绩、科学和文学成果的看法"，第四部分是"物质方式、资金、建筑和学者数量的发展"。在 1833 年报告书的开头，乌瓦罗夫就明确地表示他的职责应当使国民教育在东正教、专制制度和人民性相结合的思想中得到完善。① 在谈到农奴制问题时，乌瓦罗夫认为农奴制本身就是俄罗斯文化的最好体现，是延续俄国伟大传统的支柱。他认为政治信仰就像是宗教信仰一样，有其不可侵犯的信条。如果废除农奴制度，必然会引起灾难性的后果，不仅会导致国家和民族灭亡，而且会导致俄罗斯文化传统沦陷。乌瓦罗夫的三原则论被后人称为"官方人民性"理念。这种制度实际上是在捍卫统治秩序，加强专制统治，与当时俄国正在经历的经济发展是相悖的。另一个反映这一时期俄国动荡的事件则是克里米亚战争。在对外扩张的道路上，俄国与英法产生了冲突，这一冲突导致了争夺近东控制权的克里米亚战争。1850 年，在巴勒斯坦圣地的天主教徒和东正教徒之间发生了一场论争，论争的焦点是与几个最神圣的基督教圣地有关的权利问题。为了对抗拿破仑三世对天主教徒的支持，尼古拉一世采用其惯常的直截了当和生硬的方式，于 1853 年 2 月派缅希科夫公爵到土耳其向土耳其人下了最后通牒：圣地争端的解决要有利于东正教徒，土耳其政府必须明确承认其境内为数众多的东正教徒的权利。土耳其接受了第一个要求，但是并不认同俄国有代表土耳其境内东正教徒进行干预的权利，认为这是对土耳其主权的侵犯。缅希科夫于是中断会谈并离开君士坦丁堡。俄土战争于 1853 年 10 月爆发，在俄军摧毁了锡诺普港外的一支土耳其舰队及一些商船之后，英法于 1854 年 3 月加入了土耳其方。这场战争以俄国的失败告终，俄

---

① 参见张建华：《帝国风暴：大变革前夜的俄罗斯》，北京：北京大学出版社，2016 年，第 488~489 页。

国因此丧失了黑海沿岸的大部分土地,同时也不得在黑海保留舰队,对黑海的控制被严重削弱。克里米亚战争的失败使俄国刚刚建立起来的荣誉、积攒起来的国力被统统打碎,标志着俄国在东南欧、近东的衰落,此后,俄国的世界地位迅速下降。

克里米亚战争成为俄国社会内部矛盾激化的导火索,19 世纪很多作家的著作都描写过这场战争结束以后矛盾重重的俄国社会。而这一系列事件导致的最显性结果就是,农奴数量不断增长,农民暴乱频繁(1467 次——据历史学家依格纳托维奇统计)。

2. 问题的根源—— 农奴制

农奴制帝国危机在尼古拉一世统治的整个阶段不断发展。经济和制度的矛盾不断加深,因此,在这一小节我们回到俄国社会不平衡的关键原因——农奴制上来。首先需要明确一下,农奴并非俄国独有。实际上,整个欧洲都出现过农奴制,只不过在西欧开始得较早,俄国的农奴制开始得晚,到 19 世纪下半叶才结束。农奴不是奴隶,农奴有权益,可是为了得到这些权益必须丧失更多的东西。

谈到农奴制,就无法避开土地问题。封建生产关系中的一个重要因素就是土地。从历史来看,要解决封建社会的问题,首先就要解决土地问题。因为在封建生产关系里,人们关注究竟能拥有多少土地或者从这些土地上能得到什么。而在俄国农奴制社会的发展演变中,土地成为农奴和贵族以及地主之间的纽带,由普通平民转变为农奴的关键因素正是步步地丧失土地。在罗曼诺夫王朝时期,随着贵族势力不断增强,贵族领地范围逐步扩大,平民通过雇佣关系被约束在贵族或地主的领地上,为了获得权益而不断失去自由,而已成为农奴的人也通过土地越来越依附于贵族和地主。在这个过程中,贵族和地主们的财富在积累,领地在一步步地扩大。与此同时,平民和农奴的生活却越来越困苦,这就成了俄国社会畸形发展和社会问题不断暴露的根本原因。俄国的工业化在发展，但是农奴数量也在不断扩大，到 1861 年农奴制改革之前，俄国境内约有 2/3 的人口是农奴。

这种严重滞后的农奴制在俄国存在了很久。俄国的农奴制在 1649 年以法律的形式确立下来，直到 1861 年以法律的形式被废除。但这只是法律层面，事实上俄国的农奴制由来已久，甚至从某种意义上说，在 1861 年被废除以后也没有立刻真正消失。

俄国的农奴制最早形成于基辅罗斯时期，那时就采取了一种契约的形式，而后随着俄国中央集权不断加强，内有灾荒，外有战争，都加深了农民对地主的依赖和地主对农民的束缚。农民不得已把自己的人身自由和土地所有权卖给地主和贵族，来获得一点点权益。哪怕在莫斯科公国时期，一些领地的建设也是为了进一步阻止农民迁移和逃亡。罗曼诺夫王朝的每一任沙皇都会颁布限制农奴的策略和措施。例如，规定农奴不得不经主人的允许探亲访友，也不得私自逃到外村，否则将会受到严厉的处罚，等等。俄国的农奴制度经历了这么长时间的发展，直到 1649 年以法律的形式最终确定。我们发现，在 1649 年《会议法典》中有关农奴制的记载可以用这样一句话来概括，即"一日为奴终身为奴"。《会议法典》的残酷性从以下几条即可窥得："世代相传被固定于法人之下"，就是说无论经过多少代，只要你的祖辈是农奴，你就是农奴，这样的命运无法被改写；"根据领地被固定法人"，这指的是在这块领地上你是农奴，这块地不管后期卖给谁，由谁来做这块地的地主，你依然是这块土地上的农奴。可见，随着农奴制度以法律形式固定下来，俄国社会对农奴的压迫也到达了顶峰。

同时，值得一提的是，除了 1649 年的《会议法典》，不同时期在位的君主都利用其他手段不断增加并扩大农奴的范围和数量，下面我们以彼得一世时期为例。

彼得一世在位时期，农奴的地位发生了变化：关于第一次人口调查的敕令，从法律上把以前按法令区分的两种农奴身份（奴仆和农奴）混同了。农奴在人身上依附于地主，同时还依附于本阶层，甚至地主都不能使他们脱离本阶层，他们永远是国家的义务纳税人。奴仆同农奴一样，永远依附于自己的主人，但是不承担国家赋役。彼得的法令把农奴承担的国家赋役扩大到奴仆，这就改变了农奴的来源：在此以前，奴仆或农民同主人的私人契约是农奴的来源；现在，国家法令即人口调查成了农奴的来源。换言之，以前按契约履行农奴义务的人即为农奴，而现在只有在人口调查名册上被列入某人名下的人才是农奴。这种新的来源取代了从前的契约，农奴阶层有了很大的伸缩性。从此，不再分奴仆和农奴，两者被一种身份——农奴或入册农奴所代替；因此，任意地缩小或扩大农奴的人数和依附程度成为可能。从前，农奴身份是由个人同个人的契约确立的，现在，却建立在政府法令的基础之上①。

彼得一世去世以后，农奴数量越来越多，主人控制农奴的权限越来越大。

赏赐是18世纪增加农奴人口最通用的有效手段。从彼得时期起，居住在国家和宫廷土地上的居民，根据不同情况，转为私人占有。在保留原先分封领地性质的同时，赏赐有时具有因服役而受褒奖或养老金的意义。例如，在1737年，在国家矿厂服役的贵族军官，得到的赏赐，是把宫廷村和国有村的10个农户计入薪俸。非贵族出身的军官所得赏赐少一半。据称当时平均每户有4个纳税农奴，这40个或20个农奴成了军官的世袭不动产，但条件是：不只他们，而且他们的子女必须为国家工厂服役。到18世纪中叶，这种带封地性的有条件的赏赐停止了，只有按不同条件将有人居住的土地简单分配变为完全私有的情况仍在继

---

① 克柳切夫斯基：《俄国史教程》第5卷，刘祖熙等译，北京：商务印书馆，2013年，第121页。

续：农民连同土地被赏赐给因打了胜仗和顺利完成战役的将军，或用来纯粹"为了取乐"，为了十字架或作为新生儿的礼物。宫廷里的每次重大事件，俄国军队的每次战功都伴随着成千上万的农民沦为私人所有。18世纪土地所有者拥有的巨额家产，是通过赏赐途径建立起来的。缅什科夫公爵——宫廷饲马员的儿子，在彼得死后，拥有家产据说达10万农奴。伊丽莎白在位时，拉祖莫夫斯基家族也同样成为大土地所有者；基里尔·拉祖莫夫斯基伯爵，通过赏赐也拥有10万农奴。①

此外，地主的权利界限在不同时期也发生了变化，这也为农奴制的进一步发展提供了条件。在古罗斯时期，两种权利——警察权和经济权，具体来说即监督和审判权以及令农奴服劳役或交代役金的权利，都有一定的界限。例如，17世纪地主的司法权只局限于"农民事务"，即由土地关系引起的问题，以及现在由调解法庭管辖的民事和其他小的讼争，地主无权审理自己农民的刑事犯罪行为。

彼得一世死后，由于法律不完备和不连贯，地主权利的这些界限逐渐消失。18世纪的法律不但没有力求更准确地规定地主的权利，甚至在一些方面反而扩大和加强了地主的权利，这为一些地主采取16、17世纪地主对待奴仆的旧办法来对待农奴广开门路。

例如，18世纪上半期，地主攫取了对农民的刑事审判权及其相应的惩罚权利。伊丽莎白在位时期，地主惩罚农奴的权利根据法律扩大了：1760年的敕令，赋予地主有权将其"举止放肆"的农民永远流放到西伯利亚。这个权利有利于地主加强向西伯利亚许多宜于耕种的荒地移民。但是，这种权利受到一定条件的限制；地主能够流放农民，但只

---

① 克柳切夫斯基：《俄国史教程》第5卷，刘祖熙等译，北京：商务印书馆，2013年，第118页。

能流放到有居民的地方，而且流放的农民要健康、能劳动，不超过45 岁。①

在各个时期一系列政策和措施的推动下，到了 1860 年，一个农民付给主人的代役金价值相当于 1800 年的十倍。交完代役金后的余额才是农民自己的，这个事实迫使农民更加辛勤地劳动。②

因此，我们能够看出，在一个表面强盛的大国背后，隐藏的是底层人民的辛酸史。以农奴制为根基的俄国在全世界已经进入工业化的时代必将面临史多的问题，解决农奴制的问题已经迫在眉睫。

三、国家与贵族的使命

以上已经讨论清楚了俄国社会的问题所在，那么接下来我们讨论解决方案——"怎么办?"事实上，对于俄国当时的困境，不论是统治阶层还是负有使命的贵族阶层都是有意识的，因此对于农奴制的改革在1861 年之前已经开始了。

1. 国家层面的改革

首先要提到的是亚历山大一世的努力。起初他成立了一个非正式委员会，并召开了斯特罗加诺夫会议，想要废除农奴制，但没有成功。政府甚至实施了一些有限的社会立法，如 1801 年将财产拥有权从贵族延伸到一切自由民。同时，所谓的《自由农民法》于 1803 年生效，该法规定农奴主有权自愿解放农奴，保证被解放的农奴拥有土地。与之配套

---

① 克柳切夫斯基：《俄国史教程》第 5 卷，刘祖熙等译，北京：商务印书馆，2013 年，第 132 页。

② 参见梁赞诺夫斯基、斯坦伯格：《俄罗斯史》，杨烨等译，上海：上海人民出版社，2007 年，第 315 页。

建立了有关规章和法庭以确保在法案的实施中被解放的农奴在很多方面与国有农民的地位相似，但与国有农民不同的是，他们享有更多的财产权并被免除了更多的义务。但是，很少有地主愿意解放自己的农奴。从历史记载来看，从《自由农民法》开始实施到该法于半个多世纪后的"大变革"前夕被废除为止，一共只有384名农奴主依据该法解放了115734名从事非家务劳动的男性农奴和他们的家庭。

同时沙皇政府实行了斯佩兰斯基宪政改革，亚历山大一世已经有意识地在切割俄国社会的这个毒瘤，但是保守贵族不答应，这样一来，沙皇为了自身的统治稳定，也没有决意废除农奴制。但是，亚历山大一世的改革为后面的1861年改革奠定了一定的基础。

尼古拉一世时期采取了保守的措施，即便巴维尔·基谢廖夫的改革涉及税费调整，对贫困农民额外分配土地，为农民开办学校，发展农村医保等，但是收效甚微，苏联史学家德鲁齐宁甚至认为改革带来了负面影响。值得注意的是，这一改革也丝毫没有触及农奴制问题。

接下来，亚历山大二世的改革可以算是俄罗斯历史中一件知名的事，也因为废除农奴制引起的轰动而时常被冠以"农奴制改革"的名称。的确，1861年改革的重点放在农奴制上，但是范围不限于此。此次改革实际上是自上而下进行的全方位改革，废除农奴制是这次改革中影响最大的方面。

在1861年改革之前，俄国各方已经为这场改革做好了准备，例如，对于贵族农庄经济来说，如果不实行废除农奴制的改革，那么那些无力偿还债务的贵族的领地将逐渐国有化，而农奴群体本身对于这场改革的需求也不言自明。

我们先大致了解一下这场改革的经过：

亚历山大二世加冕礼上的通告（宣称要自上而下地废除农奴制）；

公务公开:公开向社会征集意见并讨论;

1858 年各省成立贵族委员会,彼得堡成立中央委员会;

1859 年成立起草委员会,汇集各省委员会意见并起草文书;

1861 年 2 月 19 日(俄历)签署解放农奴宣言。

1861 年改革中较为关键的内容有两项。一是农民摆脱附地主的依附关系后,便被安排到村社,获得一定的自治权。总之,整个解放农民法令由三个部分组成:村社制、分给农民长期使用的份地和赎买供长期使用的土地。二是政府为地主的土地发放了贷款,这便成了农民承担的国家债务,为此他们又担负起偿付赎金的义务。这种赎金作为国库贷款,年利率为 6%。农民承担的这种国家债务从赎买时算起,在 49 年内以赎金的形式还清。

这场改革的确是一次划时代的壮举,从此,俄国结束了长达一百多年的农奴制,通过法律途径实现的农奴解放在道德价值上无疑是巨大且不可估量的。然而我们也要清醒地看到,这场改革并不充分,改革的实质效果与期待有差距。比如说,改革的法令中宣称农奴得到了相应的土地,但是名不符实。农奴得到的一半土地仍属于地主,而另一半需要补偿地主,只不过先由国家支付,农奴向国家贷款之后再还。因此,大部分农民在 1861 年之后获得的土地甚至比以前更少了。

由此,俄国从国家层面对农奴制进行了"手术",然而统治者为了维护自身利益,没有对社会进行彻底"换血",这就形成了一个问题:即便终结了农奴制,集权的封建制社会依然没有瓦解,社会问题依旧没有得到根本性解决。那么谁才是真正想改变又能够改变社会问题的人呢?纵观欧洲的发展历程,这个推动历史进步、结束封建体制、改变社会的使命就落到了贵族阶级的身上。

2. 贵族阶级的努力

俄国的一些新兴贵族和进步青年接过了这个重任,他们不仅主张废除农奴制，同时也在不断思考俄国未来的道路。那么新的道路是什么？到此，俄罗斯历史进程中基辅罗斯与罗曼诺夫王朝所代表的两种基因最终汇聚在一起。

19 世纪 40 年代关于俄国未来的道路产生了激烈的讨论，逐渐形成了斯拉夫派和西欧派，他们都主张废除农奴制，且选择的道路不同。首先，以赫尔岑、奥加廖夫为代表的西欧派希望俄国按照西方的道路去走，他们主张废除农奴制，但是一定要废除沙皇专制制度，一定要把封建制彻底打破。西欧派认为俄国是西方的一部分，拒绝承认俄国文明自身的独特性，并且认为俄国属于落后停滞的一方，应该迎头赶上西欧。以霍米亚科夫、阿克萨科夫兄弟为代表的斯拉夫派也主张废除农奴制，但他们主张保留沙皇制度，要回到彼得大帝改革前的旧制度。斯拉夫派倡导俄罗斯民族的两种独特性：东正教和村社制度。他们认为只有这两个因素才能真正实现俄国的进一步发展。尽管后来俄国的发展并没有完全按照他们的设想进行，但是这些贵族都对当时俄国思想界和俄国社会的发展做出了巨大的贡献。

需要指出的是，俄国是具有独特文明特征的国家，对于俄国的改良是一个复杂的过程，单纯地借鉴任何一种经验都是行不通的，在这个过程中需要考虑多方面的问题。

历史学家克柳切夫斯基认为，俄国社会的政治和道德思想构成一种规范，而社会生活本身，即建立起来的社会关系又是另一种规范，两者之间没有过任何联系。俄国思想界是怎样摆脱这种困境的呢？他们尝试过各种途径。在 18 世纪，俄国思想界断定，思想归思想，现实归现实；既可以向往平等，也可以向往自由，还要在农奴制支撑的社会向往平等和自由。18 世纪受过教育的俄国人认定，思想和现实该有这种命中注定的关系。19 世纪初，受过教育的一代人用另一种态度来对待思想和现实的关系。他们认为，绝不能生活在两种相反的体制之中，即思想体系和社会关系相对立的体制之中,必须将前者同后者协调一致。那么,如何将自由和农奴制调和起来呢?于是,这一代人为了思想统一力图摧毁俄国的现实,但考虑不周,准备不充分。我们已经知道他们尝试的结局。从那以后,有一段相当长的空隙时间,俄国思想界在对待现实的态度问题上产生了分歧。一部分人认为,既然在现行制度下不存在适应于大家所理解的思想的任何东西,那么,就必须把这些思想的实现推迟到遥远的未来,为此要慢慢地创造条件。另一部分人则认为,既然在现行制度下没有适应于西方思想的任何东西,那就应该在俄国的过去里面寻找是否有这些思想的萌芽或诸如此类的东西,于是一度加紧了对过去的研究。这就是在 19 世纪 40 年代被称为斯拉夫主义者的那些人的基本观点。

自从实行了这些伟大的改革,俄国思想界对周围的现实,对所处的环境开始抱另一种态度。俄国的社会生活开始在欧洲各国社会生活赖以维持的那些原则的共同基础上向前发展,就是说,构成整个欧洲文化宝库的那些早被这里的人们接受的思想,现在为自己找到了同源的土壤。不过,当这块土壤迅速出现的时候,俄国思想界也开始了一个双重性的认识过程。一方面,思想界发现他们所接受的全部思想并不完全适应俄国的现实,其中一部分带有地方色彩,因而虽然不应摒弃,但应用到俄国现实时要有所变化,也开始用批判的态度对待西欧文明了。另一方面,善于思索的人发现,在新开垦出来的土壤里还不能直接栽植这些思想,只宜继续工作下去,以便使俄国的道德习惯和道德观念能够适应这些思想。正在建立的俄国生活秩序应当依靠这些思想。这就是摆在俄国面前的亟待解决的双重性问题。①

---

① 参见克柳切夫斯基:《俄国史教程》第 5 卷,刘祖熙等译,北京:商务印书馆,2013年,第 294~296 页。

四、贵族的困境——田园式幻想下的旧世界

从克柳切夫斯基的观点不难看出，俄国的问题及对它的认识都是带有双重性的。因此，不仅是历史真实（十二月党人起义等），连同文学虚构都展现了变革道路的艰难，而我们恰好能够通过《谁之罪?》的文本来探寻俄国根深蒂固的落后性与俄罗斯贵族的困境。

尽管《谁之罪?》的表面主体结构为爱情故事，但是与爱情故事的散漫相反，文本有一个类似于屠格涅夫小说的中心，即浪漫爱情和意识形态的双重叙事。故事可以归入"父权制故事"的总标题下。事实上，对全部情节的整体解读表明，这部小说与其说是爱情故事，不如说它展现了落后的俄国全景图。

小说展示了老旧贵族腐朽的生活图景。"他们的主要特征是千篇一律的生活方式，和对于一切新鲜事物内心的痛恨。……但他们却自以为是我们俄国国民生活的代表，因为他们认为'克瓦斯是跟空气一样的不能缺少'……"① "这些人为什么从床上起来，为什么活动？为什么生活？——要回答这些问题，都是很困难的。但是并无回答这些问题的必要。"（32）这一类俄国的旧式贵族生来就含着金汤匙，他们想当然地认为所有人的生活都跟他们一样优越，实际上他们对俄国的实际情况并不了解。作品中还有这样的描写："将军在早晨七点钟起来，马上衔着一只樱木大烟斗……要是走进一个不认识的人，因为他那样深思熟虑地在抽烟，一定以为他头脑中盘旋着头等重要的计划和想像，哪里知道盘旋着的只是烟雾，而且不是在头脑当中，仅仅在头脑四周。"（32）由此可见，当时俄国大部分贵族和地主过着千篇一律的生活。19世纪俄国著

---

① 赫尔岑：《谁之罪?》，楼适夷译，上海：上海译文出版社，1979年，第13页。以下引自该著作的文本使用文中注，只标注引用页码。

名作家冈察洛夫的《奥勃洛莫夫》塑造了一个典型形象：因循守旧，耽于幻想，每天躺在床上空想一些根本不切实际的东西，无法行动起来，甚至不能从床上起来，所有大小计划都只是想想而已。《死魂灵》中五个旧式地主的形象同样真实地展现了俄国社会真实的衰败。落后、腐朽、贪婪才是俄国真实的缩影。

整个小说在叙事上有明显的延宕，核心情节直到四分之三处才开始。小说开头的场景与主要情节线索并无关联，但这样的延宕恰好体现出俄国腐朽生活的漫长。在涅格罗夫（柳博妮卡的父亲）家里，克鲁茨费尔斯基被聘为家庭教师，并与涅格罗人的私生女相爱。小说的开头几行暗示了三个中心人物的悲剧："有一天傍晚，亚历克绥·亚勃拉摩维奇正立在阳台上。他刚睡了两个钟头午觉，还没有完全清醒，懒洋洋地张开两眼，连连打着呵欠。"（1）我们立即进入了"旧式地主"的环境和他们懒散的生活方式。小说中有大量描写外省庄园的情节，这并不是伟大爱情的背景，克鲁茨费尔斯基和柳博妮卡正是在这种反浪漫主义的背景下相爱的，这在一定程度上预示了他们的婚姻从一开始就存在问题。

除了这些庄园生活的图景，生活在庄园里的贵族又是什么样的呢？小说中塑造了不同的男性形象——从传统的父权主义者到渴望采用新思想的人。第一个被细致处理的男性角色是涅格罗夫。赫尔岑对他采取的语气是嘲讽的，这个不屑一顾的贵族外表下隐藏着一个只顾自我意志的、旧式父权制学校的恶棍。在小说中关于他的传记的章节的前几行，赫尔岑这样描写："性子急躁，说话粗鲁，处事冷酷无情……"（8）正如文中所言，他完全按照自己的意愿来安排事务，他对自己的家庭和庄园实行绝对的统治，同时，文中描写了他对待农奴的态度，在赫尔岑看来，这是他用来维持他的附庸的恐惧的措施，即一种父权制的习惯。

而年轻的克鲁茨费尔斯基则是一个截然相反的类型。他是一个非常普通的人，出身卑微，但受过良好的教育。就其在小说中的角色而言，他一开始的形象在告诉读者他不是英雄，他更像是果戈理笔下的胆小鬼。他在进入涅格罗夫家时宣布，他只喝水。稍后，我们也看到了他的传记：他的出现让人感到奇怪，在中学他学习很好，永远害羞、温顺、安静；他总是被动的，被送进中学，然后被送进大学，最后被介绍到涅格罗夫家。这种被动性在后面的情节发展中很重要。正如克鲁波夫警告的那样，他无力阻止悲剧的发生。更概括地说，克鲁茨费尔斯基是一个失败者。

第三个男性角色别里托夫最初被描写成一个神秘的人，在他意外返回 N. N. 镇后，关于他的许多谣言流传开来，他的背景与克鲁茨费尔斯基和柳博妮卡有很多共同之处。如其他主人公一样，读者首先了解到的是他的父母。因此，可以把他看作一个特定环境的产物，他也是一个典型形象。他的父亲老别里托夫是个好色之徒，他追求并最终使用卑劣的手段娶了别里托夫的母亲——一位年轻的家庭教师。老别里托夫在他的儿子只有两岁的时候就去世了，他的母亲就把自己完全奉献给了她亲爱的儿子。在赫尔岑看来，别里托夫和其他主要人物一样的部分原因在于，他受到了母亲的过度保护。更确切地说，首先，他的生活被父权关系歪曲；其次，他对现实生活完全没有准备。赫尔岑明确指出了这一点，当他对别里托夫的成长过程进行总结时，他评价道，他的母亲和导师所做的一切都是为了让他不理解现实。用俄国人的话来说，别里托夫是"多余人"的完美典范。当小说的第二部分开始时，作品留下了三个人物，他们都没有为生活做好准备。因此，准悲剧性的结局在很大程度上是预先设定好的。

正如学者乔·安德鲁（Joe Andrew）分析的那样："柳博妮卡和克鲁茨费尔斯基的婚姻被具体描述为父权制沙漠中的一片绿洲，它就像一首田园诗。但同时，克鲁茨费尔斯基家就像一个年轻版的'旧世界'：

激情和浪漫都不存在。这对年轻人不是由'命运'而是由社会因素决定走到一起的。当他们相爱时，这种反浪漫主义的'物质主义'倾向得到了发展：基本上，我们被引导着相信，这是因为他们是彼此唯一可以选择的人。因此，他们的婚姻，就像小说中的许多其他内容一样，在很大程度上是预设的。"① 随着他们的爱情开花结果，赫尔岑再一次否定了任何罗曼蒂克的可能性，并且再一次引起了人们对他刻意回收文学素材和陈词滥调的注意。在田园诗之后，这段情节（康德拉吉和妻子想要把女儿瓦尔瓦拉嫁给别里托夫）提醒了我们黑暗王国的包围：事实上，它加剧了阴霾，因为这个外省家庭是最压抑和最残酷的家庭之一。同时，它既嘲弄又强调了浪漫主义三人组的"特殊"。他们将自己视为来自另一个世界的生物，然而，最后他们将被他们所来自的世界困住并削弱，尽管他们是"新人"，但无法迈向未来。

结局最引人注目的地方是，爱情没有给任何人带来幸福。一个吻毁掉了所有三位主人公的生活。柳博妮卡迅速凋谢，别里托夫的最后一丝希望也破灭了，而克鲁茨费尔斯基则开始酗酒。三个人都被这场罗曼史摧毁了，第二部分开头的田园风光永远消失了，或者说，它被证明是一个没有实体的幻影，在与现实的第一次接触中就破碎了。

回顾历史与文学，在国家改革和贵族阶级的不懈努力中，俄国的农奴制落幕了，这不仅是一种制度的终结，也代表着一个时代的落幕，俄国即将打开一个新未来。

参考资料

赫尔岑：《谁之罪?》，楼适夷译，上海：上海译文出版社，1979 年。

克柳切夫斯基：《俄国史教程》第 5 卷，刘祖熙等译，北京：商务印书馆，2013 年。

---

① Joe Andrew. *Narrative and desire in Russian literature*，1822—49：*the feminine and the masculine*. London：Palgrave Macmillan，1993：203.

梁赞诺夫斯基、斯坦伯格：《俄罗斯史》，杨烨等译，上海：上海人民出版社，
　　2007 年。

张建华：《帝国风暴：大变革前夜的俄罗斯》，北京：北京大学出版社，2016 年。

Белинский В. Г. Взгляд на русскую литературу 1847 года // Полн. собр. соч.: в 13
　　т. М.: Изд—во Академии наук СССР, 1956.

Григорьев А. А. Письмо Н. В. Гоголю, 17 ноября 1848 г. Москва // Григорьев А.
　　А. Письма. М.: Наука, 1999.

Григорьев А. А. Обозрение журналов за март 1847 г. // Московский городской
　　листок. 1847.

Joe Andrew. *Narrative and desire in Russian literature, 1822—49: the feminine
　　and the masculine*. London: Palgrave Macmillan, 1993.

第四讲

《战争与和平》： 民族道路的沉思

主讲人：王逸群

　　各位晚上好！今天我们来聊聊托尔斯泰的《战争与和平》。这应该是我们从小就听过的一部名著。有多少同学读过？请举手。我手上拿的是草婴先生的译本，上海文艺出版社出版的，它看上去很厚，但字数其实不多，也就 100 多万字。这样讲当然不是开玩笑。诸位当中，肯定有人爱读网络小说。跟现在的网络小说相比，《战争与和平》也就算一部"中篇"。面对外国文学大部头，我们有时会望而生畏，文化差异啊，字数太多啊，其实，只要克服这种畏难情绪，你就会走进一个非常独特的世界，一个任何伟大的文学作品都会呈现的，我们在其他地方无从体验的世界。今天聊《战争与和平》，我有一个朴素的愿望，希望讨论过后，大家会说："嘿，这部作品我也想去看看。"

　　此前，已有老师讲过 19 世纪俄罗斯文学的整体情况。关于托尔斯泰的生平，我就不专门介绍了。19 世纪俄罗斯作家群星璀璨，若要问谁最有代表性、最具俄罗斯气象，人们多半会说到托尔斯泰和陀思妥耶夫斯基。读陀思妥耶夫斯基的小说，你就进入了一个个狂暴的世界。小说人物就像被旋风裹挟，游离于日常生活的一切秩序，频繁遭受各种事件的撞击。这样的世界充满矛盾和不确定性。人物总是与他人争吵，也与自己争吵，像《罪与罚》里的拉斯柯尔尼科夫，他自己也搞不清楚为什么要杀死那个放高利贷的老太婆。他是分裂的，身上有两个，甚至很多个拉斯柯尔尼科夫。简单地说，陀思妥耶夫斯基的小说世界复杂、幽深、混沌，人物都是谜一样的存在。再看托尔斯泰的小说世界，一点也不混沌。一切都是明朗的、清晰的，处在日神的光照之下。英国小说家伍尔夫曾讲，读托尔斯泰的小说，"即使是读翻译本也好，我们都会有一种感觉，好像自己被一只大手高高地举到了山顶上，正站在那里俯视世界，而且手里还有一只望远镜。啊，真是令人惊奇，一切都历历在目，而且是那么清晰，那么鲜明"①! 这话说得真好! 那真是一个绝对明晃晃的世界，只有托尔斯泰才能创造出来的世界。

我们讨论《战争与和平》，可以有多种视角，美学的、宗教的、文化的，等等。我今天想聊的，是托尔斯泰在小说中表达的某种思想中渗透着作家对俄罗斯民族道路的沉思。我将首先说明，为什么《战争与和平》适宜于这种讨论；接着，阐明这部小说展示了一个什么样的世界；最后，结合这个世界的品质，看看托尔斯泰如何沉思民族道路。

一、进入民族性问题的背景

这里所说的"民族"，指的是民族国家。这是一个现代概念。有学者考证，民族（nation）一词源于拉丁文 nasci，意为"出生在同一地方的人群"。中世纪时，该词用以指代来自同一地区或国家的学生。18 世纪的法国大革命中诞生了"国民公会"（National Assembly），nation 有了人民、国民的意思。今天，民族已常常等同于国家（state）了。② 俄

---

① 伍尔夫：《伍尔夫读书随笔》，刘文荣译，上海：文汇出版社，2014 年，第 153 页。
② 赫克特：《遏制民族主义》，韩召颖等译，北京：中国人民大学出版社，2012 年，第 10～11 页。

罗斯虽然有 190 多个民族，但是我们统称其为"俄罗斯民族"，它是一个民族国家。

1. 关于俄罗斯的民族意识

俄罗斯的民族意识大致萌生于 18 世纪，这与彼得一世、叶卡捷琳娜二世两位大帝的改革有直接关系。俄罗斯是个什么样的民族？它应该走什么样的道路？俄罗斯知识界的讨论在 19 世纪达到了高潮。我们知道，十二月党人起义之后，俄罗斯知识分子形成了两个阵营，即西方派和斯拉夫派。西方派肯定欧洲的文明成果，对启蒙现代性态度亲切，批判俄罗斯的历史文化。该派代表人物恰达耶夫认为，俄罗斯人彻底绝缘于人类文明进程，整个俄国史就是一片荒漠，你在其中找不到任何绿色的、可看的风景。斯拉夫派认为俄罗斯民族有其独特的精神人格，俄罗斯历史传统中沉淀着一些精神原则，它们闪闪发光，允诺了国家的美好前景。如果要找一些关键词描述两派主张，西方派强调的是启蒙、反思精神、个体尊严、法律，斯拉夫派则看重东正教文化、集体主义、专制制度。这里我们要注意两个问题。第一，斯拉夫派并不是一些为旧制度辩护的顽固分子，他们中的很多人也和西方派一样，想改革旧制度，让俄罗斯完成现代转型，只是二者取向不同。斯拉夫派颂扬的专制制度虽是皇帝专权，但其基础是臣民对皇帝的绝对信任，以及皇帝对臣民的绝对负责，二者是一个精神共同体。如果皇帝不顾臣民福祉，专横霸道，与斯拉夫派所向往的专制制度就相去甚远了。第二，西方派也好，斯拉夫派也好，都是爱国主义者，都要确立俄罗斯独特的民族身份。西方派的赫尔岑讲，他们和斯拉夫派是双面神雅努斯，脸朝不同的方向，但有同一个心脏。一些西方派知识分子批判俄罗斯文化，颂扬启蒙现代性，但他们和斯拉夫派一样，预言俄罗斯将战胜西方。关于这个话题，美国学者里亚·格林菲尔德在《民族主义：走向现代的五条道路》一书中有精彩的分析，感兴趣的同学可以找来看看。

2. 文学叙述与历史的真实

以上是我们讨论《战争与和平》的一个背景。当然，有同学可能会问，这是一部小说，而非历史著作，它的确描述了一段真实的历史，但细部内容基本是虚构的，我们如何能在一个虚构的作品中讨论民族道路问题呢？对此，托尔斯泰大概会说，小说叙述比历史书写更能抓住真实。用亚里士多德的话来讲，历史学家叙述的是已经发生的事情，但诗人描绘的是可能发生的事情，"写诗这种活动比写历史更富于哲学意味，更被严肃地对待"①。如何理解？我举个例子，各位可能马上就能心领神会。美国诗人庞德评价小说家亨利·詹姆斯，说他"让美国出了名"②。这话是不是很有意思？莫言得过诺贝尔文学奖，我们能说他让中国出了名吗？恐怕不行。庞德为什么这样讲呢？在亨利·詹姆斯的小说中，总有一个典型的美国人和一个典型的欧洲人在争吵。这样一来，我们能非常直观地把握美国人的生活习性、精神气质。你可能到过美国，到过其他国家，可能很熟悉某个国家，熟悉它的历史文化，但要问你，这个国家的人是什么样的人？你可能很难把支离破碎的信息汇聚、转化为一个鲜活的形象。从这个意义上讲，亨利·詹姆斯让某种具体的、丰满的美国人形象出了名。所以，庞德这话的下半句是，亨利·詹姆斯"所赋予她（即美国，引者注）的那种现实性，是唯有在大师的艺术和写作里记录下的风貌景观才能达到的"③。回到托尔斯泰，这种文学真实也正是他所追求的。他在《战争与和平》中沉思俄罗斯的民族性，其实也描绘了自己眼里俄罗斯人的精神肖像。

---

① 亚里士多德、贺拉斯：《诗学 * 诗艺》，罗念生、杨周翰译，北京：人民文学出版社，1982 年，第 29 页。

② F. R. 利维斯：《伟大的传统》，袁伟译，北京：生活·读书·新知三联书店，2002 年，第 241 页。

③ 同上。

二、《战争与和平》中的世界

在这部作品中，叙述者有时会说到俄罗斯人同法国人、意大利人、英国人等的区别，也有小说人物热诚地思考俄罗斯需要一场什么样的改革，不过，这些并不是我重点关注的对象。我们考察《战争与和平》中的思想时应当注意，小说中的思想不是明确地说出来的。有时候，某个小说人物可能在对话中表达了某种思想，但不管它多么强力，也只是小说中的一种声音而已，不能把它等同于作品整体上传达出来的思想。小说中的思想是感性的思想，以感性的方式存在，它会分解成一个个事件，弥散于小说所呈现的世界。我们在体验这个世界的时候，也是在体验小说中的思想——而非直接认识它们。所以，探讨《战争与和平》中的思想，关键要看托尔斯泰给我们创造了一个什么样的世界。

这个世界是由战争与和平组成的。书名《战争与和平》也是小说主题。这里的战争，可以理解为 19 世纪初俄皇亚历山大一世登基以后俄法之间的战争。和平即战争的间隙，或者战争期间后方的相对和平。战争加上和平，也构成了这一时期俄罗斯的社会生活史。

1. 战争的本来面目

这里，战争是小说的主线，也是托尔斯泰着力要描述的对象。我们可以简要回顾此间的俄法战争，以便展开接下来的讨论。

法国大革命之后，拿破仑横空出世，给欧洲带来了一场大地震。一些国家几次形成反法同盟，与拿破仑对抗。1803 年，第三次反法同盟成立。俄奥联军与法军交战，在著名的奥斯特里茨战役中，拿破仑大胜。俄皇亚历山大一世御驾亲征，险些丧命。1806 年，拿破仑入侵普鲁士，俄罗斯派大军援助普鲁士。在法军闪电战的攻势下，俄军遭受重创。1807 年，俄法双方都做了一些让步，签订了一个和约。但和平是短暂的，1812 年，拿破仑率领 40 多万大军入侵俄罗斯。俄军奋起迎战，但只有 12 万人，双方兵力悬殊。法国联军一路东进，打到斯摩棱斯克，打到莫斯科。他们在莫斯科待了 36 天后，开始撤退，撤退与军队补给不足、士气低落有关，但也不能不提到，这一年莫斯科的冬天来得很早，拿破仑的军队显然无法和严寒作战。老天爷开始帮俄罗斯人的忙了。拿破仑的撤退也是败退的开始。俄军一路追击，取得了这场战争的胜利。

那么，托尔斯泰怎么讲述这一段历史呢？他在小说中描写了多个著名的战役。它们的样态其实非常相近。不妨先看看小说第一部浓墨重彩描写的一场战役，就是发生于 1805 年的申格拉本战役。当时，俄军将领巴格拉基昂在奥地利指挥几千俄军对抗几万法军，掩护俄军主力撤退，成功地完成了军事任务。由此，巴格拉基昂公爵名声大噪。

在托尔斯泰笔下，这场战役非常耐人寻味。简单地说，它是彻头彻尾的一场混乱。战斗打响之后，俄军分成三路迎敌，即左翼、中路和右翼。中路是炮兵，作用非常关键，但大炮该轰击什么地方，巴格拉基昂却没有作任何部署。炮兵指挥和手下人商量了一下，就自行决定了炮击的目标。显然，这里并没有什么系统、周密的军事安排。接下来，巴格拉基昂看到右翼的俄军受到法军猛攻，便下令从中路抽调两个营过去。这样一来，炮兵就不失去掩护了吗？当手下人质疑的时候，巴格拉基昂未作出任何回应。随后，巴格拉基昂传令右翼的龙骑兵进攻，但手下人告诉他，法军攻势太猛，骑兵团长已经自行撤退了。

战斗又进行了一段时间，俄军左翼受到猛烈攻击。巴格拉基昂派副官热尔科夫到左翼，传令撤退。可热尔科夫是个胆小鬼，走了几步腿就软了，根本没把命令送到。那么，左翼在干什么呢？这边有一个骑兵团、一个步兵团，法军已经进攻了，他们还完全没进入状态，骑兵在喂马，步兵在树林里拾柴。关键是对于进攻还是撤退，两个团长存在严重分歧，法军都近在眼前了，他们还像好斗的公鸡一样争得面红耳赤。最终，法军切断了他们的退路，无论如何，他们都得进攻了。你看，这是不是乱成了一锅粥？托尔斯泰还写了一个叫尼古拉的骑兵军官。冲锋的时候，他的马受伤倒地。面对冲上来的法军，他惊慌失措，拿着手枪没有开枪，像扔石头一样，把它向法军扔了过去。他在心内感慨道，"他们想干什么？要杀死我吗？要杀死我这个被大家钟爱的人吗？"你看，这显然不是一个战斗英雄。

可以设想，如果让一个二流的俄国小说家来写这场战役，他多半会浓墨重彩地描绘巴格拉基昂如何足智多谋、俄军如何英勇不屈，再塑造一两个不畏牺牲的英雄人物，展示惊心动魄的战斗场面，等等。但《战争与和平》里面完全没有这些元素。我们甚至看不到巴格拉基昂有多么了不起的指挥才能。俄罗斯人仿佛在一片混乱中莫名其妙地赢得了胜利。

托尔斯泰在后文中详细描述的鲍罗季诺战役也是彻头彻尾的混乱。这是 1812 年俄法之间的一场大会战。小说中讲，拿破仑志在必得，预先发布了多道命令。它们像齿轮一样相互咬合，构成了非常周密的作战策略。但开战以后，拿破仑的命令根本没有得到执行，他也无法了解战场上发生了什么。小说中写道：

拿破仑派出的副官和他那些元帅的传令官骑马跑来向他报告军情，但所有这些报告都是靠不住的，因为在激战中无法说清当时的情况，因为许多副官根本没有跑到战斗现场，而只是转告从别人口里听来的消息，还因为副官们跑了两三俄里来到拿破仑那里，情况已发生了变化，他们带来的消息已过时了。……副官吓得面无人色，从尖顶堡骑马跑来向拿破仑报告说，他们的进攻已被打退，孔朋负伤，达武阵亡，然而就在副官得知法军被打退的时候，尖顶堡已被另一部分法军占领，达武并没有死，只是受了点轻伤。拿破仑就凭这些极不可靠的报告发布命令。这些命令不是在发出之前已被执行，就是根本无法执行，因此也就没有被执行。①

拿破仑手下的将领通常不请示拿破仑，就擅自发布命令，可就连他们的命令也难以得到执行，而且往往前后矛盾。至于战场上的普通士兵，骑兵什么时候冲锋，步兵什么时候射击，大炮如何移动，完全是任意的。他们一点儿也不害怕违抗命令，原因很简单：生死关头，保命最重要。哪儿安全，他们就往哪儿跑。

在托尔斯泰眼里，混乱才是战争的本来面目。小说结尾，他用了整整一章来讨论什么是真实的战争、真实的历史。他拒绝对战争和历史在整体上作某种合逻辑的解释，即拒绝将其看作某种观念或思想的结果、某些力量相互作用的结果、某些伟大人物个人意志的结果。托尔斯泰声称，历史学家讲述的历史都是王侯将相的历史。他们俨然是人类的领导者，决定了历史的走向。可拿1812年战争来说，它是拿破仑意志的结果吗？拿破仑的确发布了进攻俄国的命令，但也要看到，他发布的很多命令并未得到执行，因为这些命令与法军入侵俄罗斯这一事件不相宜。托尔斯泰说：

我们在这方面错误的主要原因是，在历史记载中，无数不同的细小事件，例如促使法国军队进攻俄国的事件，根据结果被归纳成一个事件，同时又把一连串命令，相应地归纳为一个意志的表现。

⋯⋯⋯⋯⋯

如果人人可以自由表达意志，就是说，人人可以任意行动，那么，

---

① 托尔斯泰：《战争与和平》，草婴译，上海：上海文艺出版社，2007年，第828页。

全部历史不过是一系列互相没有联系的偶然事件的总和而已。①

托尔斯泰强调的是，我们不能把一个个个人抽象成一个大主体。以战争来说，士兵都是有血有肉、有自由意志的具体的人，不是木偶，不是统计学的对象。历史叙述不能抹杀人的自由意志，不能用一个逻辑折叠个体的选择、行动和命运。人当然受到必然性的限制，但我们必须承认，自由意志是影响历史的重要力量。如果战场上的每一个士兵都有自身的选择，那么战争也好，历史也好，必然是混乱的，充满偶然性。

2. 日常生活中的偶然

我们刚才说，战争与和平构成了人类的历史。在托尔斯泰这里，和平时期的日常生活和战争一样，也充满了偶然性。这与人的自由意志有关，同时也要看到，人生在世，会面临种种变动的处境，遭遇种种意外，卷入种种事件，无法保持某种统一性。我们能用一个统一的逻辑来解释自己的全部生活吗？我们生命中发生的所有事件都推动我们进入此刻的处境吗？总有一些偶然的事件，游离在逻辑之外。在托尔斯泰看来，那些偶然的事件，偶然的瞬间是我们生活中真实的一部分，人生是没办法总体化的。

我们可以结合小说细节，看看托尔斯泰对和平状态下日常生活的描述。不妨设想这样一段情节：一位年轻、富有、充满道德感的单身汉为一个女人的美貌所吸引。他太有钱了，身边所有人都怂恿他娶这个女人。不过，关于这个美人有一些不堪的传言，且非常可信：她极其放荡，与多个男子保持不正当关系，甚至与自己的兄弟有不伦之恋。如此，这个男人的道德感阻止他求婚，但他又深深迷恋女子的美貌，无法阻止自己一次又一次地与她见面。那么，问题来了：如果你是小说家，

---

① 托尔斯泰：《战争与和平》，草婴译，上海：上海文艺出版社，2007 年，第 1217、1222 页。

如何让男子克服障碍，同这个女子结婚呢？

可以想象，蹩脚的小说家会以一些合逻辑的方式来解决问题。比如，为这位男子安排一次意外的醉酒，让他短暂地忘掉道德戒律，把生米煮成熟饭。也可以让他合理地"欺骗"自己：放荡只是出于庸常的道德判断，换个视角，这不是一种鄙弃世俗的自由人生吗？波德莱尔就是如此评价搞婚外恋的爱玛。尼采说，我们严守道德，乃出于对无道德状态的恐惧，因为在那种状态下，会对自己身上最强盛的生命意志无所适从，于是人生命中最广阔而丰饶的地带就变成一片荒漠了。人总是要说服自己的，未经审视的生活不值得过，处处较真的生活又怎么过得下去嘛！当然，还有别的解决方式。前几天的课上，有同学讲，可以像玛格丽特·米切尔的《飘》那样，让这个女人经受战火的洗礼，安排她去照顾伤员，在生死考验中蜕变成一个好女人。这样一来，结婚的道德障碍也就不存在了。

这些办法都是合逻辑的，正因为合逻辑，就显得笨拙，甚至虚假。因为对于真正的小说家来说，生活总是不合逻辑的。这两个文学人物，出自托尔斯泰的《战争与和平》，男的叫皮埃尔，女的叫海伦。托尔斯泰怎么处理这个问题呢？按小说叙述，在这对男女再寻常不过的一次会面中，发生了一件小事。当时，皮埃尔、海伦以及皮埃尔的姑妈坐在一起聊天。三个人并排坐，海伦在中间。皮埃尔的姑妈和皮埃尔聊起他过世的父亲，说他很喜欢鼻烟壶，便把一个私藏的鼻烟壶拿给皮埃尔：

他欠起身来，想绕过去，但姑妈从海伦背后把鼻烟壶直接递给他。海伦把身子闪开，含笑回头看了看。她像平时参加晚会那样，穿着当时流行的袒胸露背的晚礼服。她的上半身（皮埃尔一向觉得它像大理石雕成的）离开他的眼睛那么近，连他这样的近视眼都能看清她那富有魅力的肩膀和脖子，而离开他的嘴唇又是那么近，他只要稍稍低下头，就能碰到她。他感到她肉体的温暖，闻到香水的芬芳，听到她呼吸时胸衣的窸窣声。他看到的不是同她衣服组成一个整体的大理石般的美，他看到和感觉到的是她那只隔着一层衣服的肉体的魅力。一旦发现了这点，他就再不能像原来那样看她，就像我们不能再相信已经揭穿的骗局那样。①

　　读到这里，我们知道皮埃尔彻底沦陷了。此后见到海伦，他将感到的再也不会是"同她衣服组成一个整体的大理石般的美"——那是一种有距离的诱惑，而是"被灰色衣服所遮盖的一身肉体"。自此，还有什么能阻止他求婚吗？设想，如果没有这个微不足道的瞬间，这个突如其来的、纯粹偶然的细节，皮埃尔还能克服求婚的障碍吗？托尔斯泰当然会有别的办法，但肯定不是诉诸逻辑的某种决断。

　　我们再来看一个例子。小说中有一对彼此倾心的青年男女，男的叫尼古拉，是个家道中落的贵族，家里欠了很多债，女的叫玛丽雅，是个能带来大笔陪嫁的公爵小姐。尼古拉的亲戚给他张罗婚事，劝他娶一个有钱的小姐，这让他非常反感。人怎么能为了钱结婚呢！他有着强烈的自尊心和荣誉感。但这也为他和玛丽雅的结合带来了麻烦：尽管我真心爱这个女人，同她结婚是再好不过的事情，但在别人看来，这不就是为了钱而结婚吗？这不仅侮辱了自己，也侮辱了公爵小姐，所以不能迈出这一步。各位，若要设计一段情节，推动尼古拉向公爵小姐求婚，有哪些合理的方式呢？

　　小说中讲，玛丽雅公爵小姐去拜访尼古拉，尼古拉表现得非常冷淡，公爵小姐就很受伤地回去了。尼古拉的母亲劝他："这是个好姑娘，而且人家已经来过了，出于礼貌，你也要回访啊。"尼古拉不为所动，

_____

　　①　托尔斯泰：《战争与和平》，草婴译，上海：上海文艺出版社，2007年，第214页。

他母亲就天天唠叨。没办法，他决定作一次纯粹礼节性的回访。到了公爵小姐家里，人家马上看出了他的来意。两个人就聊聊战局，聊聊熟人。这样的应酬 10 分钟就够了。尼古拉起身告辞。他要是真走了，可能就会永远地失去玛丽雅。小说中写道：

> 公爵小姐在布莉恩小姐（公爵小姐的女伴，引者注）协助下谈得很顺利，但就在他起立的最后一分钟，她感到敷衍性的交谈很疲劳，又想到她一个人生活实在枯燥乏味，她突然感到心神恍惚，她那双明亮的眼睛凝视着前方，没注意他已起立，她仍坐在那儿不动。①

玛丽雅公爵小姐的相貌并不好看，但她心地善良，细腻，温柔，那明亮的眼睛失神地望着前方，一下子就把尼古拉给震住了。他就不可能像刚才那样，煞有介事地绷着那张脸。他没有马上走，苦笑了一下，又和公爵小姐聊了起来。公爵小姐很快就明白了，尼古拉不向自己求婚，是由于他们之间巨大的财产差距。她感到非常难过，最后说："我的生活里本来就很少有幸福，因此失去任何东西都使我难过。"在这个朴素的表达之后，两个人之间再没有什么障碍了。

托尔斯泰很会写一个偶然的瞬间如何影响、改变人的命运。这个瞬间似乎可以出现，也可以不出现。它说来就来了，来得极其自然。这是非常"霸道"的写作。想想夏洛蒂·勃朗特的《简·爱》。简这个丑小鸭爱上了又英俊又富有的罗切斯特。作者是怎么让他们结合的？既然一个有钱，一个没钱，那就让没钱的继承一笔遗产，不就都有钱了？但都有钱了还不够平等，因为简是丑小鸭，罗切斯特却很帅。所以作者干脆在罗切斯特家里点了一把火，让他损失了大部分财产，还成了坐在轮椅

---

① 托尔斯泰：《战争与和平》，草婴译，上海：上海文艺出版社，2007 年，第 1162 页。

上的残疾人。这下两个人彻底平等了，可以安然地拥抱对方了。你看，夏洛蒂·勃朗特简直把人生当成摆积木的游戏了！

我们常常试图用理智去理解爱情和生活，两个人爱不爱，为什么爱，为什么能在一起，为什么没在一起，总要为这些事情说出个一二三来。托尔斯泰认为，如果这样做，就简化甚至歪曲了真实的生活。爱情也好，别的什么也好，我们将其还原到它发生的语境，看它的本来面目，总有很多偶然性。一个人在某个瞬间的遭遇会对他接下来的选择、行动产生重要影响。托尔斯泰在小说中展示了很多这样的瞬间，它们往往决定了角色的命运。

战争与和平构成了人类的全部生活，它们充满了偶然性，是不能用某个单一的逻辑串连起来的。

三、俄罗斯人和俄罗斯道路

现在，我们回过头来想想，托尔斯泰对历史问题的思考与俄罗斯民族道路有什么关系呢？

1. 无为的俄罗斯人

关于这个问题，不妨看看小说中杰出的、典型的俄罗斯人，如巴格拉基昂、库图佐夫如何指挥军队取得胜利。刚才我们提到了申格拉本战役，小说中对巴格拉基昂有这样的描述：

安德烈公爵留神倾听巴格拉基昂公爵同指挥官们的谈话和他所发的命令，但惊奇地发现其实没有什么指导性的意见，巴格拉基昂公爵只是装模作样，仿佛这一切不由出于必然、偶然或长官们的意志，虽然不是出于他的命令，但是符合他的心意。安德烈公爵发现，凭着巴格拉基昂公爵的巧妙手腕，尽管这些情况出于偶然，同这位长官的意志无关，但他的亲临战场，作用还是很大。指挥官们神色慌张地来到巴格拉基昂公爵面前，但此刻都定了心，士兵和军官愉快地向他致敬，在他面前变得更活跃了，并且炫耀自己的胆量。①

　　你看，巴格拉基昂就是一派无为的姿态，他并不直接干预战斗进程，只是表现得似乎一切尽在掌握。身为指挥官，他做的几乎唯一一件事情就是亲临战场，鼓舞了士气。俄军统帅库图佐夫也是一样，他指挥着十几万人，但心里很清楚，没有谁能真正地指挥这么多人去战斗。他不思考，不计划，对战略战术漠不关心，属下的各种争论让他感到疲倦。在奥斯特里茨战役之前的一次重要军事会议上，他竟然旁若无人地呼呼大睡。两军紧张对垒时，他却读法国小说打发时间。对此，俄罗斯学者梅列日科夫斯基曾调侃道：结果，对于法国皇帝，这些法国小说比俄国大炮还可怕。② 那么，库图佐夫为什么还是卓越的统帅呢？因为他知道，"决定胜负的不是总司令的命令，不是军队所处的地理位置，不是大炮的数量和杀人的数目，而是一种叫做士气的不可捉摸的力量。他留意这种力量，并竭力加以引导"③。不难理解，为何士气被看作影响战争胜负的决定性因素：如果把军队看成个体的集合，而非具有统一意志的大主体，那么，能否打胜仗就取决于每一个士兵的心情。

　　在托尔斯泰看来，这种消极、无为就是俄罗斯人的理想品质。这也是俄罗斯民族应该走的道路。刘亚丁先生曾将其概括为"宿命论式的顺从"④。显然，托尔斯泰并不认为这是浑浑噩噩，丧失了一切主动性。从他的立场出发，消极、无为恰恰出于对集体行为逻辑乃至人类历史演

① 托尔斯泰：《战争与和平》，草婴译，上海：上海文艺出版社，2007年，第190页。
② 梅列日科夫斯基：《托尔斯泰与陀思妥耶夫斯基》，杨德友译，北京：华夏出版社，2016年，第385页。
③ 托尔斯泰：《战争与和平》，草婴译，上海：上海文艺出版社，2007年，第833页。
④ 刘亚丁：《十九世纪俄国文学史纲》，成都：四川大学出版社，1989年，第231页。

进方式的洞察。如果历史是由偶然性堆积起来的，除了消极、无为，还有更好的选择吗？

当然，我们完全可以说这种理想人格意味着个性的退隐，它要求生命的收缩，而非扩张。托尔斯泰在小说中塑造了一个比巴格拉基昂和库图佐夫更具典型性的人物，他叫普拉东，是个农民。在《战争与和平》和《安娜·卡列尼娜》这两部长篇里，都有一个在精神上迷失自我的年轻贵族，他们也都会碰上一个农民，在农民那儿得到人生的重大启示。这两个农民，你一看就知道他们非常观念化。普拉东五十多岁了，他天真直率，无忧无虑，爱身边所有的人，晚上一躺下就睡着，"睡得像石头一样沉"，早上醒来，精神抖擞，"起得像面包一样轻"。小说主人公皮埃尔一见到他，马上被迷住了，短暂相处过后就永远也忘不掉这个人了：

> 后来，这些人在皮埃尔的记忆里都模糊了，唯有普拉东从此给他留下可贵的深刻的印象，并且成了善良的圆圆的俄罗斯人的典型。进棚第二天早晨，皮埃尔看见这位邻人，最初留下的圆的印象完全得到了证实：普拉东身穿用绳子束腰的法军大衣，头戴军帽，脚穿树皮鞋，整个形象是圆的，头是滚圆的，背、胸、肩都是圆的，就连他那双随时准备拥抱什么的双手都是圆的，他那愉快的笑脸是圆的，还有他那双温和的栗色的大眼睛也是圆的。①

普拉东是典型的俄罗斯人，俄罗斯精神的化身。"圆"是他的身体特征，也是他的本质规定性：没有棱角，没有锐度，不与外界发生冲突。他可以"滚"到任何地方，伸出"那双随时准备拥抱什么的双手"，

---

① 托尔斯泰：《战争与和平》，草婴译，上海：上海文艺出版社，2007年，第992页。

与他人亲密无间。若要做到这样，只有放弃个性，保持绝对的顺从。对于普拉东来说，这是一种自然的人性，他自然地保持着无知无识、混混沌沌的状态。梅列日科夫斯基说得好：这样的俄罗斯英雄其实是"反英雄"，弃绝个性、知识、智慧、意志、文化后，"圆满的一切，或者也许是圆满的虚无"。在这样的英雄面前，彼得大帝、普希金和拿破仑没有本质区别，算不上真正的俄罗斯人。真正的俄罗斯人的代表人物只能是傻瓜伊万。① 傻伊万是俄罗斯民间故事中常见的主人公，头脑简单、性情单纯，言行却隐然有大智慧，最后往往因傻得福。这里，托尔斯泰的反文明立场是非常明确的。他是卢梭的"后人"。普拉东正是卢梭意义上的"高贵的野蛮人"。

2. 托尔斯泰的反思

从思想史上说，这种观念有多么了不起吗？你可以认同它，也可以提出批评。完全可以想象，托尔斯泰的观点不仅会招来西方派的批评，也会让大量斯拉夫主义者感到不快，你文明都不要了，普希金也不要了，那俄罗斯还剩下什么？今天的课上，我们不必对此过多纠缠。我想提醒各位，托尔斯泰对自由意志的捍卫，对存在的偶然性的强调，其中包含他对诸多问题的反思。

首先，对西方启蒙理性的反思。我们知道，启蒙运动确立了自由、平等、民主等现代价值，推动了西方社会的现代转型。但启蒙作为一种思潮，也隐含了以理性压制多样性的取向。以赛亚·伯林曾概括启蒙运动所秉持的三个基本假设：所有的真问题都是有解的，所有答案都是可知的，所有答案都是兼容的。② 这就是说，只要能正确地运用理性，人世间所有事情不管多么纷繁复杂，都可以安排得井然有序。对于某些问

---

① 梅列日科夫斯基：《托尔斯泰与陀思妥耶夫斯基》，杨德友译，北京：华夏出版社，2016 年，第 387 页。

② 伯林：《浪漫主义的根源》，吕梁等译，南京：译林出版社，2008 年，第 28～29 页。

题，如果我们有不同的答案，那肯定是有人偏离了理性。比如说，有人吸烟，有人不吸烟，这是个人喜好问题，看上去是没法统一的，但从理性的角度来讲，吸烟有害健康，它给人的快感不过是病理性刺激，当然应该戒掉。这就统一了。启蒙思想家强调的是健全理性，它是对所有人的要求，也是思考一切属人问题的起点。如果我们去翻看这些思想家的著作，会发现疯子、白痴、小孩是被排除在外的，因为他们没有健全理性。那么，如果所有人都按理性行事，人类就可以避免在历史上犯下的种种错误——这些错误恰恰证明了理性的正确，文明的列车就可以驶向一个无限光辉的未来。法国哲人孔多塞写过一本小册子，叫《人类精神进步史表纲要》。一听书名，你就能感知到一种非常乐观的进步论历史观。孔多塞把历史分成十个阶段，其中虽有曲折，但总体上是知识增长和理性推进的过程。人类终将走进完美的理性王国，只承认理性是自己的主人。回过头来，这种乐观的理性是把人作为普遍的人，作为大主体来看待的，它很可能带来理性的暴政。吸烟有害健康，你要不要强制我戒烟？我每天瘫在沙发上看剧，什么都不想干，你要不要强制我去工作？托尔斯泰显然反对孔多塞式的历史观，反对普遍理性，反对把有自由意志、有个性和不同选择的人拼合成一个大主体。

其次，对民族主义的反思。刚才我们提到，在当代社会，"民族"概念常等同于"民族国家"。那么民族主义和爱国主义是不是一回事儿？区别很大。民族主义思潮大致源于 18 世纪，认为人类可以天然地划分成一些民族，各民族都有其可辨识的特征，即民族性。民族主义的核心政治诉求是民族自决。从 18 世纪末到 20 世纪，它掀起了几波浪潮，在反专制、反殖民的世界性运动中起到了巨大的作用。这是它非常正义的一面。不过，它也有极其危险的另一张面孔：民族被视为一个同质的共同体、一个大主体，有一些尚未实现的品质，比如道德上的凝聚力、文化上的纯粹和高贵、社会的普遍繁荣，等等。为什么没有实现呢，因为受到了某些力量的抑制。敌人可能来自内部，比如某个阶级，也可能来自外部，比如某个国家。有学者说，这就像把国家看成被施了魔法的睡美人，等把敌人消灭了，睡美人就会苏醒，一切就会变得美好。令人遗憾的是，被唤醒的睡美人往往会变成弗兰肯斯坦。① 这样的民族主义，以区分敌我作为审视国家间关系的基本原则，往往表现出狂热的侵略性意向。因为只有在不绝于耳的威胁声中，"我们"的特性才更突出，内部危机才会转化为面对外部世界的被伤害感。这样，没有敌人，也要制造敌人。用鲍曼的话来说："它要求每天 24 小时的高度警戒，并磨利刀剑，要求夜以继日地努力把陌生人阻隔在门外，并查明和追捕内部的叛徒。最后有点讽刺意味的是，只有通过所有的斗争、'狼来了'的呼叫和武力威胁，置身于一个共同体的感觉和成为一个共同体的感觉，才能一直萦绕在心而不会消失。人们是夜以继日地在前线来寻求家庭式的温馨的。"② 在 19 世纪的俄罗斯，民族主义、帝国意识是非常流行的。我们刚刚提到的陀思妥耶夫斯基就认为，俄罗斯民族有东正教美德，是一流的民族，而散发着资本主义精神的欧洲民族是二流民族；俄罗斯民族肩负着拯救欧洲的使命，它的对外战争，比如俄土战争，这是不惜流血为全人类效力。在这个问题上，陀思妥耶夫斯基还批判过托尔斯泰，因为后者拒绝把有自由意志的个体收编为同质的共同体。

再次，对战争的反思。拿破仑打过来了，俄罗斯人当然要奋起迎敌。从战争的性质上讲，这也是一场反侵略的正义之战。尽管如此，我们也要看到战争的代价，任何战争都要付出的代价。刚才我们讲，托尔斯泰把战争中的人看作一个个个人，而非高度统一的大主体，或者统计学的对象。那么，战争中的苦难都是一个个个人具体的遭遇，一个人失

---

① 这是英国学者肯尼斯·米诺格的观点。参见德鲁里：《列奥·施特劳斯与美国右派》，刘华等译，上海：华东师范大学出版社，2006 年，第 182~183 页。

② 鲍曼：《共同体》，欧阳景根译，南京：江苏人民出版社，2003 年，第 15 页。

去了一条胳膊，失去了一个亲人，失去了自己的生命，这都是绝对的丧失，即便战争最后胜利了，他也是没办法得到补偿的。一个孩子失去了幸福的童年，运气好的话，或许战后可以得到很多关爱，但失去的就永远失去了。陀思妥耶夫斯基作为知识分子，是一个狂热的民族主义者，但作为小说家，他永远为被侮辱与被伤害的人鸣不平。他的小说中有一个主题："儿童的眼泪"。假如人类将获得普遍的和谐和永久的幸福，但要以一个孩子的眼泪为代价，那么，我们要不要这巨大的进步？陀思妥耶夫斯基的主人公拒绝接受。亿万人将过上幸福生活，这是多么诱人的图景啊！可那个孩子凭什么要受苦？他的眼泪是不可能得到补偿的。苏联导演塔科夫斯基有部电影，叫《伊万的童年》。主人公伊万是个 12 岁的男孩，在第二次世界大战中，他的亲人死于德国人的侵略，他以常人难以想象的坚忍完成了一次次侦察任务，成了小英雄。纳粹最终抓住了他，把他绞死了。萨特评论这部电影，有些话说得让人难忘：苏联最后胜利了，举国欢庆，但那个在绝望和仇恨中死去的孩子呢？"没什么东西可以打通集体的欢乐同这种个体的、微不足道的苦难间的隔阂。这时，甚至没有一位母亲为此而伤痛和自豪。"纵然犯罪的是纳粹，但这就是人类历史的悲剧性事实。正义的实现，社会的进步，当然是让人欢欣的事情，但你要看到背后的代价，不应忘记那些无法补偿的丧失。"甚至没有一位母亲为此而伤痛和自豪"，这话真是无限的悲愁啊，让人透不过气来。

这些知识人和托尔斯泰一样，都在提醒我们，你是地球人，就不能站在月球上打量战争，就不能回避战场上一张张具体的面容。《战争与和平》里面，主人公安德烈公爵在一次战斗中向前冲锋，法军已近在眼前了，他"清楚地看见一个年老的法国军官，穿半筒皮靴，迈着八字脚，攀着灌木，困难地爬上山"①。面对战争，安德烈公爵的看见是应有的看见。这并不妨碍他勇敢杀敌，但看到了这个具体的人，也就看到了战争的代价，无论胜负。

托尔斯泰眼里没有人类，只有个人。你要是看不到具体的人，那是很容易为战争找理由的。托尔斯泰讲，法国人也可以说他们侵略其他国家是为了法国利益，为了权力统一，为了抵抗欧洲，等等。历史学家也好，普通人也好，用这种整体逻辑来解释战争，很可能有一个隐含的目的，就是为战争中的残忍和罪恶辩护，在道德上为制造这些事件的人开脱罪责。

最后，请各位注意，托尔斯泰表达他的思想，并不是把作品当成传声筒，而是把思想分解成感性的事件，让思想在作品的每一寸肌理上闪闪发光，呈现出一个明亮、宏阔的思想世界。这是多么了不起的事情啊！

参考资料

托尔斯泰：《战争与和平》，草婴译，上海：上海文艺出版社，2007 年。

伯林：《俄国思想家》，彭淮栋译，南京：译林出版社，2003 年。

梅列日科夫斯基：《托尔斯泰与陀思妥耶夫斯基》，杨德友译，北京：华夏出版社，2016 年。

刘亚丁：《十九世纪俄国文学史纲》，成都：四川大学出版社，1989 年。

---

① 托尔斯泰：《战争与和平》，草婴译，上海：上海文艺出版社，2007 年，第 193 页。

第五讲

新的人格的建构:《钢铁是怎样炼成的》

主讲人：赵心竹

尼古拉·奥斯特洛夫斯基是 20 世纪俄罗斯苏维埃著名的无产阶级革命作家，作家克服难以想象的困难，写出了《钢铁是怎样炼成的》和《暴风雨所诞生的》两部长篇小说，被誉为用生命写作的人。1935 年底，苏联政府授予他列宁勋章。《钢铁是怎样炼成的》反映的基本上是奥斯特洛夫斯基本人极不平凡的人生经历，是作家对生命的切身体验和对人生意义的哲理性思考及总结。

一、作品的时代背景

到了 20 世纪，如果要用几个关键词来形容此时的俄罗斯，我们可能会想到"革命"与"战争"。20 世纪初，俄罗斯在日俄战争中失败，国内危机四伏。1905 年工人和平请愿被血腥镇压，自此，俄罗斯国内抗议浪潮不断，顺乎天应乎人的革命火种被孕育了出来。1905 年的革命加速了沙俄旧制度的衰亡，也被列宁称作"1917 年十月革命的演习"。《钢铁是怎样炼成的》的时间设定是十月革命前后。

1. 小说的时代背景——十月革命

第一次世界大战对俄罗斯的影响是巨大的，给人民带来了沉重的苦难，俄国国内阶级矛盾进一步激化，民生物资极其匮乏，国力被加速消耗，俄帝国此时面临内外危机。1917 年 2 月俄国沙皇被推翻，罗曼诺夫王朝遂告终结，同年 3 月，尼古拉二世退位，标志着俄罗斯君主专制政体的结束。二月革命后，社会革命党、立宪民主党人从沙皇手中夺取了政权，采用资产阶级共和体制，搭建俄国临时政府。工兵代表苏维埃在彼得格勒成立，此时的俄罗斯是"两个政权并存"的政治格局。

临时政府统治期间，政治腐败，导致经济崩坏；忽视人民的反战情绪，顽固且武断地选择继续参与第一次世界大战，因此越发地激怒了广大民众。1917 年 11 月 7 日（新历），被奉为共产主义革命经典和巅峰[①]的十月革命[②]爆发，临时政府被推翻，在这场以无产阶级为主导力量的社会主义革命胜利之后，布尔什维克夺取政权。

经历了这场"伟大的十月社会主义革命"，俄境内建立了由马克思主义政党领导的第一个社会主义国家——俄罗斯苏维埃联邦社会主义共和国。作为世界史上一种特别的存在的苏联，指在 1922 年至 1991 年间由 15 个权利平等的加盟共和国[③]按照自愿联合的原则组成的联邦制社会主义国家。

苏联是当时世界上面积最大的国家，国土面积超过 2200 万平方公里，还是世界第三人口大国，石油、铁矿石、天然气等矿产资源也非常丰富。雄厚的军事实力更使得苏联在 20 世纪世界舞台上发挥了重要作

---

① 参见闻一：《十月革命：阵痛与震荡》，广州：广东人民出版社，2010 年，第 10～15 页。

② 参见邱雁冰：《十月革命发生在 11 月 7 日却为何叫十月革命?》，载《源流》，2022 年第 11 期。

③ 即东斯拉夫三国俄罗斯、乌克兰和白俄罗斯，波罗的海三国立陶宛、拉脱维亚和爱沙尼亚，高加索三国格鲁吉亚、亚美尼亚和阿塞拜疆，中亚五国哈萨克斯坦、乌兹别克斯坦、塔吉克斯坦、吉尔吉斯斯坦和土库曼斯坦，再加上拉丁国家摩尔多瓦。

用,在科技、航空航天、核力量等方面,苏联甚至不逊于美国。

2015 年诺贝尔文学奖得主阿列克谢耶维奇的《二手时间》被认为是他最具分量的作品。作者通过口述采访的形式,记述了生于苏联解体前后几代俄罗斯人在 1991—2012 年间经历社会转型后的生活状态与人生态度。

> 几年来,我为此游历了整个前苏联地区,因为苏维埃人不仅是俄罗斯人,还有白俄罗斯人、土库曼人、乌克兰人、哈萨克人……现在我们生活在不同的国家,说着不同的语言,但我们不会和其他人类混淆。在芸芸众生中,你会立刻发现我们这类人!我们这类人,全都有社会主义基因,彼此相同,与其他人类不一样。我们有自己的词汇,有自己的善恶观,有自己的英雄和烈士。①

阿列克谢耶维奇曾经讲述过她对于苏联时期的感情,她觉得俄罗斯到今天还有一种人,她称之为"红色的人",从脑子到身体,依然对苏联时期有强烈的感情,时常追忆与怀念,始终"忘不了那个苏联"。

2. 苏联文学与中国的联系

苏联文学是 1917 年十月社会主义革命的产物,继承和发扬了俄罗斯文学的传统。到 20 世纪 80 年代中期,苏联已有专业作家上万名。苏联文学经历了曲折的发展过程,在 1933 年至 1987 年间,共有 5 位苏联作家获得诺贝尔文学奖。

我们从俄国文学在中国的译介情况就能看出苏联文学当年在我国的受欢迎与受重视程度。俄国文学在中国的译介与传播已经走过近一个半世纪的历程。"五四"以前的近半个世纪,俄国作家及其作品已陆续被

---

① 阿列克谢耶维奇:《二手时间》,吕宁思译,北京:中信出版社,2016 年,第IX页。

介绍到中国，不过当时的译介不多，影响不大。俄国文学真正为中国文坛所关注，并对中国文学产生实际影响则始于"五四"时期。五四运动的思想资源是法国启蒙思想、德国的马克思主义和俄国的文学。①

20 世纪 20 年代以来，中国翻译、评介俄苏文学曾经有过三次热潮。第一次热潮在 1921—1927 年，规模和影响都比较小，重点是翻译苏联进步文学。第二次热潮在 1937—1949 年。第三次热潮在 20 世纪 50 年代至 60 年代初，当时大多数中国人阅读的主要外国书籍就是俄苏文学作品。②

第二次译介浪潮起于抗战时期。全民族抗战迅速兴起，急需介绍苏联革命文学以鼓舞国人的抗日斗志。曹靖华翻译了《铁流》。茅盾翻译出版了《人民是不朽的》《战争》《团的儿子》《复仇的火焰》《苏联爱国战争短篇小说译丛》等，还与苏联文学专家戈宝权等人合作翻译了罗斯金的传记小说《高尔基》。茅盾一生中最后一篇译作，是发表于 1948 年 8 月的西蒙诺夫的《蜡烛》。茅盾认为介绍外国文学对本国民族文学的崛起与国民精神的改造有着巨大助力。③

当时国内学界对苏联文学的翻译与介绍意在将其作为精神武器而不仅仅是用于艺术欣赏，当时不少有志青年正是在阅读过后深受激励，选择了参加革命。

可以说，充满人文情怀和社会变革思索的俄苏文学，恰好呼应了当时中国革命者和知识分子探讨"中国往哪里去"的精神需求。如鲁迅所言，在"大夜弥天"的中国，这些作品的意义远远超出了文学本身。面对充满新生活气息的"新俄文学"，不少中国作家很自然地意识到了旧俄文学思想上的局限。在仍然肯定 19 世纪俄国批判现实主义文学的思

---

① 参见陈建华：《俄罗斯文学在中国的一百年》，载《新京报》，2019 年 4 月 21 日。
② 同上。
③ 参见王改侠、马进军：《茅盾的苏联文学翻译实践之路》，载《兰台世界》，2014 年第 19 期。

想和艺术价值的同时，一些左翼作家表示，"新俄文学"才是"惊醒我们的书，这样的书要教会我们明天怎样去生活"（茅盾语）。①

习近平主席访俄期间表达了自己对俄罗斯文学的熟悉，这给俄国公众、媒体留下了深刻印象。2013 年习近平主席在莫斯科国际关系学院演讲时曾提到俄罗斯两位名叫"奥斯特洛夫斯基"的作家为中国读者所熟悉，第一位是创作《大雷雨》的古典剧作家亚历山大·奥斯特洛夫斯基，第二位则是《钢铁是怎样炼成的》的作者，苏联革命作家尼古拉·奥斯特洛夫斯基。

二、尼古拉·奥斯特洛夫斯基与《钢铁是怎样炼成的》

大部分作家的创作是受到自身童年影响的，有很多俄罗斯作家的第一部小说是自传体小说，也往往是其最出色的一部作品。如托尔斯泰的《童年·少年·青年》，让他崭露头角，成功跻身文坛。可以说，这些作品都明显带有作家人生经历的烙印，《钢铁是怎样炼成的》也是如此。

1. 奥斯特洛夫斯基其人

小说《钢铁是怎样炼成的》的故事情节基本取材于奥斯特洛夫斯基本人的人生经历与成长环境，但严格来讲，《钢铁是怎样炼成的》并不是传记小说。

《钢铁是怎样炼成的》中很多人物都有原型，都是曾经生活在奥斯特洛夫斯基身边的亲友，如朱赫来、多米尼克、列杰尼约夫、伊戈纳季耶娃、保尔的妻子达雅等。甚至有些人物，如诺维科夫、日吉廖娃等被作家写进小说中时，名字都未更换，就是以其真名入书的。所以说，我们确实很难将作品主人公保尔·柯察金和作者本人分开。

---

① 陈建华：《俄罗斯文学在中国的一百年》，载《新京报》，2019 年 4 月 21 日。

小说中有太多中国读者耳熟能详的名言警句，如"人活着的最高境界就是把他的整个生命奉献给全社会""钢是在烈火里燃烧、高度冷却中炼成的，因此它很坚固。从斗争和艰苦考验中锻炼出来的人在生活中从不灰心丧气""活到老，学到老，老了才知道懂得太少了""人活着，不应该追求生命的长度，而应该追求生命的质量"等。

有人说，作家在短短 32 年的生命里，向世界展现了何谓钢铁般的意志，这位无产阶级作家以自身经历为基础创作的《钢铁是怎样炼成的》《暴风雨所诞生的》（校订工作完成 8 天后即离世）一直令世界惊叹。作家本人的名字也伴着信念、坚韧等字眼深深镌刻在每一位读者的印象里。

奥斯特洛夫斯基到底度过了怎样波澜壮阔又发人深省的一生呢？

1904 年，奥斯特洛夫斯基出生于乌克兰沃伦省一个贫苦工人家庭，他是家中最小的孩子，不满 10 岁就给人放牛、做童工，饱尝饥寒之苦，受尽了人格侮辱。他读到小学三年级便被迫辍学，开始打工，做过搬运工、司炉工等。第一次世界大战爆发后，奥斯特洛夫斯基和家人迁往乌克兰内地小镇舍佩托夫卡。十月革命后，他在那里有机会再次进入教会学校读书，由于家庭经济困难，他只好半工半读，当时结识了布尔什维克党人，受到了革命的启蒙。1919 年，15 岁的奥斯特洛夫斯基奔赴前线参加反对波兰白匪军的战争。他先后当过通信兵、骑兵和侦察员，两度身受重伤，弹片伤及大脑，导致右眼失明，然而他乐观地说："还可以用左眼瞄准嘛……" 16 岁时，奥斯特洛夫斯基因伤不得不离开战场。18 岁时，医疗鉴定委员签发了一级残废证明，但他却藏起证明，继续要求安排工作。此后，奥斯特洛夫斯基又遇上一场车祸，才 23 岁就瘫痪了，而且左眼也逐渐失去视力。这时，他预感到自己的生命已经到了最后的决战阶段，他开始抓紧时间，努力自学，在病床上修完了共产主义函授大学课程，系统学习了马列主义经典著作和国内外文学名著，奥斯特洛夫斯基力争换一种武器"重返战斗岗位"。

1927 年，奥斯特洛夫斯基动笔创作一部反映科托夫骑兵部队战斗生活的书，并于 1928 年初完稿。昔日的战友们读了手稿连连称赞，可惜原本在寄还途中不幸遗失。这对于作家而言无疑是一个重大打击，但奥斯特洛夫斯基并未因此灰心。作家开始重新构思，从 1930 年 11 月开始着手长篇小说《钢铁是怎样炼成的》的创作，历时 3 年完成全书。

狂风彻夜怒吼，由第二代的共青团员组成的队伍整夜在暴风雪里，借着弧光灯的亮光，安装那巨大厂房房顶上的玻璃，抢救了大规模的联合企业刚建好的第一批车间。基辅的第一代共青团员冒着风雪建筑起来的运输木材的铁路支线，和它比起来好像是微不足道了。祖国壮大了，人民也成长起来了。[①]

奥斯特洛夫斯基曾明确指出这是小说，不是什么人的传记。他在书中描写的不是某一个保尔·柯察金，而是千千万万个柯察金，千千万万个为争取幸福而奋不顾身地投入战斗的男女青年。

保尔·柯察金是苏联第一代共青团员的缩影。他的个人命运与十月革命，与世界上第一个社会主义国家的命运紧密联系在一起。他对革命理想的无限忠诚、百折不挠的战斗精神和积极乐观的人生态度，恰恰都是苏联第一代共青团员的共同特征。

2. 体裁界定

刚刚我们提到，小说《钢铁是怎样炼成的》不是一部自传体小说，那如何从体裁上界定它呢？

根据叶尔绍夫编写的《苏联文学史》，我们了解到：

---

① 奥斯特洛夫斯基：《钢铁是怎样炼成的》，梅益译，北京：人民文学出版社，2019 年，第 372 页。

《钢铁是怎样炼成的》和《教育诗》是作为"教育小说"进入苏联文学史的。……尼古拉·奥斯特洛夫斯基……有按照革命时代的规律形成的社会经历。长篇小说《钢铁是怎样炼成的》（1935）和《教育诗》（1925—1935）是根据严格的文献基础写成的，它们是两位作者充满英勇精神的艰苦历程的体现。奥斯特洛夫斯基和马卡连柯的作品突出的长处在于它们表现的社会美学特点和伦理观念。两位作家细致刻画了新型的主人公，并站在社会主义现实主义创作方法的立场上继续发扬"教育小说"的某些原则。①

"教育小说"（Bildungsroman）是一种文学体裁，又名"成长小说"，是描写主人公青少年时期成长经历的文学作品，多以作家自身经历为创作蓝本。

教育小说诞生于18世纪下半叶启蒙运动时期的德国，这一时期人们普遍认可通过审美教育来陶冶性情，以培养完整和谐的个性。18世纪之前的德国及整个欧洲的教育都是基于神学的，人们获得的教育更多的是宗教启蒙。狄尔泰评价《许佩里翁》时说教育小说"自觉地、富有艺术地表现一个生命过程中的普遍人性"，称其含有发展心理学元素，并且具有一定的教育思想。

作家将自身对教育的美好愿景和对人学问题的思考注入其中，通过文字来尝试构建理想的教育模式与成长环境，读者从中可汲取精神营养，收获人生启迪。教育小说最大的价值就在于每个人都可以从书中读出不同的故事。

---

① 叶尔绍夫：《苏联文学史》，北京师范大学苏联文学研究所译，北京：北京师范出版社，1987年，第223页。

三、苏联新人与保尔精神

在《钢铁是怎样炼成的》引发全世界关注后，访问苏联的外国专家、学者都是奥斯特洛夫斯基陈列馆频繁的造访者。

伊朗科学院院士萨伊特·纳斐西在陈列馆留下的题词中称奥斯特洛夫斯基是苏联青年作家中最优秀的。他的功绩在于给广大的民众显示了苏联人的形成的过程和它内部的英雄精神特征受教育的过程。作家的风貌是人类历史上最伟大时代的最辉煌体现。

《钢铁是怎样炼成的》的希腊文译者叶林娜·基利亚基齐在写给奥斯特洛夫斯基陈列馆的信上说："我为能够把为新生活而斗争的保尔·柯察金的经历和事业翻译成本国文字，而感到无限快乐，我已将这样的题句写在自己的译本上。"叶林娜称保尔现在还在队伍里，现在还活着，现在还是新社会人类的战士和创造者。

英国薛克尔与瓦尔堡出版社发行《钢铁是怎样炼成的》时，用《英雄的诞生》作题名。约翰·密琪在这一版本的评论中反复强调保尔·柯察金的伟大，称世界文学中增加了一位新英雄，在他性格中，个人的与社会的（元素）结合成了有机的整体。[①]

《钢铁是怎样炼成的》这部小说是人的成长史，描写了苏联新人从脆弱到坚强、从年少到成熟的涅槃史，更是一个凡人英雄的锻造史。

1. 苏联新人

在俄苏文学中，最早明确提出"新人"概念的是车尔尼雪夫斯基，他的小说《怎么办?》的副标题就是"新人的故事"。值得注意的是，根据列宁的分析，车氏创作这部小说时，俄罗斯的解放运动已由思想启蒙

[①] 参见娜塔利亚·吉普茜：《保尔·柯察金在外国》，萱草译，载《中苏文化》，1947 年第 12 期，第 43 页。

转移到了实际斗争的阶段。

如果说启蒙文学侧重以否定性或矛盾性人物来揭示社会现实黑暗的话，那么，"行动的时代"的文学则以被赋予时代理想的新人形象来具体解答社会解放道路的问题。

我们通过阅读和思考就会发现，保尔正是这样的"新人"。我们明白，新人本质上对应着"行动的时代"。

俄苏文学新人形象的文学功能是能引导人们拥抱"新"的历史信念。新人具有鲜明的实践指向和浓重的理想性。纵观俄苏战争主题文学，作家重视的不是那些思想品质已是"完成体"的新人，而是那些正处于"转变"过程中的典型新人形象。这是因为，表现人们由旧变新的过程，能更具体地回答人在战争中需要培育哪些"新"思想品质的问题，能更明确地指导实践。对于当时的人而言，没有战争的世界是难以想象的。所以这一时期的苏联教育小说中的主人公与19世纪作品中的主人公不同，他们绝不是浪漫的，绝不是多情潇洒的，并不具备讨所有读者欢心的魅力与特质，他们十分倔强，在故事一开始时甚至有明显的性格缺陷，因此，主人公的经历就是其重塑的过程。

我国当时对于苏联塑造新人的相关文学思想接受得比较快。抗战文学急需用具有鼓舞作用和教育价值的正面典型来鼓舞士气，激励斗志。而苏联文学中的新人形象能够最大限度地满足这种时代需要。因此，我国抗战文坛高度重视苏联文学在塑造新人方面所积累的文艺思想和艺术经验，希望"新人"成为抗战文学的主流。

茅盾在总结当时文艺界对文学典型的期待时说："一般的议论，似乎都不满意作家，怎么还没有写出因抗战而新产生的人民领导者、新的军人、新的人民。"所以，我们看到读者与文艺工作者都非常期待能够读到关于新人和新人格建构的作品。[1]

2. 保尔精神

作为苏联新人的保尔·柯察金，具有在特定时代为国斗争的特定时空与背景下形成的人格，想要正确地认识保尔这一人物形象，正确理解保尔精神，则需历史地看待保尔所处的生活环境，理解保尔的生活方式，结合十月革命后苏维埃的时代背景，那时战争与建设同时进行，也是一个非常纯真的年代，为革命事业所激励的人们每每会面，都会有彼此支持的感觉，空前团结与幸福。小说中保尔的形象既植根于现实生活，又承载了俄罗斯文学传统。无论是 19 世纪的俄罗斯作家，还是苏联时期的革命作家，他们的身上似乎都背负着民族的苦难与强烈的责任感，他们坚信矛盾与痛苦孕育着坚韧与不屈，俄罗斯作家一直重视书写苦难，这与其国家历史进程及东正教情怀密不可分，作家们意在引起人们对生命价值与生活道路的探索与反思，刻画人如何在痛苦中淬炼钢铁意志，达到灵魂的升华。俄罗斯文学的苦难性使其明显区别于其他国家的文学，逐步形成了独具俄罗斯民族特色的苦难美学。

但需要指出的是，保尔的性格和精神力量感是明显区别于过去的浪漫主义文学主人公的，最鲜明的差异体现在他们对生命与受难的态度与反应上。当主人公陷于绝望的处境时，其他作品的主角可能会以自杀来作结，但保尔不一样，他在绝境却对自己说了异常动人的话："即使到了生活实在难以忍受的时候，也要找出活下去的方法来。使你的生命有用处吧！"保尔身上所体现的是人性中绝不轻言放弃的精神之光，如若将这样的人物设定在 19 世纪的俄罗斯作品中，是绝对违和的，而在《钢铁是怎样炼成的》中却极具说服力。正如作家借阿基姆的心理活动所表达的那样："他知道这绝不是漂亮话，而是一个身负重伤的战士的

---

[1]　参见刘勇：《抗战文学中的新人形象与苏联文学》，载《华中科技大学学报》（社会科学版），2004 年第 6 期。

呼喊。他了解，像保尔这样的人只能说出这样的话，表达出这样的感情。"

为了体现保尔人生经历与革命道路的曲折坎坷，作家不断更换保尔的生活、工作环境与职业身份（司炉工—电工—战士—文学工作者），使其与不同价值观的人相遇或重逢，作者似乎在不断提出一个问题："人的生命价值几何？"目的是使我们明白，在一个人的身上会发生所有的一切，而当生活发生不可逆转的变化时，执着于理想的人身上可以迸发出无与伦比的精神力量。

阿基姆很了解这个直到最近还像生龙活虎一般的青年人的感情。他了解保尔的悲剧，也知道像保尔这样把自己短短的生命献给党的人，一旦离开斗争，回到后方，那实在是可怕的事。①

在主人公不同阶段的反思与旁人对他的回忆与评价中，读者逐步梳理出少年保尔成长为钢铁战士的心灵蜕变过程。

纵观保尔一生，他吃过各种生活之苦，也经受了情感之苦，最令人绝望的是年轻的他身受病痛之苦。保尔短暂的生命中，经历了奇迹般的"复活"。他依靠坚强的意志一次次康复，他在苦中清醒、磨炼、成熟，获得别样的幸福。用他的话来说："我也是很幸福的。创作产生了无比惊人的快乐，而且我感觉出自己的手，也在为大家共同建造的美丽楼房，砌着砖块。这样，我个人的悲痛，便被排除了。"

保尔的生活状态是直面苦痛，视苦痛为常态，努力寻找活着的价值。他只想无愧于心，他认为痛苦的背后孕育着另一种机会和幸福。

---

① 奥斯特洛夫斯基：《钢铁是怎样炼成的》，梅益译，北京：人民文学出版社，2019年，第353页。

无线电广播把失明所夺去的东西又给了他，——他又有了学习的可能，而且因为他不顾一切地努力学习，他就忘掉了身体经常发烧带来的剧烈疼痛，忘掉了眼睛的火烧火燎的炎肿，以及对他残酷无情的生活。①

保尔对人类的热爱以及对人民的不可动摇的深刻信心使"自我牺牲"转化为"幸福"。不断遭遇苦难，便不断"选择好一条道路，决心从这条道路回到新生活建设者的队伍中去"。有评论阐述，《钢铁是怎样炼成的》虽是一部具备明显政治倾向性的小说，但保尔精神属于人类永恒的道德范畴，具备历史与美学价值，保尔是"新的，前所未见的，未来的，具备共产主义道德的人物"，是群体精神的英雄人格。

四、作品异乎寻常的世界影响力

《钢铁是怎样炼成的》这部苏联作家的长篇小说自出版以来的半个多世纪，跨越国界，被译介到世界各国，始终盛传不衰，激励了数代人的成长，成为无数青年人的生活教科书与理想标杆。可以说，一部文学作品具有如此的历史穿透力与精神感染力是十分罕见的。

1. 出版风波与中译本

令人感到意外的是，小说的出版过程并不像作者在小说结尾处所写的那般——"小说大受赞赏，即将出版，祝贺成功！"实际上，刚写完《钢铁是怎样炼成的》第一部的奥斯特洛夫斯基并没有保尔那般幸运，未能收到"州委会打来的电报"，作家的书稿第一时间被退了回来。

1931 年 5 月，作家的很多战友都在为这本书能够出版而到处奔走。

---

① 奥斯特洛夫斯基：《钢铁是怎样炼成的》，梅益译，北京：人民文学出版社，2019 年，第 372 页。

在莫斯科，著名作家（也是后来的苏联作家协会的负责人）法捷耶夫把稿子交到了《青年近卫军》杂志社。《青年近卫军》杂志于 1932 年 4 月开始刊登这部小说。

1933 年 5 月，奥斯特洛夫斯基写成第二部，并于 6 月将稿件寄往莫斯科《青年近卫军》杂志社。同月还把书稿寄往哈尔科夫的青年布尔什维克出版社。

《青年近卫军》杂志 1934 年第 1—7 期刊登了小说的第二部。7 月，被译为乌克兰文的两部合一的单行本出版问世。同年，作家为波兰文版的小说补写了有关波兰共产党人的故事情节。也是这一年，青年近卫军出版社再版了《钢铁是怎样炼成的》。

之后，1934 年 6 月奥斯特洛夫斯基被吸收为苏联作家协会会员。1935 年，作家又重新审阅了《钢铁是怎样炼成的》，删除了其中的一些情节，同时加了一些新的情节。1935 年下半年，青年近卫军出版社出版了新的两卷合一的版本，这便是后来我们长期读到的《钢铁是怎样炼成的》。1935 年下半年，作家还与电影界的同志一起把小说改成了电影剧本。

1935 年初，科利佐夫经《青年近卫军》杂志社主编卡拉瓦耶娃介绍，探望了奥斯特洛夫斯基，深受触动，于是在《勇敢》一文中描绘了一名闪耀着理想主义光芒的残疾作家的形象。这篇文章发表在《真理》报上，进一步使得奥斯特洛夫斯基和他的作品被全苏联、全世界的广大读者知晓。

美国的地方报《堪萨斯城星报》在 1937 年《钢铁是怎样炼成的》的英译本出版之后这样写道："最近二十年来，在专家们的统计数字、理论和叙述的洪流中俄国人民对美国读者看来好像隐匿不见了……（有些苏联作家的书在这里有了译本，但一般地说苏联人民对于我们是谜样的，莫名其妙的生物）。小说《钢铁是怎样炼成的》却向我们展现了一切，它像解谜一般，让美国人了解到原来俄国人民在那片神秘的国度可以担任如此重大的角色。"①

在奥斯特洛夫斯基生前，《钢铁是怎样炼成的》只出版了 3 个外文版本，即捷克文版、日文版和英文简写版。但如今《钢铁是怎样炼成的》拥有几乎所有语种的译本。每年，都陆续有来自世界各地的游客到俄罗斯索契的奥斯特洛夫斯基故居博物馆参观，将自己国家的版本送到这里。这些书越来越多，工作人员专门为这些版本定制了几个巨大的书架，将这些世界各地的《钢铁是怎样炼成的》陈列了起来，场面可谓壮观。

临终时，奥斯特洛夫斯基为自己不能参加未来的反抗战斗而感到遗憾。但是全世界都知道，他的书将代替他给予各民族人民巨大且极具历史穿透力的影响与鼓舞。《钢铁是怎样炼成的》自被译介到我国的半个多世纪以来，一直盛传不衰，始终保持着较高的讨论热度。

新中国成立前《钢铁是怎样炼成的》的中文译本最早是从日文译本转译的，译者是段洛夫和陈非璜，由上海潮锋出版社出版。国内影响力最大的译本来自梅益先生，是根据纽约国际出版社 1937 年阿历斯布朗的英文译本进行转译的。国内翻译前辈也十分认同最好的译文应尽量选择从原文直译，避免转译，而在当时的情况下译者们不仅将作品视为可供鉴赏的文艺作品，他们的翻译工作同时承担着相应的任务，即争取以最快的速度将其作为革命教材呈现在读者面前。② 梅益先生是第一位将《钢铁是怎样炼成的》介绍给中国读者的中国译者。据先生讲述："党组织认为这部作品对我国读者，特别是年轻读者很有教育意义。"所以将这项任务委派于他，先生是在战火纷飞、情况异常艰难的情况下翻译此

---

① 娜塔利亚·吉普茜：《保尔·柯察金在外国》，萱草译，载《中苏文化》，1947 年第 12 期，第 42 页。

② 参见孟昭毅：《中国翻译文学史》，北京：北京大学出版社，2005 年，第 226 页。

书的。

目前，国内最知名的两个中文版本分别是 1952 年人民文学出版社出版的版本，译者是梅益先生；1976 年人民文学出版社的版本，主要译者是黄树南，翻译单位是黑龙江大学俄语系翻译组。仅梅益先生译本曾在十多年间（1952 年至 1965 年 6 月）就重印了 46 次，发行总量达 136.9 万册。

此外，我们熟悉的《钢铁是怎样炼成的》译者，还有王志冲老先生。王志冲 1936 年生于上海，15 岁时突患强直性脊柱炎，卧床不起。后为《钢铁是怎样炼成的》所鼓励，自学俄语，走上翻译之路。老先生认为："即使是翻译，艺术性和故事性也时刻要注重，在语言上节制，尽量不用佶屈聱牙的文字，风格也要随着所译作品而变化，这一点上要做大量尝试。"在他看来，翻译奥斯特洛夫斯基作品，必须了解他所处时代的那种共青团式的昂扬文体，他说："这是当时时代的一部分，也是我亲历和亲身感慨的一部分，在翻译时必须考虑进去。"

2.《钢铁是怎样炼成的》是否过时

这一时期，苏联作家的选择是多元的。可以写人性光辉，也可以揭示人的恶劣品质。一些优秀的苏联作家对历史的反思是辩证的：文学不仅要勇于表现个人在社会面前所承担的责任，也要尖锐地表现社会对个人的命运所承担的责任。这一时期，苏联作家们的创作个性是丰富多样的。[①]

1946 年娜塔利亚·吉普茜在纪念奥斯特洛夫斯基逝世十周年时讲道："在面对法西斯、面对民族危亡进行斗争之时，柯察金对生命、理想的理解，小说中无数激励人心的话语，在游击队里，在青年集会时都成了口号，成了座右铭。"当时全世界的青年每每读到便像被点燃一般，

---

① 参见周启超：《警醒人心的伦理向度，形塑性灵的道德能量——重读当代苏联文学黄金时段的几部小说名作》，载《外国文学研究》，2014 年第 5 期。

反应强烈。

当然，不免有人会提问，今时今日，《钢铁是怎样炼成的》这一批苏联文学作品是否还有可读性？

实际上，《钢铁是怎样炼成的》自出版起，便引发了广泛争议，有学者质疑这部作品的艺术性和文学性，认为作品本身有时代限制。梅益先生在翻译工作结束后的很多年里，也在回应这一问题，他认为任何作品都有局限性。时代发展，人的思想不断改变，但人对理想的追求以及与自身命运抗争和顽强拼搏的精神主题永远不会改变。正如童道明先生所评述的那样，《钢铁是怎样炼成的》比苏联任何一本"红色经典"都更有经典意味，也就是人类性。

若从接受美学的角度来看读者与作品的关系，可以发现，文学作品在创作完成后便是一种独立存在，在阅读时，读者对作品可以任意进行选择与取舍，读者从书中所收获的感悟与独到的理解，均取决于读者的主观意识，而不再被作家本人的创作意图或其他外在因素左右。

作为读者的我们，面对作品，首先想到的是它好不好看，能不能打动自己，而不是为适应某种意图和需要而去读它。认清了这一点，我们就必须历史地、辩证地看待《钢铁是怎样炼成的》和保尔。不要过多地把注意力集中于作者的生平、作品产生的实际历史环境等外在情况，不然，就会简单地判定它可能"过时"。我们需要做的是，去感知作品所包含的多层面的丰富内涵。这才是阅读的意义，尤其是重读经典的意义。

作家王蒙曾经讲过："苏联文学的影响可能比苏联这个国家的影响更长远。前者毕竟是艺术，是理想。艺术与理想更多地取决于人们的主观感受，更多地是满足人们的精神的需求……所以也谈不上认真的'解体’与消失。”①

参考资料

宁溪：《〈钢铁是怎样炼成的〉中译本的出版和传播》，《民国春秋》，1990 年第 3 期。

任光宣：《重读长篇小说〈钢铁是怎样炼成的〉》，《俄罗斯文艺》，1998 年第 2 期。

刘亚丁、何云波：《价值多元与保尔的命运——关于〈钢铁是怎样炼成的〉的对话》，《俄罗斯文艺》，2004 年第 1 期。

梁晓声：《重塑保尔·柯察金》，北京：同心出版社，2000 年。

王蒙：《苏联文学的光明梦》，《读书》，1993 年第 7 期。

---

① 王蒙：《苏联文学的光明梦》，载《读书》，1993 年第 7 期。

第六讲

一个人与一个时代:《一个人的遭遇》

主讲人：刘亚丁

肖洛霍夫是 20 世纪最杰出的俄罗斯苏维埃作家，多次获得苏联国家级大奖，1965 年获得诺贝尔文学奖。这里分享分析他早期的短篇小说，即《顿河故事》和《浅蓝原野》中的作品，也分析他 50 年代的短篇小说杰作《一个人的遭遇》，它们都在不同的程度上与作家生活的时代具有密切关联，通过分析可以发现它们与苏联国家历史道路的隐蔽联系。

一、肖洛霍夫其人

对肖洛霍夫，我写了一首七律来概括他的一生和主要的作品：

野种童呼册罪身，五年庠序燹兵频。

风云《浅草》伤亲弑，白赤《顿河》寻性真。

愿借胸襟添浩气，敢为刍狗祈天仁。

弘篇剽窃同侪责，细屑稗官叩大钧。

为什么说"五年庠序爨兵频"呢？庠序，指学校。肖洛霍夫在学龄阶段恰逢新生的苏维埃国家的国内战争时期，因此在各地断断续续读书也就是四五年的时间。国内战争刚一结束，1922 年 10 月，17 岁的肖霍夫立刻离开顿河到莫斯科去求学。他虽然曾任粮食征集队长，但并无共青团员之身份，学校因此拒不接纳他。于是他白天打零工，干粗活，挣口粮，晚上就到处去"充电"，或泡图书馆，或去听文学艺术院的讲座，或厕身无产阶级晚会观众的行列，后来想方设法加入了一个作家诗人的组织——"青年近卫军"，成了作家讲习班的忠实学员。这个自学青年真行，1923 年 9 月 19 日在《少年真理报》上发表了一篇小作品《考验》，署名为"米·肖洛赫"，这就是肖洛霍夫的试笔之作。此后，在1924 年至 1925 年两年中，他的短篇小说在《青年列宁共青团员》《农民青年杂志》《星火》《共青团员》《探照灯》《接班人》等报刊密集发表。后来肖洛霍夫发表了《静静的顿河》《被开垦的处女地》和《他们为祖国而战》三部长篇小说和《一个人的遭遇》等短篇小说。

二、早期作品

1926 年，莫斯科的两家出版社出版了收录肖洛霍夫短篇小说的集子《顿河故事》《浅蓝原野》。

目　次

译本序 ……………………… 刘垔丁 1

胎记 ………………………………… 1
牧童 ………………………………… 14
粮食委员 …………………………… 29
希巴洛克的种 ……………………… 37
伊留哈 ……………………………… 44
阿廖沙的心 ………………………… 52
看瓜田的人 ………………………… 69
道路 ………………………………… 86
野小鬼 ……………………………… 140
旋涡 ………………………………… 175
有家庭的人 ………………………… 196
共和国革命军事委员会主席 ……… 205
顿河粮委会和副主席普基牌同志的血……… 211
歪路 ………………………………… 218
两个丈夫的女人 …………………… 230
委屈 ………………………………… 248
死敌 ………………………………… 264

小马 ………………………………… 284
蛀孔 ………………………………… 294
浅蓝的原野 ………………………… 312
雇农 ………………………………… 324
套鞋 ………………………………… 374
高尔察克,荨麻和别的 …………… 388
人家的骨肉 ………………………… 395
同一种语言 ………………………… 420
学会仇恨 …………………………… 427
一个人的遭遇 ……………………… 447

1

收入人民文学出版社《一个人的遭遇》中的肖洛霍夫早期短篇小说篇目

1. 青年主人公的新憧憬

用心读肖洛霍夫这些早期作品不难发现,在纷繁复杂的斗争中,在血雨腥风的搏杀里,被聚焦的人物的身份是变动不居的,但其基本面貌却清晰可辨:受到压迫的年轻人一心向往新的社会,为此不惜流血流汗,甚至牺牲生命,不妨称之为"红小鬼"。有奋不顾身的红色队伍中的牺牲者,如红军连长尼科尔卡(《胎记》)、粮食委员博佳金(《粮食委员》);还有身在白区,向往红军的少年、青年。在《看瓜田的人中》费多尔不顾富有的父亲的淫威,一定要到"真理"所在的地方去,就是到红军占领的地方去,去"为土地、为穷人去作战,为了让世界上人人平等,没有富人,没有穷人,大家一律平等"①。他们或许少不更事,却目睹富有阶级之残酷无情,阿廖沙亲眼看到,有钱的邻居玛卡尔契哈

———————

① 肖洛霍夫:《一个人的遭遇》,草婴译,北京:人民文学出版社,2020年,第71页。

如何折磨饥饿难耐的姐姐，也亲身体验到"戴眼镜"的红军政委西尼岑的善良和关爱。在《牧童》中，葛利戈里忍饥挨饿，可是他却激励妹妹杜尼娅说："书里说，政权归于无产阶级。……咱们得学习，这样才能管好咱们的共和国。"① 当葛利戈里被敌人杀害后，杜尼娅没有退缩，她"大踏步地沿着大路走去，向城里走去。她知道，那里有苏维埃政府，那里的无产阶级为了将来把共和国管理得更好，都在学习呢"②。在肖洛霍夫的这些作品中，苏维埃社会在人类历史上开启了崭新的一页，新社会、新制度的光照亮了新一代，为他们指明了康庄大道。

肖洛霍夫《顿河故事》俄文版书影

---

① 肖洛霍夫：《一个人的遭遇》，草婴译，北京：人民文学出版社，2020年，第19页。
② 同上，第28页。

2. 残酷的斗争

我在上述的诗中写道"风云《浅草》伤亲弑",这些作品描绘当时顿河河畔不息的争战和残酷的斗争,并不回避令人惊愕的矛盾冲突。《粮食委员》其中有深意,欲辨需借言。博佳金被任命为区粮食委员,受命征集五万担粮食。可是农民却把粮食藏了起来。被父亲赶出家门六年的博佳金回到家乡时,法庭刚好判处两个煽动哥萨克不缴粮的富农死刑。他认出其中一人即是其父,他们互相咒骂。父亲诅咒说:"如果圣母娘娘保佑,我不死,要亲手把你的心肝挖出来……"① 儿子几乎看着父亲被枪决。后来霍普河一带发生了哥萨克的暴动。博佳金为了救一个小孩把自己的马给了他,他自己却暴尸原野,老鹰啄开了他的胸膛:"在博佳金赤裸的胸膛上,有几只草原鹰毫无顾忌地跳来跳去,不慌不忙地从撕开的肚子和挖空的眼窝啄食着黑芒的大麦。"② 父亲之咒,悉数应验。何以会如此?不妨借用黑格尔的悲剧说来加以解释。黑氏在《美学》中有言:"形成悲剧动作情节的真正内容意蕴,即决定悲剧人物去追求什么目的的出发点,是在人类意志领域中具有实体性的本身就有理由的一系列力量:首先是父母、儿女、兄弟姊妹之间的亲属爱;其次是国家政治生活,公民的爱国心以及统治者的意志;第三是宗教生活……"③ 在《粮食委员》中,父与子表征着不同的力量,前者表征亲属,后者表征国家,各有其合理性,必然会发生冲突。在父亲将被处决之时,父亲所代表的亲属之爱与儿子博佳金所代表的国家力量发生冲突。儿子从社会正义的立场谴责父亲,父亲从亲属之爱的角度诅咒儿子。在黑氏看来,悲剧冲突的双方都有其片面性,悲剧的最后解决又否定了各自的片面性,使具有片面性的人物遭受痛苦或毁灭,"永恒的正

---

① 肖洛霍夫:《一个人的遭遇》,草婴译,北京:人民文学出版社,2020 年,第 32～33 页。

② 同上,第 36 页。

③ 黑格尔:《美学》第三卷下册,朱光潜译,北京:商务印书馆,1984 年,第 284 页。

义"取得胜利。也不妨从这一角度来理解集子中的《胎记》《看瓜田的人》《希巴洛克的种》等作品。

3. 深刻的主题

此外，《粮食委员》中还蕴藏着肖洛霍夫特有的、具有深刻社会历史意义的主题。父亲责问："为了我的财产，为了不让别人侵犯我的粮仓，我可以被枪毙……可你们搜索别人的粮仓，难道是合法的吗？你们有权力，你们抢吧。"听闻此话，"博佳金瘦削的颧骨上的皮肤发青了"①。可见，即使从社会正义的角度看，博佳金也是有所亏欠的。在《被开垦的处女地》第一部第六、七、八章及《静静的顿河》第六卷中，有不少与《粮食委员》此处相类似的叙述。如果我们把这篇小说与肖洛霍夫后来的创作道路和大型作品联系起来看就会发现，肖洛霍夫早期和后期的作品在表现革命和建设的进步意义的同时，借助大量的细节持续发出呼吁：切忌过火，要避免不必要的牺牲。

4. 隐藏的密码

肖洛霍夫的早期作品包含了大量值得挖掘的社会性的、精神性的信息。在《野小鬼》中神父的儿子维吉卡骂红军战士的儿子米什卡："你是庄稼人，你妈妈在篱笆下生下的你……野小鬼。"② 这里孩童米什卡乃是作家肖洛霍夫塑造的自传性形象。作家的母亲娜斯塔西娅，嫁给了对她"始乱终弃"的地主少爷村长库兹涅佐夫，她不堪忍受库兹涅佐夫打骂凌辱，跑回父母身边。在顿河地区打工的亚历山大·肖洛霍夫与娜斯塔西娅相识并相爱，把她作为"管家"带回到自己家里。1905 年 5 月 23 日，他们的儿子、未来的作家米哈伊尔出生了，但当时他却只能跟娜斯塔西娅合法的丈夫姓，即姓库兹涅佐夫。直到 1912 年库兹涅佐夫死了，米哈伊尔才认祖归宗，获得了"肖洛霍夫"这个姓氏。作品中

---

① 肖洛霍夫：《一个人的遭遇》，草婴译，北京：人民文学出版社，2020 年，第 32 页。
② 同上，第 142～143 页。

的小主人公叫米沙,这正好是作家自己名字米哈伊尔的爱称,这就从另一个侧面证明了《野小鬼》的自传性。这部作品中,维吉卡骂米什卡是"庄稼人"。作家的父亲亚历山大·肖洛霍夫是外来户,不是哥萨克,没有可以耕种的土地,所以被称为"庄稼人",他的儿子米哈伊尔也会被称为"庄稼人"。通过小主人公被辱骂的经历,作家吐露了自己童年所受的欺凌。这就是诗中所说的"野种童呼册罪身"。

《野小鬼》更反映了顿河地区哥萨克与庄稼汉的复杂关系。哥萨克在俄罗斯是一种军垦农。15—16 世纪,一些逃亡到俄国边区的农民开垦土地,耕种庄稼。17—18 世纪沙皇政府利用他们来充任军人,保卫边疆,这就是哥萨克的来历。由于顿河地区富裕的哥萨克拥有大量肥沃的土地,他们就对非哥萨克的农民或打工人员颇为鄙视,呼之为"庄稼人"。富裕的哥萨克与普通农民在国内战争时期就呈现为对立和冲突的关系。这种对立甚至会出现在一个家庭之中,比如在《看瓜田的人》中富裕的哥萨克站在红军的对立面,他的两个儿子却心向红军;在《道路》中贫苦的靴匠、铁匠一边盼望红军早日解放自己的镇子,一边诅咒哥萨克。

5. 多副笔墨

从这些早期短篇小说中可以明显地发现,肖洛霍夫在尝试多副笔墨并用,多种风格交错,以对残酷的描写为例,就呈现出"有情之笔"和"无情之笔"的对比和反差。在《胎记》中,大自然与人世相悖。这篇小说有若干处对自然景物的抒情性描写,最后则是父亲阿塔曼认出了被自己杀死的儿子,大自然的清净明丽、妖娆多姿与人间的黑暗龌龊、躁动癫狂形成鲜明对比,故事中人的疯狂因此倍加凸显。在这篇小说中,作家还把自然想象为世人疯狂的对应物,如阿塔曼野蛮的心被叙述者比喻为草原沼地变硬的牛蹄印。叙述者在讲述阿塔曼出现在阵地上的同时,也描绘了狼窜出树林的情景。此所谓"有情之笔"。与《胎记》形成鲜明对比的是，在《阿廖沙的心》中，叙述者以不带任何情感的笔触直陈阿廖沙目睹姐姐波尔卡死于邻居玛卡尔契哈之手的情节，冷峻的笔触不能不令人叹息世道之颠倒、人寰之酷烈。此所谓饱含大悲的"无情之笔"。

6. 向未来的过渡

我们可以从肖洛霍夫早期的短篇小说中发现大量构成其此后长篇小说《静静的顿河》的"预制件"。比如俄罗斯肖洛霍夫研究专家费·库兹涅佐夫在《〈静静的顿河〉：一部伟大小说的命运和真相》中发现，肖洛霍夫在早期作品中篇小说《道路》的开篇、短篇小说《旋涡》中都有对"黑特曼大道"的描写，而在《静静的顿河》中也常常会详尽描绘这条大道。[①] 读者还会发现，早期作品中其他一些细节在《静静的顿河》中得到了进一步发展，如以铁皮屋顶来暗示富足，等等。但是，我们应该知道，肖洛霍夫对自己早期的这些短篇小说和中篇小说并不满意，明确地申言：《顿河故事》与《静静的顿河》之间存在着"巨大的鸿沟"，它们并不是《静静的顿河》的"前史"。库兹涅佐夫在上述的书中有这样的判断："这是不乏才具的散文与天才的散文之间的巨大的鸿沟。"[②]

在我看来，《静静的顿河》与《顿河故事》《浅蓝原野》的巨大差异体现在两个方面，第一是主人公群像的更替，第二是叙述者情感选择态度的变更。首先，在《静静的顿河》中"哥萨克"取代了早期作品中的"红小鬼"，那些被哥萨克剥削压迫、心向红军的青年农民在《静静的顿河》中退居侧后，只在米哈伊尔·科赛沃伊身上还依稀可以看出他们的影子；取而代之的，则是在早期小说中被贬抑的哥萨克群像。长期陷入白军和反叛哥萨克阵营，在红军中短期服役的格里高利·麦列霍夫毫无

---

① См.，Филикс Кузнецов. "Тихий Дон: судьба и правда великого романа"，М.：ИМЛИ РАН，2005，С. 363—364.

② 同上，第360页。

疑问成了《静静的顿河》的男一号。其次，从叙述者的态度来看，在早期短篇小说中，凡是红军队伍、红色阵营中的人，或贫穷的农民，无一例外都是正面人物，不是勇敢无畏，即是善良可亲；而处于白色阵营的人物，或富裕哥萨克则或凶悍狠毒，或贪婪无耻。在《静静的顿河》中，叙述者则拒绝这种"成人童话"式的"红必善""白必恶"的固化公式——这种公式正是当时苏联文学小说的常态，而采取了更为复杂、辩证的态度：既肯定哥萨克走向苏维埃的历史趋势（这是历史标准），又关注人物身上的"人的魅力"（这是审美标准）。唯其如此，格里高利·麦列霍夫才会成为主人公，也正因为如此，《静静的顿河》才会超越庸俗社会学的藩篱，成为文学经典。①

三、《一个人的遭遇》

1959 年苏联故事片《一个人的遭遇》中的索科洛夫和瓦尼亚

---

① 参见刘亚丁：《〈静静的顿河〉：成人童话的消解》，载刘亚丁：《苏联文学沉思录》，成都，四川大学出版社，1996 年，第 100～114 页；刘亚丁等：《肖洛霍夫学术史研究》，南京：译林出版社，2014 年，第 251～259 页。

　　1956 年 12 月 31 日和 1957 年 1 月 1 日《真理》报上刊登了肖洛霍夫的短篇小说《一个人的遭遇》。这是肖洛霍夫这位苏联时代的小说大师吟唱的"天鹅之歌"。《一个人的遭遇》主要表现苏联红军普通士兵安德列·索科洛夫的生活，从第二次世界大战前的生活到战争中应征入伍担任汽车司机，再到受伤后被抓进德国法西斯的俘虏营，历经磨难，他利用开车的机会俘虏了德军的工程师，重回红军队伍。战争中，他家园被毁，家人全部亡故。战后，他收养了在战争中失去父母的孤儿瓦尼亚，他们一起坚强地面对未来。这部作品发表后受到好评。20 世纪苏联权威研究者德·勃拉果依就把这篇小说称为"社会主义现实主义的杰作"[1]。勃拉果依的说法是有道理的。但是由于他过于强调这篇小说的现实主义的特征，实际上就限制了人们对这篇小说的正确解读。

　　这就是拙诗中的最后一句："细屑稗官叩大钧"。稗官，代指小说，《汉书·艺文志》："小说家者流，盖出于稗官。""大钧"，指自然，贾谊《鵩鸟赋》云："大钧播物兮，坱圠无垠。"在拙诗中也指规律，指社会大趋势。这就是说，通过认真阅读感悟《一个人的遭遇》这篇小说，可以看出历史的道路，可以听到时代的呼声。

　　1. 两个乐章

　　现在不妨假设《一个人的遭遇》是交响叙事曲的总谱，肖洛霍夫让主人公陈述了自己在和平生活和战争中的经历，这是叙事，构成了小说叙述的旋律。从总体上看，五线谱上的音符从左到右形成横向组合；与此同时，作家又利用"人"（человек）、"遭遇"（судьба）的多义性，利用对主人公的命名，来形成作品的隐喻，这是和声。从总体上看，是与叙述旋律平行的其他声部，总谱由此形成纵向组合。《一个人的遭遇》中独特的叙事和丰富的和声，犹如沉郁悲愤的旋律在多声部和声伴随下

---

　　① 参见孙美玲：《肖洛霍夫研究》，北京：外语教学与研究出版社，1982 年，第 306～318 页。

演进，这部短篇小说就成了俄罗斯民族 20 世纪命运的默示录。

《一个人的遭遇》的叙事性成分就是它的旋律，它的纵组合。这部小说的文本叙事成分实际上是由一个小文本和一个大文本组成的。小文本是由第一叙述人"我"来讲述的，相当于序曲和终曲，只是小说的引子和结尾，在序曲和终曲之间是主人公的自述。从形式上看这是俄罗斯小说结构的经典形式之一，莱蒙托夫的《当代英雄》就是如此，先由一个初到高加索的旅行者作为第一叙述人，经过第二叙述人马克西姆·马克西梅奇引出第三叙述人即主人公毕巧林，经过两次转换过渡到毕巧林的自白。《一个人的遭遇》的小文本交代了时间——战后的第一个初春，地点——顿河边上，人物——安德列·索科洛夫和他的养子，并对他们作了肖像和行动描写。然后是主人公的自白，在小说结尾处再回到第一叙述者的视角，对主人公索科洛夫击节称赏、馨香祷祝。大文本就是主人公索科洛夫自己不间断的自我讲述。从形式上看，索科洛夫的自述，也可以追溯至俄罗斯文学中的源头——17 世纪阿瓦昆大司祭的《阿瓦昆生平》就是较早的主人公自述文本。索科洛夫的讲述包含两个大的乐章——和平与战争。开始讲述时述及的战前生活、结束时谈到的战后生活，这是和平乐章，而讲述的中心部分则是索科洛夫自己在战争中的经历：运送炮弹、受伤、被俘、教堂处死叛徒、第一次失败的逃跑、与米勒的较量、抓舌头、回到红军队伍、家园被毁和儿子牺牲，这是战争乐章。

2. 普通人索科洛夫

《一个人的遭遇》的内在戏剧性在于，这两个乐章中同一个主人公判若两人。在和平乐章中索科洛夫不过是普通人，他有着人所共有的欲望和需求，挣钱盖房子、娶妻生子构成了他战前生活的主要内容，妻子贤惠、儿女争气，似乎就是他生活的最高境界。在普通人索科洛夫的自白中有一些涉及情感的言辞，犹如回旋曲中的主题旋律，回环往复，一唱三叹。他对妻子、孩子深挚难忘的情感难免不让人为之动容：战争爆发了，索科洛夫应征入伍，妻子、孩子去送行，妻子伊莉娜在哭号中说了类似于诀别的不吉利的话，他推了她一下。在妻子死后，此事让索科洛夫难以释然："为了当时推了她一下，我就是到死，到生命的最后一刻，我都不能原谅自己。"① 索科洛夫在梦里同阴阳陌路的妻子、孩子说话，"可是夜里醒来，整个枕头总是给泪水湿透了"②。在这样的情感"回旋曲"中，索科洛夫仿佛在为自己申请"无情岂必真豪杰，怜子如何不丈夫"的权利。在这里索科洛夫是一个为了实现在生理层面、安全需求层面和情感层面的权利而活着的人。他的作为在行为方式和心理方面与一般人非常接近。耀斯引用莱辛的观点指出了普通人主人公引起"同情式认同"可能性："观众或读者可以在一种不完美的、较为'寻常'的主人公身上找到他们自己可能有的种种可能性，因而把主人公视为具有与自己同样的'素质'而与他休戚相关。"③ 肖洛霍夫就这样让主人公回归庸常，这样也就让读者对他产生同情与悦纳。多数人在平静安详的生活中度过一生，这对他个人未尝不是幸事，而对公众而言，或许使世界因此变得更加安宁。

3. 没有获得安德列勋章的安德列

在战争乐章里，主人公变成了另外一个人。这里有必要略为涉及和声问题，谈谈作品的丰富隐喻（和声）对叙事（旋律）的烘托作用，其实在演奏中旋律与和声是同时发声的。主人公的名字肖洛霍夫不是信手拈来的，他的姓和名都是隐喻性的。他的姓索科洛夫（Соколов）的词根是"сокол"，意思是鹰隼，是一种猛禽。сокол 在俄罗斯的民间诗歌

---

① 肖洛霍夫：《一个人的遭遇》，草婴译，北京：人民文学出版社，2020 年，第 456 页。
② 同上，第 487 页。
③ 耀斯：《审美经验与文学阐释学》，顾建光等译，上海：上海译文出版社，2006 年，第 211 页。

中指"勇敢英俊的男子"。① 普希金的《上尉的女儿》中神甫太太这样称呼格利尼奥夫:"再见了,彼得·安得列伊奇,我们的雄鹰(наший ясный солол)!"高尔基有散文名篇《鹰之歌》(Песнь о Соколе)。主人公的名字安德列也饶有寓意。安德列(Андрей)是基督的十二门徒之一,依据圣经的说法,他是首先认出基督的人。在俄罗斯最早的历史文化著作《往年纪事》(12 世纪初期)中安德列则是到黑海边传教的门徒,他祝福了未来的基辅。② 在基辅罗斯时期安德列被视为俄罗斯国家的保护者,在俄罗斯帝国时期被看作帝国海军的保护圣徒,彼得一世确定安德列旗为海军军旗,他所颁发的安德列勋章成为俄罗斯最早的勋章③。这样看来,将安德列视为俄罗斯的战神似乎也没有什么不妥。

在上述索科洛夫的自我表白中,在和平生活中,他只是一介凡夫。可是他姓索科洛夫(Соколов),是个"雄鹰"一样的男人,他的名字是安德列(Андрей),他仿佛是一个应该荣膺安德列勋章的安德列。男人和军人,这两种角色在他那里是统一的:他说"既然你是个男人,是个军人,你就该"④ 如何如何。他是普通一兵,他没有惊天地泣鬼神的壮举,更没有挥师征战、叱咤风云的际遇。他不过是在前线需要炮弹的时候冒着生命危险驾车去送炮弹,他机智地抓了德军的军官做舌头,重返自己的队伍。但在这些看似平常的举动中,不失鹰一样的男人的挺拔,更有安德列勋章获得者般的荣光。他似乎在同那个沉溺于思念亡故的亲人、夜里以泪洗面的"自我"争论,说到给家人写信的问题,他说:"我这个人也不喜欢婆婆妈妈,喊怨叫苦,最看不惯那种爱哭鼻子的家

① Большой толковый словарь русского языка, Санкт – Петербург: Норинт, 2001, с. 1231.

② 参见王钺:《往年纪事译注》,兰州:甘肃民族出版社,1994 年,第 21~22 页。

③ Мифы народов мира, Москва: Издательство Большая русская энциклопедия, 2000, т. 1, 80—81.

④ 肖洛霍夫:《一个人的遭遇》,草婴译,北京:人民文学出版社,2020 年,第 458 页。

伙。他们不论有事没事，天天给老婆情人写信。"① 索科洛夫特别强调男人的刚毅和担当，得自己忍受一切，担当一切，而他把上面那种人鄙夷为女人，说他们应穿裙子。这个没有荣膺安德列勋章的安德列，无论是作为战士，还是法西斯集中营里的俘虏，都保持了军人的尊严和气节。当前线缺炮弹的时候，他作为司机穿过敌人的枪林弹雨去送炮弹："同志们也许正在那边流血牺牲，难道我能呆在这儿不理不睬吗?"② 索科洛夫因为在掘墓时说了风凉话，战俘营的德国营长米勒召见他的时候，他知道自己的末日到了，开始是有点感伤，但很快镇定下来，整理衣冠，"好跟一个士兵应该做到的那样，毫无恐惧地看着手枪的枪口"③。在这里，尊严、高傲等精神性因素压倒了求生避死的本能。因此他又是一个在拼命实现尊重需求和自我实现需求的战士。如果荣获安德列勋章，恐怕也当之无愧。

1959 年苏联故事片《一个人的遭遇》中的索科洛夫

① 肖洛霍夫：《一个人的遭遇》，草婴译，北京：人民文学出版社，2020 年，第 457 页。
② 同上，第 458～459 页。
③ 同上，第 471 页。

《一个人的遭遇》中索科洛夫的自白构成的和平与战争这两个乐章有着不同的调式、不同的音色,前者虽有阴沉的引子,但毕竟表现出生活的欢悦。后者则在惊惧和危殆中表达了人性超越本能的胜利。更值得注意的是,同一个人在不同的境遇中可以表现出完全不同的精神面貌和行为方式。同一个索科洛夫,拿和平乐章中的他与战争乐章中的他对比,简直就成了庸碌的人与大写的人的对比。战争摧毁了属于他的一切,却赋予他心灵的丰厚和人格的升华。肖洛霍夫渲染了索科洛夫家庭生活的融融之乐,又谱写了战争境遇中人性升华的颂歌。

《一个人的遭遇》在苏联文学中的过渡性意义由此而凸显,这里既有英雄主义的流风余韵,又开启了非宏大叙事的先河。索科洛夫的那些既惊心动魄又寻常可见的经历,开启了苏联文学战争书写的新篇章。过去苏联战争文学中的主人公多是建立了奇功伟业的英雄,他们的人格和能力似乎超出普通人许多,如卡扎凯维奇的《星》、波列伏依的《真正的人》、冈察尔的《旗手》等。现在如索科洛夫这样的普通人成了小说的主人公,他的身上既有普通人的凡俗又有英雄的辉光,这就为后来苏联的战争文学乃至整个非英雄书写提供了启示和范本。

4. 小说与人民

在《一个人的遭遇》中,肖洛霍夫有意识地营造了沃·伊瑟尔所说的文本的"召唤结构",他是在期待有经验的读者的参与,这种经验就是指对 20 世纪上半叶俄国历史的掌握。作家通过书名和主人公姓名等隐喻性文字,引导读者调动自己的知识、激发自己的想象,去完成作品的象征结构。

小说的题目是隐喻性的。将"Судьба человека"译为"一个人的遭遇",主要着眼于字面意义,这固然是没有错误的。在俄语中,"человек"一词既可以指普普通通的人,具体的、单个的人,又可以指更为抽象的人,甚至指称人类,如高尔基所说的"大写的人"。

"судьба"一词译为"命运"更恰当，这个词如果用"遭遇"的义项的话，那么也是指一生的遭际。以此看来，这篇小说的题目就像一道半开着的幽暗神秘的门，诱使读者去猜想：主人公是什么样的人？他究竟有什么样的命运？由此引起强烈的阅读期待。小说人物的遭遇是隐喻性的，尽管这是一部短篇小说，但它表现了一个人几乎一生的经历，表达了更深刻的内容。我们通过主人公与叙述人的交谈得知：索科洛夫自述的第一句话是"我的生活开始时是平平常常的"（Поначалу жизнь моя была обыкновенная），这里就已埋下伏笔。索科洛夫生于 1900 年，于是他就成了 20 世纪的"同龄人"。这样一来，平常中就有了不平常，这个人似乎就不再是一个普普通通的个人了，他具有了某种隐喻的意味。后来他自己告诉我们，他在国内战争时参加过红军，在 1922 年的大饥荒中，因为给富农当长工才幸免于饿死，但他失去了所有的亲人，父亲、母亲和妹妹全饿死了，剩下他一人在世上孤苦伶仃。他同孤儿院中的一个姑娘结婚后，有了一个幸福的家庭，一个儿子、两个女儿给他许诺了未来的希望。战争爆发了，他自己走上前线，经受了受伤、被俘等种种折磨，他挺过来了。可是敌人的一颗炸弹夷平了他的家，夺走了妻子和两个女儿。从军的儿子在攻入柏林的时候被打死了。他又成了一个孤苦伶仃的人。

肖洛霍夫又通过激发读者的联想，在作品外构成更大的外在隐喻文本。作品在展示"人"的"命运"的时候，有明显的生活轨迹的曲线，形成了一个倒 U 形结构：它的起点很低，在 21 年以后孤身一人，然后逐渐趋高：他离开了农村到沃罗涅日当工人，后来又成了汽车司机。他与孤女伊莉娜结婚，育有一儿两女，他和妻子辛勤劳动，盖了自己的房子，孩子不愁吃穿，"人生在世，还需要什么呢……可以说心满意足了"[1]；孩子成绩很好，每门都得"优"，儿子的数学成绩特别好，中央的报纸都有报道，"这使我觉得脸上很有光彩，我很为他骄傲"[2]。这是主人公人生的高峰。此后索科洛夫逐渐再入低谷：战争爆发，索科洛夫应征入伍，他历经磨难，九死一生；他的家被敌人炸毁，妻子和两个女儿被炸死，儿子阿纳托利作为红军军官也在占领柏林的时候牺牲了。索科洛夫再次孑然一身留在世上，他收养了父母双亡的瓦尼亚，艰难地活在世上。他甚至怀疑"这悲惨的一生会不会是一场梦"[3]。

如果说索科洛夫的生活道路是"字面意思"，那么苏联人民20世纪上半叶的道路则是没有出场的被隐喻的文本。索科洛夫的道路是以一个人的生平来"模拟"一个民族在半个多世纪中的命运：他和它的"生活曲线"是平行的，都是倒U形，而且两者之间具有编年史的叠合关系。苏联人民在20世纪前五十年的道路上，起点是艰难的，1921年前先有第一次世界大战，1917年的二月革命、十月革命。十月革命后，旋即遭遇帝国主义的武装干涉，后来进入社会主义建设的时期，这是苏联人民历史命运的高点（尽管有集体化和1937—1938年的悲剧事件，后者肖洛霍夫在《他们为祖国血战》中作了反思性的、悲壮的书写）。此后苏联人民遭遇了德国法西斯的入侵，牺牲了两千多万人，建设的成就毁灭殆尽，再次进入低谷。在一些细节上，《一个人的遭遇》与历史也具有编年的平行性：索科洛夫进城市当工人、司机的时期，恰好是苏联工业化快速发展的时期。小说结尾处第一叙述者的独白中有一句涉及瓦尼亚的话："而那个孩子将在他父亲身边成长，等到他长大，也能经受一切，并且克服自己道路上的各种障碍，如果祖国号召他这样做的话。"[4]叙述者一直在压抑自己的情感，尽量不让男人吝啬的眼泪流出来，尽量

---

① 肖洛霍夫：《一个人的遭遇》，草婴译，北京：人民文学出版社，2020年，第455页。
② 同上，第454页。
③ 同上，第479页。
④ 同上，第488页。

不表露自己的态度。可是当他似乎不经意间说出这句话的时候，不料就以对具体小说中的人物瓦尼亚命运的预测，道出了对 20 世纪下半叶俄罗斯人民历史道路的神谶般的预言——肖洛霍夫在不经意间成了不幸的预言家。主人公索科洛夫的经历隐喻了苏联人在 20 世纪上半叶所遭受的几乎所有悲剧：战争、饥馑、亲人亡故。更进一步说，这个结构似乎已经预示了 20 世纪俄罗斯民族所走过的倒 U 形道路，《一个人的遭遇》仿佛成了俄罗斯民族 20 世纪大悲剧的默示录。此外，肖洛霍夫让索科洛夫离开农村到城市，这里有顺应苏联社会转型的意味，也许还有作家的特殊考虑：20 年代末的农村集体化运动和消灭富农运动令肖洛霍夫不愿违心地让索科洛夫的农村生活成为田园牧歌。因为他描写集体化运动的《被开垦的处女地》也煞尾于激烈的枪战，两个热衷于集体化的主人公暴毙，三次坟头的凄凉诀别。

　　"сокол"是飞翔的精灵，它的流动性、迁徙性在索科洛夫身上也有所体现。索科洛夫是沃罗涅日人，后来迁到位于克拉斯诺达尔州的库班河流域，从那里回到沃罗涅日农村的家里，后来他又卖掉房子到了沃罗涅日城里。参军后在采尔科维（这个地名很有意思，Белая Церковь 的意思是"白教堂"①）集结，成为司机。在乌克兰的洛佐文基城被俘，后来"走遍了半个德国"②。在苏联维捷布斯克州的波洛茨克逃出德军控制，返回红军队伍，回到沃罗涅日看到被炸毁的家。返回红军队伍后打到了柏林。战争结束后到了伏尔加格勒的乌留宾斯克。最后，也就是小说开始的时候，"我"和索科洛夫相遇于罗斯托夫州的莫霍夫斯基村，他带着瓦尼亚去该州的卡沙内（Кашары）③。索科洛夫不停地迁徙，像

---

　　①　M. A. Шолохов. Собрание сочинений в девяти томах. Т. 7. М.：Терра，2000，С. 212.

　　②　肖洛霍夫：《一个人的遭遇》，草婴译，北京：人民文学出版社，2020 年，第 467 页。

　　③　M. A. Шолохов. Собрание сочинений в девяти томах. Т. 7. М.：Терра，2000，С. 231. 中译本该地名译为卡沙里，有误，参见 Атлас России，Москва：Беллси，2000，С. 20—21.

鹰一样不停地翱翔。他的迁徙实际上构成了小说的漫游模式,这里又大有深意。俄罗斯文学中的大地漫游模式与俄罗斯历史上的分裂教徒大有关系。17世纪由于反抗官方的宗教改革,俄国出现了分裂教徒,他们被称为云游者(Странник),赤裸双足,云游八荒,要去寻找上帝的真理。此后就有了涅克拉索夫的《谁在俄罗斯能生活幸福》、普拉东诺夫的《切文古尔》等作品。这些作品的主人公都在寻找他们的关于生存、关于幸福的真理。那么索科洛夫在迁徙中找寻着什么?从农村到城市,除了被德国人驱赶,他的迁徙都是在艰难地找寻生存空间,他在期待"生活幸福",但每次迁徙又有不同的主题。离开农村到城市沃罗涅日,他不但先知般地躲过了浩劫,而且得以成家立业;从波洛茨克的德军俘虏营回到红军队伍,他在找寻着自由和尊严;从莫霍夫斯基村到卡沙内,他带着瓦尼亚去寻找新的生存空间,去继续发出那个悲剧式的提问:"生活你究竟为什么要那样折磨我?"① 这也是索科洛夫这个世纪同龄人替自己的民族发出的追问,正如涅克拉索夫和普拉东诺夫的追问一样。

为什么以前没有人来研究《一个人的遭遇》中的隐喻问题呢?其原因恰恰在于勃拉果依的那个"一锤定音":这篇小说是社会主义现实主义的杰作。勃氏乃权威级学者,科学院通讯院士,莫斯科大学教授。他把这部作品划定在社会主义现实主义范围内,实际上就阻断了其他学者对它展开广泛研究的思路,因为社会主义现实主义基本上将现实主义之外的所有艺术风格排除在外了,更何况与隐喻有直接关联的俄国象征主义恰好是在社会主义现实主义横空出世前消亡的。所以勃氏本人特地申明,《一个人的遭遇》开头的风景描写中没有任何"隐喻"。

《一个人的遭遇》在叙事(旋律)和隐喻(和声)之间形成了文本

---

① 肖洛霍夫:《一个人的遭遇》,草婴译,北京:人民文学出版社,2020年,第451页。

内外的艺术张力。没有生动的叙事（旋律），作品就容易流于空阔疏落，缺乏真实感和亲近感，而在《一个人的遭遇》中，作家通过索科洛夫的自白，对战争中人性的存毁流变作了动人的讲述，使作品独具一格，开创先河。没有隐喻（和声），作品就容易单薄平庸，缺乏厚重感、深刻性。《一个人的遭遇》通过作品内的主人公姓名的隐喻、激发读者产生联想的标题和情节的隐喻，把一个民族在一个时代的命运吸纳其中。于是小说不小，《一个人的遭遇》本身就成了 20 世纪俄罗斯民族的默示录。

参考资料

肖洛霍夫：《一个人的遭遇》，草婴译，北京：人民文学出版社，2020 年。

刘亚丁：《顿河激流——解读肖洛霍夫》，成都：四川教育出版社，2001 年。

刘亚丁等《肖洛霍夫学术史研究》，南京：译林出版社，2014 年。

刘亚丁：《译本序》，肖洛霍夫：《一个人的遭遇》，草婴译，北京：人民文学出版社，2020 年。

肖洛霍夫：《一个人的遭遇》，草婴译，北京：人民文学出版社，2020 年。

第七讲

北方的河： 18—19 世纪俄罗斯历史画中的民族、 国家与风景

主讲人：匡　宇

一、概述

　　早期的俄罗斯艺术受到拜占庭帝国的影响，具有与中世纪拜占庭艺术相类似的特点，美术活动的范围局限于教堂建筑和宗教绘画。绘画的主要类型包括湿壁画、镶嵌画、木版圣像画。15 世纪前后，莫斯科公国逐渐成为俄罗斯国家的中心，在这里一度出现过圣像画创作的繁荣期，安德烈·鲁布廖夫是当时圣像画艺术的杰出代表，也是俄罗斯美术史上最早成名的本民族画家。16 世纪的绘画成就主要体现在细密画方面，这些作品体现了定制作品的人对生活细节和世俗对象的追求。17 世纪以后，沙皇俄国加强了与欧洲国家的交往，自此，俄罗斯的文化艺术开始向欧洲类型转变，同时结束了艺术服务于宗教的单一局面。为了满足宫廷生活对艺术品的需求，沙皇政府在莫斯科皇宫内设立了所谓艺术创作中心，汇集了全俄各地的优秀艺人、工匠，从事艺术品的规模生产，并聘请一些外籍艺术家参与创作活动。创作中心的成立对俄罗斯民族美术的发展和成熟起到了促进作用。

18 世纪，俄罗斯历史进入一个重要的转折。沙皇彼得一世为了使落后的俄国快速发展，跟上欧洲整体发展的进程，努力推行向先进的西欧国家学习的社会改革计划。改革在整体上使俄国受益，不仅提高了俄国经济、政治、军事等方面的实力，也带动了文化、艺术事业的迅速发展。当然，对俄罗斯原有的文化、艺术传统而言，改革不免有模仿、照搬外来文化带来的缺憾，所以俄国 18 世纪美术的面貌呈现出明显的"西欧化"特点。

18—19 世纪的俄罗斯历史是一部帝国史。帝国的观念随着彼得大帝改革的推进不断渗透到国家内部结构和对外关系之中。一个多世纪里，俄罗斯迅速崛起为现代、文明、强大的欧洲霸主之一。在此过程中，欧洲各国始终以他者的眼光审视着俄罗斯，而在帝国内部，俄罗斯民族也逐渐意识到变革所带来的民族国家自我认同和民族身份的改变。这种认知反映在绘画艺术中，就带来了新的艺术观念、方法和形式。18 世纪是俄罗斯现代美术的形成时期。彼得一世改革之后，包括美术在内的俄罗斯文化开始现代转型。1757 年，皇家美术学院的建立标志着俄罗斯美术教育体制的正式建立。这一体制的作用一直延续到 20 世纪，对俄罗斯国家历史框架的书写起到了重要作用。

艺术对历史和民族认同的表达主要通过绘画和雕塑实践展开。就绘画领域而言，历史画的概念来自 15 世纪意大利艺术家阿尔贝蒂，他主张绘画的社会功能主要在于通过叙事教育观众，强调作为艺术手法的历史叙事。这一观点在文艺复兴时期的绘画创作中得到了充分体现，而历史画的崇高地位也在瓦萨里的艺术史论述中得到进一步的肯定。17—18 世纪，历史画在意大利和法国被评为学院体系中最重要的绘画类别，处于各种绘画体裁金字塔的顶端。这种艺术体制，随着各国美术学院制度的建立而传播到欧洲各国。在俄罗斯，历史画也随着学院制度的建立而成为最重要的绘画体裁。

19世纪是俄罗斯美术形成独立民族流派的阶段。19世纪上半叶，俄罗斯历史画创作取得了非凡的成就。这一时期的绘画虽然与美术学院关系密切，但是艺术受众已经超出了学院，不同社会阶层都在积极探索美术发展的民族道路。其中，最突出的标志是1870年巡回画派的成立。巡回画派一方面呼应着19世纪中叶从法国开始的写实主义潮流，另一方面也真正开启了俄罗斯美术独特的民族特性和美学品格。

巡回画派中涌现了一大批杰出艺术家，如克拉姆斯柯依、列宾、苏里科夫、希施金等。在这些大师的努力下，俄罗斯绘画与日常题材相结合，形成了俄罗斯民族绘画中的批判现实主义倾向；同时，部分画家则走向历史主义，用理想化的风格描绘俄罗斯民族的历史与传统，具有浪漫主义和古典主义倾向。

二、图像、历史与人民

1. 洛先科：《弗拉基米尔与罗格涅达》

虽然俄国古典主义艺术的形成比西欧晚了整整一个世纪，但是它仍起到丰富俄罗斯造型艺术的作用。古典主义风格的美术在学院派教育中得到倡导，它巩固了素描基础，深化了对构图学的规律及理论的分析，促进了主题性创作的形成。

洛先科（1737—1773）被认为是俄国第一位著名的古典主义代表，同时也是俄罗斯历史画的奠基人。1769年，洛先科回到圣彼得堡，在那里他被要求为历史绘画院士的头衔画一幅画，于是他创作了关于俄罗斯历史主题的作品《弗拉基米尔与罗格涅达》。这是俄罗斯绘画史上具有分水岭意义的一件作品，作品题材来自接受基督教之前的古罗斯早期历史，以诺夫哥罗德公爵弗拉基米尔强娶波洛茨克公爵女儿罗格涅达的故事为主题。俄罗斯国家和民族历史主题第一次在绘画这一艺术媒介中得到表现。①

　　弗拉基米尔在皈依基督教之前过着奢侈、荒淫无度的生活，后宫妻妾超千人，其中不少是抢夺来的有夫之妇或他人之女。他在与长兄基辅大公亚罗波尔克内战的过程中，向罗格涅达的父亲提出娶亲要求，但是罗格涅达因为弗拉基米尔的母亲出身低微而拒绝。弗拉基米尔随即攻陷波洛茨克，杀死了罗格涅达的父亲和兄弟，强娶罗格涅达。后来，弗拉基米尔在 988 年接受基督教，命令"罗斯受洗"，被教会封为圣徒。总体而言，在正统史书上，他被塑造成一个因信仰正确而改正罪恶重新做人的明君形象，在强娶罗格涅达过程中犯下的野蛮行径也被书写成了为凸显因信改悔所必需的恶行。

《弗拉基米尔与罗格涅达》，211.5cm×177.5cm，1770 年

---

① 参见于润生：《俄罗斯的形象：艺术体裁的修辞研究》，桂林：广西师范大学出版社，2021 年，第 12 页。

2. 布留洛夫：《庞贝的末日》

19 世纪上半叶，古典主义开始让位于浪漫主义，而浪漫主义又遇到现实主义日益强劲的冲击。在这种背景之下，19 世纪上半叶学院派的代表大师布留洛夫对古典主义和浪漫主义的风格进行了有机的融合。布留洛夫出生在彼得堡一个 18 世纪从法国移民到俄罗斯的新教家庭，父、兄皆为艺术家。他在 10 岁时就被送进彼得堡美术学院幼儿班学画。尔后升入美术学院，师从叶戈洛夫和伊万诺夫，很快掌握了学院派的素描技法。1822 年赴意大利学习，意大利古代艺术和文艺复兴时期大师们的光辉成就影响了他一生的创作活动。但他并不满足于对大师作品的模仿，一直在探索自己的新画风，并被认为是"第一个被欧洲艺术史所接受的俄国画家"。

布留洛夫 1827 年赴庞贝古城遗址考察，于 1833 年完成了名作《庞贝的末日》。该画作以公元 79 年维苏威火山喷发掩埋庞贝为题材。作品的创作可以大致划分为两阶段：1827—1830 年为素材收集、构思和草图绘制阶段，1830—1833 年为最终版本绘制阶段。为了构思，布留洛夫阅读了大量资料，他还多次前往古城写生，收集了大量素材：抱着女儿的母亲、跪在地上的女人以及年轻夫妻等形象是按照考古发掘出的遗骸形态刻画的。①

---

① 参见甘苏庆：《西方油画 600 年Ⅷ19 世纪俄罗斯油画艺术》，沈阳：辽宁美术出版社，2016 年，第 15～17 页。

《庞贝的末日》，布面油画，456.5cm×651cm，1833 年

　　《庞贝的末日》共画有 20 多个可以辨认面容的人物，最初的构图与完成的作品有很大的变化。与最初的构图相比，他加上了狭窄的街道和奔跑的拥挤人群，进而使整个事件在广场上进行，同时扩大了空间的深度，减少奔跑的动作，加强画面上各组人物的刻画。在色彩上布留洛夫力求以强烈的效果，用鲜红、暗红、黑和灰白来表达雷鸣电闪和山崩地裂的景象，处理手法很夸张，如人嚎马嘶、震雷轰鸣、大理石雕像从屋顶上往下坠落。整个画面的气氛十分紧张。

　　作品一完成便获得巨大成功，成为当时社会的热点话题，随后被送往米兰、巴黎展出。《庞贝的末日》代表了俄罗斯 19 世纪上半叶造型艺术的高峰。这是一件以古典主义的学院派方式进行构图，却弥散着浪漫主义气息的作品。这件作品扩大了历史画的表现领域，不仅将描绘的对象扩展到人民大众，同时表达了人类精神状态和新的情感领域。画家用自己和友人的形象作为素材画入作品。虽然画面描绘了想象中古代火山毁灭城市的悲剧，但却来现了真实的人物形象。画家也将自己的形象描绘进历史题材的作品，这是西方绘画的一个传统。借此，画家的形象充当了跨越绘画世界和真实世界的媒介：画家没有表现伟大的历史人物及英雄壮举，而是刻画了面对灾难时渺小而无助的个体，画中人如同现实生活里的普通民众一样。这件作品的关键在于，其中并不存在一个关于历史事件的宏大叙事，也不以历史事件中的重要人物为主角。① 在这件历史题材绘画中，普通人成为主角——他们被一个重要的历史事件所裹挟，天灾毫无缘由地毁灭了城市和生命。

3. 伊万诺夫：《基督显圣》

亚历山大·伊万诺夫是与果戈理、普希金、布留洛夫同时代的杰出艺术家，他力图在自己的创作中，用进步的人道主义观点表现重大题材。伊万诺夫的幼年和青年时代是在俄国炽烈的政治气氛中度过的。他幼时经历过 1812 年的卫国战争，19 岁时目睹了十二月党人起义的失败。他的父亲——历史画家安德列·伊万诺夫，与当时的进步知识分子联系较多。亚历山大·伊万诺夫就是在这种环境中逐渐成长起来的。② 从 1831 到 1853 年，他在意大利罗马学习、生活、创作。在异国他乡，对古典艺术的迷恋并没有使伊万诺夫忘却自己的民族、国家和人民，他试图通过绘画艺术寻找解答社会根本问题的方法。他把自己的理想寄托于传统信仰中所蕴含的"人类获得解放的时刻"，于是构思了《基督显圣》。这幅作品从 1832 年开始构思，消耗了他此后全部的创作精力。

---

① 参见于润生：《俄罗斯的形象：艺术体裁的修辞研究》，桂林：广西师范大学出版社，2021 年，第 42 页。
② 参见奚静之：《俄罗斯苏联美术史》，天津：天津人民美术出版社，2000 年，第 159 页。

《基督显圣》，540cm×750cm，1837—1857 年

画面以施洗者约翰为中心。画面中央部分和右面是为约翰的预言所震惊的人群。画面上的视觉中心有三个：第一个中心是施洗者约翰，第二个中心是向人们走近的救世主耶稣，第三个中心是蹲在地上准备为主人穿衣服的奴隶。整个画面构成一个完整的艺术综合体：最左面是正在爬出水面的孩子和持棍的老者，最右面有准备穿衣、突然为约翰的预言所震惊而尚未穿上衣服的父亲与儿子，他们在构图上与左面的老者和孩子相呼应，共同稳定了整个画面。在他们身旁，是一个随着约翰的指向转身而还没有来得及穿上衣服的好奇青年。他的动态和全裸的身体，使画面人物显得有变化。在父子背后是一群各式各样的人物，右端最远处以两个骑士的形象结束画幅。

为了符合圣经中这段故事发生在约旦河平原上的这一背景，伊万诺夫在构图中刻画了带有东方色彩的远山和葡萄园，并在画面左方画了一棵枝叶茂盛的老树。这棵老树在构图和色彩上都起了极大的作用，它的厚重和沉着使得整个画面显得稳定。

伊万诺夫认为"救世主来到"是具有全人类意义的，因此画面上的形象就应该具有人类的共性。所以他笔下的人物并不具备某一特定民族的特征，而是从古代与现代、不同民族、不同年龄阶段的人身上提取了人类的共同特征，并概括成画面上的形象。①

伊万诺夫希望在邪恶的世界中以仁慈的基督的出现来象征人类解放，这一思想本身就带有空想的色彩。伊万诺夫由于长久滞留意大利，完全脱离了俄国的现实生活，他在那里研究圣经，企图在圣经中找到解决哲学和人类社会学问题的钥匙。直到意大利民族解放运动开始和1848 年革命风暴席卷欧洲时，伊万诺夫和一些进步的俄国知识分子，如赫尔岑、车尔尼雪夫斯基、奥加廖夫等结识，才对他新的世界观的形成起了作用。他意识到，艺术应该给人民带来新的启蒙的思想。于是，他对自己倾注毕生精力的《基督显圣》开始产生怀疑，从此就再没有在画面上下过功夫了。

三、巡回画派：俄罗斯 19 世纪绘画的高峰

19 世纪 60 年代以前的俄国，贵族地主的农奴经济占主导地位，工业非常落后，强迫性的农奴劳动阻碍了生产力的发展。在 1853—1856 年对英、法和土耳其联军的克里米亚战争中，俄国遭到惨重的失败，被迫签订了巴黎和约。克里米亚战争暴露了农奴制俄罗斯的腐败和衰弱。俄罗斯好像从昏睡中醒了过来。人人都开始思索，人人都充满着批判精神，农民暴动此起彼伏，资产阶级自由主义运动也开始活跃起来。俄国国内形势的变化，迫使上台不久的沙皇亚历山大二世走政治改良的道路。于是在 1861 年 2 月 19 日（俄历），沙皇政府签署了废除农奴制的

---

① 参见奚静之：《俄罗斯苏联美术史》，天津：天津人民美术出版社，2000 年，第 161 页。

法令。

农奴制改革前后的俄国，文化领域开始觉醒，涌现了一大批先进人物。在自然科学方面，出现了谢切诺夫（生理学）、皮罗果夫（外科医学）和门捷列夫（化学）等卓越的科学家；在哲学、政论、美学方面，革命民主主义者（农民革命的拥护者）别林斯基、车尔尼雪夫斯基、杜勃罗留波夫等积极倡导唯物主义的美学理论。1855 年，车尔尼雪夫斯基在其著名的学位论文《艺术与现实的美学关系》中提出了批判现实主义、人民性、民族性等文艺创作原则，在理论上为当时俄国蓬勃兴起的文艺运动提供了有力的指导。①

1863 年，圣彼得堡发生了 14 位美术学院青年学生反对学院的抗议事件。克拉姆斯柯依是他们的核心人物，后来成为早期巡回画派的领袖。他们拒绝参加美术学院的命题竞赛以对抗学院的保守势力，并且宣布脱离美术学院，与学院外的更多画家联合，建立了"美术家协会"。19 世纪 60 年代末，分化后的协会成员与莫斯科部分画家共同组成了"巡回展览艺术协会"，1870 年获政府批准，协会正式诞生。巡回展览艺术协会的画家坚持以写实主义为目标，力图创作为普通人服务的民族主义艺术。他们以通俗易懂的风格表现俄罗斯民众的生活，从 1871 年至 1923 年约半个世纪里一共举办了 48 次巡回展览。

巡回画派是 19 世纪末 20 世纪初俄罗斯最重要的进步艺术团体和批判现实主义美术的典型代表，其正式名称为"巡回展览艺术协会"，以在俄国各大城市巡回展出而得名。画家站在民主主义的立场上，反映人民生活、历史事件和俄罗斯美丽的大自然，坚持批判现实主义的艺术原则，在反映社会现实和扫除农奴制残余的社会变革运动中发挥了进步作用，同时也使俄国美术发展到了一个新的时代。该画派重视作品的民族

---

① 参见奚静之:《俄罗斯苏联美术史》，天津：天津人民美术出版社，2000 年，第 167 页。

性、思想性、教育性和艺术性的结合，在风俗画、历史画、肖像画、风景画等领域均有突出成就。

巡回画派代表画家有克拉姆斯柯依、列宾、苏里科夫、希施金等。在美学主张上，他们遵循别林斯基、车尔尼雪夫斯基等人的美学主张；在创作手法上，以批判现实主义的创作手法，站在人民民主主义的立场上，反映人民生活、历史事件和俄罗斯美丽的大自然风景。在这一点上，俄国的巡回画派与法国批判现实主义的主张有共同点，都在关注底层劳动人民的生活。巡回画派涉及的绘画题材也很多，主要有风俗、历史、风景、军事。

1. 克拉姆斯柯依

巡回画派的组织者和思想领导者是克拉姆斯柯依，他的绘画注重对人物内心世界的描写，其肖像画真实而深刻地反映了社会变革。他不仅是画家，还是杰出的艺术理论家和社会活动家。他在创作中非常注重艺术的民族风格、独创性和深刻的思想内容，他对俄国画坛和青年画家影响很大。代表作品有《荒野中的基督》《托尔斯泰像》《无名女郎》等。

在《荒野中的基督》中，画家借用基督的形象，影射当时的知识分子在真理与名利诱惑之下难以抉择的境况。画面中基督身处荒野的孤立之中，他在四十天断食期间，受到恶魔的诱惑，思想十分消沉，百思难解的困惑压得他喘不过气来。画家通过陷入苦苦思索的基督的姿态，表现了一个思想家愿献身于社会的精神和毅力，同时也流露出他对罪恶社会的万般无奈，这正是当时进步知识分子的心理状态。

画面近景乱石铺陈，远景空旷无垠。黎明时分，地平线上升起一抹朝霞。这清冷的色调，烘托出基督内心的痛苦与孤独，同时也隐含着俄国社会的黑暗与没落。画家正是用宗教人物来体现俄国进步知识分子的悲剧性。

《荒野中的基督》，180cm×210cm，1872 年

《无名女郎》是画家晚年最得意的作品。这是一幅颇具美学价值的性格肖像画，画家以精湛的技艺表现出对象的精神气质。画中的无名女郎侧身端坐，俯视着这个冷酷无情的世界，显得高傲而又自信。这种姿势语言表明画中人物与这个世道格格不入，冷眼审视，这隐含着当时一部分民主主义知识分子对社会的态度。我们面前这位女子没有华丽服饰和贵妇的打扮，而是入时得体，是上流社会有文化、有修养、品位极高的知识女性打扮。色调浓重且有变化，冷漠、深沉、俊秀的面孔鲜明突出，格外庄重、典雅而高贵。画家秉持现实主义思想，以古典造型手法塑造了一位 19 世纪俄国新时代女性的完美形象。

克拉姆斯柯依创作的这幅肖像与托尔斯泰笔下的安娜·卡列尼娜处在同一时期，因此有人说他画的这位无名女郎就是安娜·卡列尼娜。也有人说她是位演员。画家在肖像画中展示的是一位刚毅、果断、满怀思绪、散发着青春活力的俄国女性典型，形象塑造具有极大的感染力，是世界美术史上肖像画杰作，被誉为"俄罗斯的蒙娜丽莎"。

《无名女郎》，75.5cm×99cm，1883 年

2. 列宾

列宾是 19 世纪后期伟大的俄罗斯批判现实主义画家。早年随圣像画师学画圣像，1864 年进入皇家美术学院，1871 年参加毕业生命题创作竞赛，获金质大奖。

19 世纪 70 年代以后，列宾坚持在乡村和民间写生，并且和革命民主主义知识分子保持密切的往来。1878 年，他参加巡回展览美术协会。《伏尔加河上的纤夫》是其现实主义绘画的杰出代表作之一，也是其成名之作。他的《宣传者的被捕》《拒绝忏悔》《意外归来》都是以革命者的斗争生活为题材的优秀作品。而对俄罗斯历史事件的关注更引起他创作历史画的强烈欲望，《1581 年 11 月 16 日伊凡雷帝和被他杀死的儿子》《索菲娅公主》以及《扎波罗什人给土耳其苏丹复信》等是其历史画中的典型代表。19 世纪 80 年代以后，列宾被公认为批判现实主义的泰斗，成为巡回画派的旗帜。1930 年 9 月 29 日，列宾病逝。

列宾在充分观察和深刻理解生活的基础上，以其丰富、鲜明的艺术语言创作了大量的历史画、肖像画，他的画作之多，展示当时俄罗斯社会生活之广阔和全面，是任何一个俄国画家都无法比拟的。

巡回画派艺术家以往的作品都是把人民当作同情、可怜的对象，而列宾在反映现实的同时，通过人物的神态和姿态来充分体现人民身上所蕴藏的巨大能量，给人以激励、震撼。《伏尔加河上的纤夫》描绘了被烈日炙烤得焦黄的河岸上，一队蓬头垢面、衣衫褴褛的纤夫拖着沉重的脚步拉着货船，在酷日下精疲力竭地向前挣扎。列宾在油画中塑造的11个纤夫，他们的年龄、身材、性格、体力、表情各不相同。他们中有老有少，个个都衣着破烂、面容憔悴。纤夫们有着不同的经历和个性，他们生活在社会的最底层，但这是一支在苦难中坚韧不拔、互相依存的队伍。背景色昏暗迷蒙，空间空旷奇特，给人以惆怅、孤苦、无助之感，切实深入纤夫的心灵，亦是画家心境的真实写照，这对画旨的体现、情感的烘托起了极大的作用。画中人物形象真实而深刻，是一个民族苦难灵魂的集中展现。列宾在这件作品中刻画了11位纤夫的鲜明形象，这是当时社会底层劳动人民生活和命运的真实写照，更是画家对沙皇吃人制度的无声控诉。

《伏尔加河上的纤夫》，131.5cm×281cm，1873年

列宾在莫斯科生活六年之后又回到彼得堡，和斯塔索夫恢复了密切

的交往，并在这个时期创作了载入俄罗斯画史的作品——《库尔斯克的宗教行列》。画家通过浩荡的群众性宗教行列，描绘了当时俄罗斯社会各个阶层和各种身份的人物群像，行列的中心人物是戴着头巾、手捧圣像的女地主。旁边是脑满肠肥的御用商人，他们也怀着同样的权威意识。走在中间留着长胡子的傲慢的祭司长身着锦缎祭服，他是一切统治者的神圣代表。画中不同人物衣着打扮不同，行为姿态各异，堪称俄罗斯社会的缩影。画家的画笔触及所有人，村长、警官、农民和乞丐挤满了画面，他们有着各式各样的心事。数百人的宗教行列以地主和祭司为排头，农民和乞丐只能靠边行走。画面近景中，是一位跛子乞丐和一位农妇，那个拿小棍子的差官不准跛子走近行列。这一切都表明了画家的态度。一位画家只想要呈现光与色彩，托尔斯泰看后指出，画中没有重视人物本身，没有画出作品的基本思想。列宾接受了托尔斯泰的批评，对画作作了修改。修改后的画作描绘了烈日下行进的群众，在这里光照加深了对人物的形象刻画，深刻地揭示了人物和时代的本质。这幅画以鲜明的色彩、开放运动的构图，带给观众巨大的视觉冲击。

《库尔斯克的宗教行列》，175cm×280cm，1883年

　　1876 年列宾在巴黎留学期间完成了《萨德阔在水下王国》这幅以俄国民间叙事诗歌——壮士歌《萨德阔》为题材的画作。在大幅油画中描绘叙事诗题材是一种尝试。画中表现了虚幻中的现实，充满浪漫主义情趣和爱国主义精神。俄罗斯神话传说中的英雄萨德阔来到了水下王国，璀璨的海底世界充满了诱惑，如云的美女从他身边鱼贯而过。而他的女友正在高高的台上望着他，萨德阔不顾诱惑直奔女友而去。画家列宾以浪漫的想象和手法，描绘了这个故事。列宾有机地运用了神话传说，巧妙地以人物形象来象征各个国家和民族。水底世界的华服美人，象征着不同的民族国家。正被萨德阔深情凝望着的、水面之上的那一位衣着朴素的少女，正是列宾的祖国俄罗斯的象征。

《萨德阔在水下王国》，323cm×230cm，1876 年

3. 苏里科夫

苏里科夫出生于西伯利亚的克拉斯诺亚尔斯克，1876 年毕业于圣彼得堡皇家美术学院，并获得一级艺术家称号，成名作大部分取材于历史事件，表现人民在历史进程中的作用。

苏里科夫是一位现实主义画家，描绘的都是当时俄罗斯的生活，他同情下层人民的处境，但他反对彼得大帝的改革。他的绘画作风非常严谨，为了寻找心目中的模特，他不惜满街漫游，找到后一直纠缠人家，直到答应为他做模特为止。

他的代表作《近卫军临刑的早晨》和《缅希科夫在别廖佐夫镇》以宏大的场面生动地刻画了众多的人物形象，借历史事件影射沙皇对人民群众的镇压，获得艺术界的高度评价。

《近卫军临刑的早晨》，213cm×375cm，1881 年

苏里科夫的主要作品《近卫军临刑的早晨》和《女贵族莫洛卓娃》都流露出对反对改革的人的同情：发动叛乱、反对改革的近卫军士兵被彼得大帝处死，坚持不改变用两只手指画十字祷告的女贵族被彼得大帝流放西伯利亚，两幅画的画面都呈现阴郁的色调。巡回画派因此吸收他

为正式会员。其后的作品如《攻陷雪城》《叶尔马征服西伯利亚》《苏沃洛夫越过阿尔卑斯山》等，都表现了人民和统治者之间的矛盾和历史人物的悲剧命运。为了创作描绘 1667 年农民起义领袖的《斯捷潘·拉辛》，他多次深入顿河、伏尔加河哥萨克聚居区体验生活，体现了他对创作的严肃态度。晚年因观点分歧，他离开了巡回画派。他的重要作品还有《公主访问女修道院》《克拉斯诺亚尔斯克暴动》等。他创作的大型历史画《近卫军临刑的早晨》《缅希科夫在别廖佐夫镇》《女贵族莫洛卓娃》被称为历史画的"三部曲"，是展现俄罗斯社会变革的宏阔史诗画卷。

4. 希施金

希施金是 19 世纪俄国巡回画派最具代表性的风景画家，也是 19 世纪后期现实主义风景画的奠基人之一。希施金自幼就生活在森林之中，对森林怀有深厚的情感，也使他获得了许多有关森林的知识，从学画起就立志画大森林。他 20 岁时考入绘画雕刻建筑专科学校，毕业后升入彼得堡美术学院。前后九年的艺术学习，为他打下了扎实的绘画基础。28 岁时以优异成绩获得金奖，走出校门，赴德国和法国深造。33 岁又获彼得堡美术学院院士称号，1873 年被聘为教授。

希施金的风景画多以巨大的、充满生命力的树林为描绘对象，那些摇曳多姿的林木昂然挺立，充满生机。繁木菁林，疏密有致，大森林的美与神秘被渲染得淋漓尽致，可谓美不胜收。他的大多数名作描画的都是松树和橡树，这与其性格有关，他喜爱雄壮、豪放、粗犷的俄罗斯森林。

《松林的早晨》，28.3cm×40.1cm，1889 年

希施金所描绘的林木，无论是独株，还是树林，都带有史诗般的性质。林木的形象雄伟豪放，独具个性，显示出俄罗斯民族的性格。

《大松林》，165cm×252cm，1898 年

希施金一生为万树传神写照，描绘俄罗斯北方大自然的宏伟壮丽，探索森林的奥秘，被人们誉为"森林的歌手"。森林的两种属性在希施金的作品中得到了体现，任何接触森林的人都将徘徊在森林的两种属性之间——它既是人类的生活场所，也是人类的古老神殿。克拉姆斯柯依称他为俄国风景画发展的里程碑，并说他一个人就是一个画派。

参考资料

奚静之：《俄罗斯苏联美术史》，天津：天津人民美术出版社，2000 年。

于润生：《俄罗斯的形象：艺术体裁的修辞研究》，桂林：广西师范大学出版社，2021 年。

甘苏庆：《西方油画 600 年 Ⅷ 19 世纪俄罗斯油画艺术》，沈阳：辽宁美术出版社，2016 年。

第八讲

星辰大海： 20 世纪俄罗斯先锋艺术与设计

主讲人：匡　宇

一、抽象与形式：康定斯基、马列维奇与俄罗斯现代 主义艺术

　　从文化史角度来说，现代主义艺术家为了反抗 19 世纪末期的陈规旧矩，转而用一种他们认为感情上更真实的方式来表现真正的感受与想法。现代主义艺术家相信那些"传统"形式的艺术、文学、社会组织和日常生活形态都已经过时，因此有必要扫除这些过时的东西并且重新创造文化。

　　较为明显的现代主义绘画风格首先是在法国野兽派画家的作品中出现的。以马蒂斯为代表的一群年轻画家在巴黎秋季沙龙中展出了一批风格狂野、艺术语言夸张变形而颇有表现力的作品，被人们称作"野兽群"，"野兽派"由此得名。

　　另一群年轻画家以毕加索、布拉克为代表，在法国推出立体主义绘画。立体主义的原则最初出现在毕加索的油画《亚威农少女》中。这幅画被认为是传统艺术与现代艺术的分水岭。立体主义追求用块面的结构关系来分析物体，表现块面的重叠、交错的美感。野兽主义和立体主义

都从非洲雕塑中吸收了养料，它们的艺术语言与传统法则相去甚远，标志着现代主义已进入自我确立的阶段。

与此同时，在德国，表现主义社团崛起。其美学目标和艺术追求与法国野兽派相似，只是带有浓厚的北欧色彩与德意志民族传统。在意大利兴起的未来主义则在现代工业科技的刺激下，用分解物体的方法来表现运动的场面和感觉。①

现代主义美术思潮在20世纪初的俄国也相当活跃。除了受立体主义和未来主义影响产生的一些社团，俄国的构成主义在现代艺术如何表现工业美方面有独特的贡献。抽象主义的美术作品在俄国最早于1910年前后产生。首先从事抽象主义艺术创造的是参与德国青骑士社活动的俄国画家瓦西里·康定斯基。他用点、线、面的组合、构成，参照音乐的表现语言，用绘画来传达观念和情绪。他的著作《艺术中的精神》《点线面》等奠定了抽象主义的理论基础。作为实践家，康定斯基主要从事抒情抽象绘画的创造，同时也在几何抽象方面有所探索。俄国画家马列维奇创建的至上主义属于几何抽象的范畴。至上主义在探讨艺术的虚、空、无方面进行了有意义的尝试。

（一）康定斯基

1. 生平

康定斯基（Wassily Kandinsky）与蒙德里安、马列维奇被认为是现代抽象艺术的先驱。康定斯基同时也是现代抽象艺术在理论和实践上的奠基人。他的《艺术中的精神》《关于形式问题》《点线面》《论具体艺术》等都是抽象艺术的经典著作，是现代抽象艺术的启示录。康定斯基的绘画售价曾接近1500万美元。古根海姆美术馆是康定斯基作品的

---

① 参见理查德·布雷特尔：《现代艺术：1851－1929》，诸葛沂译，上海：上海人民出版社，2014年，第17～59页。

最大藏家之一。

康定斯基

康定斯基 1866 年生于莫斯科一个知识分子家庭，在良好的家庭环境中接受了良好的教育。1893 年大学毕业，获博士学位，并在大学任教。30 岁的时候，为了学画，他放弃法律教授的职位，来到慕尼黑。1900 年从慕尼黑美术学院毕业，成为职业画家。1903 年，他开始了欧洲及北非之行，历时四载，实地考察了各国现代艺术运动的发展状况，加深了对欧洲文化的全面了解。

1908 年，康定斯基定居慕尼黑，开始了他的职业艺术生涯。1909 年，康定斯基加入德国表现派社团"慕尼黑新艺术家协会"，并担任首届主席，其后他完成了自己的第一部关于抽象艺术的重要理论著作《艺术中的精神》，并创作了第一幅抽象作品《即兴创作》。其间，康定斯基关于非客观物体的绘画或者没有实际主题的绘画正在萌芽。1911 年，康定斯基与马尔克共同退出"慕尼黑新艺术家协会"，参与组建了"青骑士社"。1912年出版的年鉴《青骑士》成为这一社团观点的论坛。年鉴详细讨论了毕加索和马蒂斯在巴黎的探索，记载了这个新的德国艺术团体的目标和冲突。

在《艺术中的精神》一书中，康定斯基把他当年在俄国求学时头脑里盘旋的一些思想加以条理化。他在莫奈的绘画中第一次觉察到物体的非物质化问题，这一问题不断地吸引着他。通过在慕尼黑的展览和连续的旅行，他了解到了新印象主义、象征主义、野兽派以及立体主义者的革命性新发现。物理科学的进展，粉碎了他对可触知的物质世界所持的信念。同时，他也增强了信心，认为艺术必须关心精神方面的问题而不是物质方面的问题。[①]

虽然康定斯基对科学及法律有强烈的兴趣，但他还是被通神学、降神术和玄奥所吸引。在他的思想王国里，总有那么一个神秘的内核，他有时把它归结为俄罗斯的什么东西。这种神秘主义，这种内在创作力量的感觉，是一种精神产品，而不是外部景象或手工技巧的产品。它能使人得出一种完全没有主题的艺术，除非仅用色彩、线条以及它们之间的关系来形成这一主题。他认为："艺术形式的和谐运用，必须要以人类心灵的共鸣为目的，这还是内驱法则""……精神的内驱原则在构成中的重要性，内驱原则是本质的、普遍的法则，是唯一纯艺术性的标准和法则。"[②] 因此，"为了艺术的和谐，我们必须去赢得色彩的斗争，找寻失去的平衡，挽救危殆的法度，直面攻击和质问，承担失败和风雨，调节对立和矛盾。这种和谐，是形式与色彩的融合，形与色各得其所，又互为依存，成就艺术的构成，成就共同的生命，这乃是内在驱动力造就

---

① 参见瓦西里·康定斯基：《艺术中的精神》，余敏玲译，重庆：重庆大学出版社，2019年，第50页。

② 同上，第76、85页。

的艺术图画"①。

《作曲 8》，1926 年

由于战争的爆发，康定斯基被迫离开德国，于 1914 年回到俄国，1918 年成为莫斯科美术学院教授，1919 年协助组建俄罗斯博物馆。1920 年，他被任命为莫斯科大学教授，一个由政府发起的他的个人作品展览在莫斯科举行。在这一时期，康定斯基曾试图通过造型艺术家、文学家和音乐家的共同参与协作，来对现代造型艺术语言进行系统的研究，以期建立一套能适合各种艺术创作的共同而完整的理论原则。但他的理论探索受到了来自构成主义阵营的"生产艺术者"的抵触。

1921 年初，构成主义者中持"生产艺术"观点的艺术家们终于占了上风，他们结成了新的创作社团——"生产者联盟"，并于 1921 年11 月 24 日签署宣言，正式拒绝"抽象创作"。在这种情况下，康定斯

---

① 瓦西里·康定斯基：《艺术中的精神》，余敏玲译，重庆：重庆大学出版社，2019 年，第 102 页。

基只好重返西欧，在远离俄罗斯的异国他乡继续他的抽象艺术研究和创作。1921年底，康定斯基又回到了德国，不久被任命为魏玛新成立的包豪斯学院的教授，后来成为副校长。

康定斯基是包豪斯学院最有影响的成员，这不仅因为他是一位伟大的艺术家、现代抽象艺术的先驱，带来了俄国抽象艺术革命的第一手知识，还因为他能够有系统、清楚而准确地表达其视觉概念和理论。1926年，他把他的构图课程讲义作为《点线面》一书出版。康定斯基的这本书想给艺术作品的要素和它们之间的关系下一个比较绝对的定义。这种关系是指一个要素对另一个要素以及对整体的关系。在包豪斯学院行将解散的那些年里，康定斯基的绘画又重新出现了抒情的五彩缤纷的一面，取代了建筑式的处理手法，画中充满了主题含意和形式之间的冲突，但从未离开过抽象手段。1933年末，康定斯基定居巴黎，一直到1944年逝世。

2. 审视点线面：理解康定斯基艺术的抽象精神

从具象到抽象的转变是如何发生的呢？据说，某天康定斯基回到住处，在昏暗灯光下发现，有一幅画作只能看清大致的线条和色彩，却又有一种魔力般的美感——这是以往的作品所不具备的。于是他开始潜心钻研色彩和线条的关系，并宣告新艺术的衡量标准："比起再现艺术，抽象艺术更依赖于精确的形式。对于前者而言，形式问题往往无关紧要，而对于后者，形式具有本质意义。"[①]

康定斯基在《点线面》的自序中表明，写作的初衷是"探索一门艺术科学"和研究构造艺术的"语法"[②]：看似随机而混乱的抽象画，其实每一条线、每一种用色，在画面的整体排布上都存在感性与理性的联

---

① 瓦西里·康定斯基：《点线面》，余敏玲译，重庆：重庆大学出版社，2017年，第93页。

② 同上，作者自序。

合。面对一幅作品，理解构成元素的平衡感和视觉张力，也能产生审美上的乐趣。具体而言，单纯的点具备自身内部的张力，但没有方向，当静态的点成为运动的线，就同时具备了张力和方向；横线蕴含冷能，竖线蕴含暖能，分别与黑色、白色拥有一种内在的对应关系，而对角线的性质则与红色有共同之处；再到平面形状上，三角形对应黄色，正方形对应红色，圆形对应蓝色。这些元素的组合相应地带有柔和的抒情效果或是对抗的戏剧效果。所谓的构成，也就是对艺术元素和元素结构之间的协调，因为艺术科学必须借助精确的分析工作。

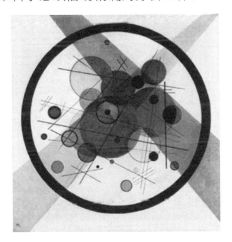

《圆中圆》，1923 年

此外，康定斯基坚信，绘画与音乐一样拥有"时间"元素。他甚至参照交响乐中的概念，引入相关术语，把自己的部分作品归入三个系列："印象"（Impression）、"即兴"（Improvisation）以及"作曲"（Composition）。如果说"印象"还带有对于客观世界的描摹，"作曲"则是完全利用抽象的符号构建理想的世界。在他的表述中："我用同一种创作方式（但通常做得特别慢）去形成不同的情感表达，在最初的草稿之后，我会花很长时间将它们一遍又一遍重新画出来。我称这类图像为《作曲》。在这里，理性、意识、意向、效用起着主导作用。"可以说，作曲系列是康定斯基抽象作品的集大成者，犹如一场恢宏的交响乐。比如，在康定斯基创作于 1936 年的《作曲 9》中，画面在采取斜对角构图的基础上，暖色和冷色交替出现，整体上明亮精细，画面中心的黑色线条仿佛围成心形，四周环绕着不同的生命形态。相较于包豪斯时期的严谨和冷静，此时的绘画更有一种奔放和热情。

《作曲 9》，1936 年

（二）马列维奇与至上主义

1. 早期艺术实践

20 世纪俄罗斯最激进的抽象艺术运动是卡西米尔·马列维奇（Kazimir Malevich）开创的至上主义（Suprematism）。马列维奇 1878年 2 月 11 日出生于基辅，1895 年进入基辅艺术学院学习绘画艺术，后赴莫斯科继续学业，毕业后从事绘画艺术活动，是 20 世纪俄罗斯先锋艺术家。其生活年代正值西方工业革命的时代，历经俄国十月革命和西方世界艺术改观的大潮，社会结构、哲学理念、艺术创作都在经历一场划时代的变革，马列维奇的绘画历程体现并证实了这场变革。马列维奇是几何抽象主义的先锋，探索创建了至上主义绘画艺术及其理论，为西方现代艺术的发展提供了重要依据，对现代艺术、艺术设计及其教育产生了重要而深刻的影响。

后期印象派、野兽主义、表现主义、立体主义、未来主义等交错迭起的流派，对马列维奇产生了巨大的吸引力，与他创建至上主义有着密切关联。马列维奇早期绘画作品先是追随后期印象派风格，迷恋斑斓的光影效果，到户外进行风景写生，用明亮的色彩、奔放的笔触描绘俄罗斯风景。

马列维奇还对立体主义鼻祖塞尚进行研究，尝试分析立体主义的画法，用冷静、分析的笔触描绘物象。代表作是1908—1911年间创作的《自画像》，画面上没有了斑斓的光影、激烈的触动，代之以坚实的线条、结实的块面、肯定的笔触和冷静明亮的色彩，画中的他显得刚毅、坚定，有神的目光中透露出探索路途上的自信。

《自画像》，1911 年

在那个动荡不安的年代，人民对于推翻传统旧制度的急切心理也进一步加快了俄罗斯先锋艺术流派的孵化。先锋艺术家们否定传统艺术，强调精神世界和内心的体验，这正符合当时反传统的政治革命精神，得到了政府的积极认可。马列维奇和康定斯基共同投入先锋艺术的研究工作，关注现代的机械文明，捕捉、体验现代艺术形式，探索自己将要发动的新的造型艺术运动。并且，对于马列维奇而言，"从最开始他就不关注自然或想要分析自己的视觉感受，而是关注人与宇宙的关系"①。

马列维奇在他的"立体民族风情"画风之后，开始探索"分割画面、形象拼贴"构成形式的画法，代表作品是创作于 1913—1914 年的《一个英国人在莫斯科》。这幅画由英国绅士、俄罗斯教堂、马刀、蜡烛、剪刀、文字、锯子、鱼和梯子等物象构成。这些在生活逻辑上看似风马牛不相及的事物，完全按画家的自由意志拼贴、穿插在画面中。他打破具象的时空界限，将各种生活场景与生活元素平面化、几何化、符号化后罗列叠加在一起。同时他开始研究符号与现实之间的差异，尝试消除作为具象艺术根基的形式与内容之间的对立，用"纯粹"的符号来诠释绘画艺术的本质。艺术创作围绕几何形态的探索展开，逐步摒弃了一切多余的形态和色彩，抽掉物象中可以抽掉的一切，化为黑白几何元素，最终以朴实而抽象的几何形体创立了这个几乎只有他一个人独舞的至上主义艺术舞台。

《一个英国人在莫斯科》，1914 年

---

① 卡米拉·格雷：《俄国实验艺术（1863—1922）》，徐辛未译，杭州：浙江人民美术出版社，2019 年，第 147 页。

2. 至上主义（Suprematism）

1915 年马列维奇出版了艺术宣言式的小册子《从立体主义和未来主义到至上主义》。在这本书中，马列维奇强调至上主义是艺术中的绝对最高真理，它将取代此前一切曾经存在过的流派。他认为纯粹的感受是至高无上的，客观世界的视觉现象是无意义的。至上主义在否定了绘画中的主题、物象、内容、空间之后，简化成为最终极的几何形态表现，人们的意识在接近于零的内容之中，在绘画的黑色、白色静默之中被表现出来。"无"成为至上主义最高的绘画原则。①

至上主义的代表作品是 1915 年 12 月在圣彼得堡举办的未来主义"零点壹零"画展上的 36 幅非具象作品中的《白色背景上的黑色方块》。马列维奇并不将其看作自己的未来主义展览，因为自己的作品更为超前，他称那次展览为"最后的未来主义展览零点壹零"。他要将绘画"归零"，自然也要将画作中的物象"归零"，最后归于绘画自身。如果说立体主义和未来主义还保留着现实世界与绘画的关联，一个用不同视角的视觉审视眼前的世界，一个将眼光放在未来城市的运动与速度上，马列维奇的思想则比激进的未来主义还要超前，超前到"至上主义"只有马列维奇一个人，他几乎没有追随者。

在这次展览上，被摆放于"神龛之位"的，正是马列维奇的黑色方块。对于当今的普通非俄罗斯观众来说，这个位置可能毫无意义，但这是传统的俄罗斯东正教家庭中放置圣像的神圣场所——这意味着将自足的神圣性赋予艺术："艺术不愿再局限于为国家和宗教服务，不愿再表现民俗史，相信即便没有具象的东西也一样可以存续。"②

在这幅 79.4cm×79.4cm 的正方形画面上，白底上画了一个黑色正

---

① 参见卡西米尔·马列维奇：《无物象的世界》，张耀译，重庆：重庆大学出版社，2019 年，第 75～77 页。

② 同上，第 83 页。

方形，单纯、极简的画面向世界宣告至上主义的诞生。

马列维奇在一张白纸上用直尺画上一个正方形，再用铅笔将它涂黑，让纯黑色的方块与白色的边界形成对峙。马列维奇把白色的部分称为"自由无限的白色海洋"，在他看来，黑色的方块并不空洞，它的空无一物正是它的充实之处。《白色背景上的黑色方块》不仅对马列维奇本人意义重大，而且对整个现代艺术史影响深远，成为非具象艺术道路上的一个里程碑。

1915 年 12 月圣彼得堡"零点壹零"画展上马列维奇的作品系列

此后，马列维奇在 1915 年至 1927 年间进行了大量的几何抽象绘画创作，彻底抛弃了绘画的语义性及描述性成分，也抛弃了画面对于三维空间的呈现。他用圆形、方形、三角形、十字交叉这些至上主义的基本形态元素及简单明快的颜色组构出多个画面，这些平面的几何图形不具有丝毫体积感和深度感，展示了至上主义方块的多样性，发展出至上主义绘画的一整套语言体系。至上主义抽象绘画的创立，预示了西方抽象艺术的发展趋势。

俄国十月革命期间，这些有自己思想的艺术家为了迎合社会变革，建立了"左翼艺术家联盟"。在此期间，马列维奇也同样表现出澎湃的革命热情。如果说马列维奇的黑色方块是至上主义艺术成果的初探，那么在1917年前后创作的《至上主义构图》《充满活力的至上主义》则是炙热的革命情感的外现。交错的彩色方块形成情感的交错，红色方块占据作品的主要位置，使得多个方块有了视觉中心的依托，不仅让画面产生空间感，还因为红色方块的前倾营造了一种红色统领全局的秩序感。红色不仅是革命情感的表现，更是对黑色的情感升华。

在马列维奇的至上主义作品中，几何图形离散在整个画面中，却让人感觉其中有微妙的关系将画面凝聚起来。一板一眼的方块，本应毫无魅力可言，马列维奇却用作品打破了这种简单粗暴的认知。他的方块并不规矩，他的构图简单但不僵硬。他并不打算让画面像机器一般严格对称，方块一般不会完全平行于边框，这是赋予画面生机的玄机。

至上主义的巅峰是白色阶段。马列维奇的《白上白》创作于十月革命之后，彻底抛弃了色彩和图形，白色的方块微弱到难以辨认，仿佛正在弥散，正在失去它的存在，与白色的背景融为一体。马列维奇想通过这幅作品表达一个新世界的来临，一个精神和物质都绝对自由的世界的来临。

《白上白》，1918年

3. 至上主义对现代艺术的影响

20世纪二三十年代的苏联文艺界对非具象艺术不再包容和接受，具象写实主义的巡回画派受到国家领导人的钟爱，成为绘画主流。受社会环境影响，马列维奇逐渐终止了对抽象艺术的探求。1928至1932年，在创作了一系列几何形组合的人物画后，马列维奇最后尝试文艺复兴风格的写实肖像绘画，逐渐从"非具象"回归"具象"。他一生最后一幅作品是他的《自画像》，他以为宗教献身的姿态自信地张开右手，目光坚定而超脱，似乎表示他庄严的信念，在画面的右下角还画有一个小小的"黑色正方形"，隐喻着他曾经创建的"至上主义"。

《自画像》，1933年

1935年5月15日，马列维奇去世。因苏联禁止抽象艺术，他的作品直到1962年才得以解禁面世。马列维奇的抽象作品以它的单纯简约而令人惊叹、震撼。

至上主义之后，西方艺术世界迎来了现代艺术、后现代艺术的时代，各种艺术流派纷纷登场：达达派、超现实主义、照相现实主义、视幻艺术、行动画派、波普艺术、简约主义等，使20世纪的艺术世界如此丰富多彩，以至于改变了人们的审美习惯，打破了艺术与技术的界限，拓展了艺术对社会的适用度，艺术走进了现代人的生活。马列维奇的抽象几何艺术对包豪斯的设计教育也产生了重要影响。包豪斯是20世纪产生的艺术设计与教育机构，是工业化社会的产物，它将艺术设计转化为产品，服务于社会。包豪斯在构成主义、抽象主义的基础上归纳出新的形态造型体系，用于培养设计人才。"至上主义"理论也影响并造就了极简主义。极简主义的设计被应用在服装、工业产品、建筑、家具、公共环境等领域，其风格至今仍在流行。

（三）俄罗斯现代主义艺术其他流派

未来主义（Futurism）是20世纪在意大利兴起的一种文学和艺术运动，它希望毁灭所有陈旧的文化，展现机械、速度和科技的美。未来主义传到俄罗斯后，掀起了巨大的文艺变革，形成了俄国未来主义（Russian Futurism）。

1912年12月，俄国人发表了他们自己的文艺宣言，标题为《给大众品位一记耳光》，这是1911年5月意大利宣言的回声。俄国的文学未来主义者主张抛弃普希金、陀思妥耶夫斯基和托尔斯泰，抛弃当时流行的俄国象征派诗歌，号召创立新的实验性创作方法。俄国和意大利的未来主义诗人全都抛开有逻辑的句子结构，废弃传统的词法和句法。

在视觉艺术方面，俄罗斯艺术家将意大利未来主义的能量和动感与法国立体主义（Cubism）的几何和分割相结合，开创了立体未来主义（Cubo-Futurism）。立体未来主义与立体主义相似，都采取大胆的用色，碎片式地表现对象，代表作有冈察洛娃的《骑自行车的人》（1912—1913），波波娃的《意大利静物》（1914）和《坐着的人》（1914—1915），马列维奇的《磨刀人》（1913）等。《磨刀人》描绘了一个工人使用机器劳动的场景，多重的金属色调和对物体的多维度分割、重叠制造出了画面的动态感。① 冈察洛娃的《骑自行车的人》描绘了一个年轻人骑着自行车略过广告牌的场景，他的身体和双腿被重复刻画、叠加，展示了他的速度以及现代都市生活的躁动不安之感。②

受未来主义、立体主义等运动的影响，冈察洛娃和米凯尔·拉里奥诺夫提出了辐射主义（Rayonism）。他们想捕捉一种被伪科学理论描述过的不可见光线。辐射主义的绘画由大量倾斜的光组成，纯红、蓝和黄色的光束在画面上从四面八方发射、汇集。光束完全占据了画面，以至于我们根本不能识别光源的起点，最终得到了完全的抽象。③

构成主义（Constructivism）是俄罗斯先锋艺术中最后一个流派，它希望让艺术的意义从表达美转变成构建（construct）：理解艺术材料的特点和用途，将它们投入功能性的设计和生产。构成主义艺术家希望发展出一种新的艺术形式来迎接革命建立的新秩序，以及现代化、工业化的新世界。此后，许多艺术家都逐渐放弃了绘画，转而投身电影、建筑、摄影和设计的实践。

最能代表构成主义的作品并不是绘画，而是弗拉基米尔·塔特林（Vladimir Tatlin）为第三国际而作的建筑模型《塔特林之塔》。在设计中，塔的螺旋结构由钢铁构成，高396米，如果完成，它就会成为当时世界上最高的建筑。在塔特林看来，钢铁和玻璃象征了工业、技术和机械的时代，塔的动感和几何形状代表了现代社会的活力。④

亚历山大·罗琴科（Alexander Rodchenko）的《纯红、纯黄、纯蓝》（1921）并没有描绘一个物体，三原色如颜料盘一般被呈现在观者

---

① 参见卡米拉·格雷：《俄国实验艺术（1863—1922）》，徐辛未译，杭州：浙江人民美术出版社，2019年，第155页。
② 同上，第144～145页。
③ 同上，第138～145页。
④ 同上，第228～231页。

眼前。这就是构成主义对待材料的典型态度：材料并不需要被转化成艺术品，而是以最直接、有效的方法来利用它们的属性。这幅画可以视为罗琴科对至上主义的反驳：材料就是绘画的终点，物质背后没有更深的精神力量。

在艺术史上，罗琴科更多被看作平面设计和结构主义的大师，是平面设计界里程碑式的人物。他在 1923 年（时年 32 岁）声称绘画已死，艺术家应同时具备画家、设计师和工程师的三重角色；相机是社会主义之社会与人民的理想眼睛，只有摄影能回应所有未来艺术的标准。

二、工业、未来与乌托邦：俄苏设计

社会文化语境与政治语境的外在变化，当代艺术发展的内在转向和解分化逻辑，双重因素促使苏联的先锋艺术以工艺美术、平面设计、工业设计、建筑设计等领域为依托，继续发展并形成了独特的艺术风格。

当代艺术发展的内在转向是指日常生活的审美化、艺术的多元可能性与传统美学的终结。而解分化逻辑是指先锋艺术家和生活世界诸领域设计实践者们与传统美学决裂，力图构想一个新世界，是对现代技术座架的"当前分区"进行格式化之后的再加载和系统再激活。设计意味着沿着感性的路线，一种艺术化的技艺重新将原先隶属于先锋的那些爆炸性的能量聚集起来，冷却、结晶于商品、空间、产业，从而在质上普及至更广阔的社会，乃至推及人类和可能性的世界。

从十月革命开始，俄国就十分重视对工业的发展，尤其到了之后的苏联，特别重视重工业（包括军工业）。我们对苏联的印象，更多源自其充满力量感、以大为美的武器及工业产品。这种带有很强压迫感的粗犷美学雄伟宏大、气势磅礴，特别能够展现苏维埃政权及亿万人民群众的无限力量。比如安-225 运输机的设计初衷就是用来运送航天飞机，简单来说，就是造一个"更大的"飞机来运输一个"很大的"飞机。

但是"大"并不是苏联工业美学的全部。在第二次世界大战后的很长一段时间里，苏联的美学思想也发生了很大变化，出现了对多种不同风格的探索。基于 20 世纪 50 年代开始的美苏太空竞赛，也延伸出一种苏维埃社会主义科幻美学，苏联的科学家、艺术家、建筑师等进行了无数科幻式的艺术探索，诞生了诸多走在时代前沿的作品，包括建筑、汽车、轻工业产品等。

（一）野蛮主义与未来主义并存的苏联建筑

从十月革命到斯大林时期，苏联的建筑设计十分宏大，以至于在工程上难以实现。苏联就是希望通过这些建筑来彰显充满勃勃生机的苏维埃政权。

当时的苏联聚集了一批出色的艺术家和建筑师，其中一位名为塔特林的雕塑绘画家受到苏联文化部的委托，负责设计第三国际纪念碑塔，计划作为第三国际的总部。从设计造型上可以看出，这座第三国际纪念碑塔完全有别于同时期的传统建筑，采用富有幻想的现代雕塑形态，计划外部由钢结构构成，呈螺旋上升状，内部设计为由玻璃幕墙做成的旋转内核，整体设计高度 396 米，远高于 300 米出发的埃菲尔铁塔，充分显示了新生的苏维埃政权强大的自信和气魄。

到了斯大林时期，苏联的建筑风格开始发生明显变化，建筑的规模依然宏大，但风格更趋保守，建筑除了满足功能性需求，还要越来越多地展现对苏维埃政权的认同。比如 1933 年最终确定的苏维埃宫的建造方案就是典型代表。这座可以看成是列宁纪念碑的建筑，设计高度为 415 米，共 100 层，碾压当时 381 米高的纽约帝国大厦，内部的主大厅净高 100 米，直径 160 米，可以同时容纳 21000 人。这座"多层蛋糕"式建筑，好似红色苏维埃政权与美国摩天大楼结合的产物，犹如美好的乌托邦梦想。如果这样一座恢宏的建筑能够落成，绝对堪称苏联的地标性建筑，这种气场即使放在今天来看，都足够令人震撼。

苏维埃宫设计方案

围绕着苏维埃宫，苏联还计划建造8座与其风格相近的建筑，最终落成了7座，结合了巴洛克式城堡、中世纪哥特式建筑与美国摩天楼的特色。由于采用相近的设计，它们也被称为"莫斯科七姐妹"：莫斯科国立大学主楼、列宁格勒酒店、劳动模范公寓、重工业部大楼、乌克兰酒店、文化人公寓、外交部大楼。

这个时期除了莫斯科的重建规划，苏联设计了诸多体量巨大的建筑物，虽然这些建筑大多没能落成，但还是向我们展现了苏联政权的强大力量。新中国成立后，这种建筑风格在我国也得到大面积推广，并保留至今。在北京就有大量建筑采用了这种苏式风格。

这些恢宏的建筑规划随着斯大林的逝世戛然而止。在随后的几十年里，苏联的建筑风格不再拘泥于整齐、庄严、对称的风格，各种现代主义及充满科幻色彩的建筑陆续诞生在整个苏联的土地上。其中一些造型奇异、仿佛地外文明的建筑带有一种令人不寒而栗的神秘色彩和力量感，震撼着人们的心灵。这些充满未来主义色彩的建筑，如今很多已经荒废，一些则改作他用。透过这些带有诗意色彩的建筑，我们看到那个时代赋予了建筑师及艺术家极大的自由度，可以天马行空地发挥自己的想象力，最终成就了这些并不输西方现代主义的作品，同时也让我们认识到苏联在半个世纪前就在积极创造未来。

（二）苏联重工业美学的设计

苏联从成立之初就十分重视工业的发展，到了斯大林时期，更是注重对重工业的发展。正是依靠社会主义制度和计划经济体制，通过几个五年计划，苏联从一个落后的农业国一跃成为第二次世界大战前欧洲工业实力仅次于纳粹德国的工业国。苏联当时建设了世界上最大的水电站、最大的卡车工厂以及数以千计的采矿场，这为苏联的发展提供了源源不竭的动力。

新中国成立后的第一个五年计划期间，苏联援助了我国 156 个工业项目，从工厂的设计建设、技术标准，到人员培训、管理运行等方面，苏联给予了新成立的中华人民共和国全面援助。至今，我国的东北老工业基地及西北地区还能看到当时留下的工业遗址和仍在使用的设备，这些工厂及设备体现出苏联工业的粗犷式风格，却有着不错的实用性和可靠性。

苏式工业设计风格也构成了苏联的重工业美学。电影《流浪地球》中巨大的行星发动机以及为其提供动力的采矿场、设备、运输车辆等就在很大程度上借鉴了苏联工业美学的特征，画面充满着钢铁洪流般的强大力量感。

苏联时期的汽车产业有着较强的实力，特别是在卡车及大型特种车辆方面。苏联一度是世界排名第五的汽车生产大国，卡车产能世界第三，各类巴士车辆产能世界第一。第二次世界大战时大量生产 T 系列坦克的乌拉尔汽车厂，如今是世界上最大的研制和生产军用、民用机械产品的工业企业之一，也是俄罗斯军用坦克及装甲车的主要供应商。

成立于 1916 年的吉尔（ZiL）品牌（之前名为斯大林汽车制造厂），早期是为苏联共产党高级领导干部打造专属座驾的车厂，如今也为俄总统提供座驾。吉尔还生产大量卡车，比如吉尔 151、吉尔 157，这两款车也是我国老式解放卡车的原型，我国还得到了吉尔 150 车型的全套技术，生产出解放 CA10B 车型。此外，我国还进口不少吉尔 130 卡车，这款卡车虽然油耗较高，但载重量大，耐用性好，最关键的是价格不贵，这似乎就是苏联重工业产品的特点。

苏联在重工业的道路上不断创造辉煌，同时也在谋划着面向未来的工业产品。其造型风格一改往日的钢铁洪流气势，变得自然、清新、简洁，在那个年代算得上跨时代的产品。在民用汽车领域，苏联虽然无法同美国和西欧抗衡，但也发展出几个知名的汽车品牌。比如苏联时期最有名的高尔基汽车厂（被誉为苏联汽车工业的支柱）出品的嘎斯（GAZ）汽车，还有前面提到为高级官员提供座驾的吉尔。在高级轿车领域，苏联汽车确实缺少自己的灵魂，在造型上更多地借鉴美式豪车的设计理念。

第二次世界大战以后，世界处在冷战的紧张态势下，但是两大阵营并没有将自己闭锁起来，反而是不断参考、借鉴和学习。苏联人民也在积极发挥着创造力和想象力，留下了一些超前于那个时代、面向未来的前瞻设计产品。对太空的征服，是美苏争霸的重要组成部分。在争霸中取得胜利，就意味着红色苏维埃政权不仅征服了脚下的大地，还傲然于浩瀚的星河。苏联在 20 世纪五六十年代的太空争霸中凯歌连奏，因此苏联的工程师、设计师、艺术家、文化工作者都以宇宙主题为灵感，创作出大量具有科幻色彩的前卫作品。这些诞生于半个世纪前的作品，在思想上十分大胆且极富想象力，让我们见识到那个时代的伟大，同时这些艺术作品也在苏联民众心中注入了一种触手可及的宇宙观。

（三）苏联工业产品设计

第二次世界大战后，随着赫鲁晓夫的上台，苏联刮起了一股节俭风。一种名为赫鲁晓夫楼的建筑开始在城市中大量建设。这种装配式建筑大量使用提前生产的预制板进行组装，成本低、建造速度快，短时间内解决了大量底层群众的住房困难问题。这种建筑曾经也被大量引入国内，至今仍可以在一些凋敝的工业城市看到。

人们搬入新居后，自然要添置新的家居用品，因此也带来了旺盛的家居产品设计需求。正如前面所言，此时苏联的太空计划取得节节胜利，举国沉浸在美好的太空梦想中，设计师们则顺应时代的潮流，设计出一系列"宇宙风"家用电器。这些源于太空装备的设计思想带有极强的时代印记。苏联的高层也意识到，如果想要表现出苏维埃的强大，就必须把日用消费品的档次提升上去，特别是在设计领域。1962 年，苏联颁布了关于通过实施设计方法提高机械工程和轻工业领域的商品质量的法令。这个法令给予工程设计人员更大的想象空间，促使设计人员创造了大量彰显苏联伟大成就的商品。

随着苏联工业产品设计能力的提升，平面广告的设计表现力也在增强。那时广告的主要形式是海报。而在饮品的包装上印有描绘苏联人民生活的艺术画、精美的外包装会第一时间吸引消费者的目光，同时也是对苏联文化自信的体现。即使放到今天，这些都是成功的设计，可以激发出人们的消费欲望。

参考资料

理查德·布雷特尔：《现代艺术：1851—1929》，诸葛沂译，上海：上海人民出版社，2014年。

卡米拉·格雷：《俄国实验艺术（1863—1922）》，徐辛未译，杭州：浙江人民美术出版社，2019年。

瓦西里·康定斯基：《点线面》，余敏玲译，重庆：重庆大学出版社，2017年。

瓦西里·康定斯基：《艺术中的精神》，余敏玲译，重庆：重庆大学出版社，2019年。

卡西米尔·马列维奇：《无物象的世界》，张耀译，重庆：重庆大学出版社，2019年。

英国费顿出版社编著：《苏联设计时代1950—1989》，任梦欣译，北京：中国画报出版社，2020年。

第九讲

凝固的英雄： 纪念碑礼瞻

主讲人：吴兵先

本讲以俄罗斯著名的纪念碑雕塑为切入点，解读俄罗斯历史。这里有两个知识点，一个是艺术观的审美方法，另一个是历史观的叙事方法。雕塑艺术既具有审美功能，也具有叙事功能。俄罗斯历史虽然远不如中国历史那么久远，但也堪称波澜壮阔。本次课程分为雕塑艺术的概念、俄罗斯历史概述、纪念碑礼瞻、结语四个部分。纪念性雕塑与历史相互交织，纪念碑记录下来的历史瞬间，并不能展示俄罗斯历史的全貌，却一定是这个国家重要的历史事件。

一、雕塑艺术的概念

雕塑艺术是视觉的艺术，是伴随人类社会产生的最早的艺术形式之一。早期人类用雕刻记录当时的重大活动，也用雕刻来祭祀神灵等。这些用陶塑、石雕、骨雕、玉器、青铜器等保留下来的历史，成为今天考古取证的重要依据。因此，在这里我们着重讲解雕塑艺术的两大功能——审美功能和叙事功能。

（一）雕塑的审美功能

雕塑作为一个美学概念，源于古希腊哲学家的定义，而这一定义的出现远远晚于雕塑现象的呈现①。大量出土的雕刻制品，比如，石器时期的打制石器、磨制石器、骨器、岩壁雕刻等，最初是为了满足某种功能需求而制造出来的器物，但这些器物在我们今天的研究中呈现了非常丰富的审美觉悟。这些经过人为改造的材质，也成为我们追溯原始祖先生存状态的历史见证。原始宗教用于祭祀活动的雕刻圣物就具有强烈的表现性，但真正被称为艺术品，还在西方哲学诞生，雕塑作为美学研究对象之后。

（二）雕塑的叙事功能

现代人可以依据人类史前雕刻来推测史前人类社会活动，复原社会面貌。人类早期科学技术局限较大，具有历史记录功能的材质，如皮革、木材、布料，很容易腐朽和毁坏。岩壁雕塑和绘画、陶塑、石雕、骨雕、玉器等材质坚硬，物质成分稳定，所以才能保留至今。进入文明期，随着科学技术的进步，可以作为社会行为记录的载体越来越多，叙事方法也越来越丰富。雕塑艺术成为一种特殊的叙事方法，更成为一种独立的艺术门类。纪念碑雕塑具有强大的叙事性。纪念碑在学术定义中，是"一种复杂的、综合的建筑和雕塑作品，旨在永存某些事件和人物的记忆"②。具有纪念意义的作品以意识形态、社会意义或政治内容为特征，以大规模、富有表现力的崇高而雄伟的造型为形式体现。

---

① D. Konstan. *Beauty：The Fortunes of an Ancient Greek Idea*. New York：Oxford University Press，2014：30-35.

② Монументальная и декоративная скульптура Ленинграда. Альбом. Текст вступительной статьи：Евсеев В. А.，Раскин А. Г.，Шапошникова Л. П. —Л.：Искусство，1991. —С. 5

古希腊古罗马——神话叙事。古希腊、古罗马文明既有史前文明阿卡德文明的影子，又在神话里重构了自己的文明史，这一时期古典主义雕塑得到了完美的呈现，古希腊、古罗马雕塑是典型的神话的叙事。断臂的维纳斯、胜利女神、阿波罗与达芙妮等，贯穿了古希腊神话。

文艺复兴——宗教叙事。古典主义多元、灵活、浪漫的神话表现题材在中世纪戛然而止，取而代之的是教条死板的宗教形象。文艺复兴重燃古典主义风格，米开朗基罗的雕塑作品《哀悼基督》《摩西》《大卫》《圣母玛利亚》等，让宗教题材升华为古典主义美学的至高境界。

从人类社会最初掌握的造型技巧，到陶器的制作、石雕的打制再到金属的冶炼，雕塑验证了人类文明的进步，也丰富了美学史上不同材质在雕塑艺术中的运用，带来美学的进步。

苏美尔文明起源于美索不达米亚平原的两河流域。大约在公元前3500年，苏美尔人便掌握了先进的耕种技术，他们春种秋收，很快便成为当时世界上最强盛的人群，并建立了自己的城邦，开启了自己的"高科技"文明之旅。埃及雕塑揭示了一个神秘的王朝社会存在的古老形式，解不开的谜还是这些五六千年前的高度文明是如何诞生的。三星堆正在进一步的发掘中，那段突兀的无法揭示的秘密越来越完整，也越来越让人着迷，它从何处来，又到何处去了呢？玛雅文化除了雕塑还在，人类生存的痕迹消失得无影无踪，玛雅太阳历神秘的"世界末日"记录至今让人心有余悸。从苏美尔人到阿卡德人再到巴比伦人，他们对古埃及、古希腊、古罗马的影响在雕塑中被清晰地记录了下来。

雕塑是艺术，也是人类文明立体的史书！对于俄罗斯的大国之路，我们也可以从雕塑艺术中一探究竟。

二、俄罗斯历史概述

在罗马帝国时代的欧洲，拉丁人和希腊人似乎要高人一等，日耳曼人、凯尔特人和斯拉夫人却被视为蛮族。罗马帝国崩溃之后，这三大蛮族成了欧洲历史舞台上最活跃的三大族群，其中斯拉夫人主要活跃在东欧、北欧。

（一）文明的嬗变

大约公元 4 世纪，喀尔巴阡山脉北麓有一片茂密的森林，林中有一片空地，生活着一群斯拉夫人。今天斯拉夫语中的"波兰"就有"林中空地"的意思。传说斯拉夫人的祖先潘诺有三个儿子——列赫、捷克和罗斯，他们创立了三个斯拉夫民族：波兰人、捷克人和东斯拉夫人。14世纪初的《大波兰编年史》中记载了这三位兄弟的传奇故事。传说中，兄弟三人在一次狩猎之旅中追随不同的猎物，因此向不同的方向迁徙并定居下来。这个传说有多个版本，在某种程度上也经常被视作神话，可以作为了解波兰、捷克和东斯拉夫国家的基础。[①] 这个故事证实了斯拉夫人的大迁徙，这次大迁徙建构了西斯拉夫、南斯拉夫和东斯拉夫文明的板块。一支向西迁徙的西斯拉夫人成为今天波兰、捷克、斯洛文尼亚等国；一支向南，就是我们熟知的南斯拉夫人，今天的保加利亚、塞尔维亚、克罗地亚等国；一支向东迁徙，就是乌克兰、白俄罗斯和俄罗斯三国。

（二）留里克王朝

据俄罗斯最早的编年史《往年纪事》记载，在拜占庭帝国的北边，通往瓦良格人所在地的商路上，东斯拉夫人聚居，形成了一座新兴的城市诺夫哥罗德（Новгород，本意是新城）。公元 862 年，诺夫哥罗德的

① Aleksandr Sergeevich Myl'nikov. Kartina slavianskogo mira：vzgliad iz Vostochnoĭ Evropy：predstavlenii a ob etnicheskoi nominatsii i etnichnosti XVI-nachala XVIII veka. Sankt-Peterburg：PV. 1996.

城市规模发展壮大，贵族阶层已经形成，在当时成为一支强大的力量，他们意识到需要建立一个国家来运行他们的社会。但是，他们并不认为在自己的族群中能找到优秀的领导人来领导他们的国家。他们的长老和贵族决定聘请经常与他们打交道的北方瓦良格人来做他们的领袖。瓦良格人勇猛、能征善战、经营有道，其中留里克家族被选中了。瓦良格人留里克愉快地接受了诺夫哥罗德的邀请，并把家乡的一条小河的名称"罗斯"（Русь）定为国家的名称。① 诺夫哥罗德成了罗斯历史上第一个首都，罗斯留里克王朝便成了今天俄罗斯、乌克兰、白俄罗斯三国共同的起源。

879 年留里克去世前夕，委托亲信奥列格辅佐王子伊戈尔，开启了扩张的历史。882 年占领基辅，建立了基辅罗斯政权，从而将东斯拉夫人的北部和南部土地统一在一个政权之下。988 年基辅罗斯接受拜占庭帝国的洗礼，开始全民信奉东正教。13 至 15 世纪被蒙古帝国统治期间，分裂的罗斯各国逐渐向莫斯科公国聚集，莫斯科成为政治、文化中心。到 15 世纪末，莫斯科公国统一了俄罗斯东北部和西北部各公国，于 1480 年推翻了蒙古的统治，并在 1547 年伊凡四世加冕为沙皇后转变为俄罗斯沙皇国。②

（三）罗曼诺夫王朝

16 世纪中期，伊凡雷帝（即伊凡四世）以他的暴虐实现了俄罗斯的统一，但也因为他的暴躁易怒断送了留里克王朝。著名画家伊利亚·列宾有幅作品《伊凡雷帝杀子》记录了这一历史时刻。伊凡雷帝失手杀死自己培养的继承人之后，他唯一剩下的儿子费奥多尔·伊万诺维奇

---

① 参见张建华：《俄国史》，北京：人民出版社，2022 年，第 19 页。

② Walter G. Moss. *A History of Russia*. Volume 1：To 1917. London：Anthem Press，2003：88.

（Фёдор Иванович）在智力上有缺陷，也对政治毫无兴趣，又无子嗣。
1598 年费奥多尔·伊万诺维奇去世后，留里克王朝到此结束。后来费奥
多尔·伊万诺维奇的表弟，也就是伊凡雷帝原配妻子阿纳斯塔西娅·罗曼
诺夫娜的侄子米哈伊尔·费多里维奇·罗曼诺夫继承了王位，开启了罗
曼诺夫王朝，直到 1917 年俄国爆发"十月革命"，罗曼诺夫王朝末代沙
皇尼古拉二世退位。

伊利亚·列宾油画作品《伊凡雷帝杀子》

（四）俄罗斯苏联史和俄罗斯联邦

十月革命爆发后，君主制被推翻，布尔什维克党于 1917 年 10 月 25
日（俄历，新历为 11 月 7 日）夺取政权。1922 年，俄罗斯与乌克兰、
白俄罗斯和外高加索联邦签署了《创建苏联条约》，正式合并组成苏联。
第二次世界大战之后，随着世界格局的新变化，苏联的加盟共和国增加
到 15 个。[①] 到了 20 世纪 80 年代中期，苏联经济和政治暴露出来的缺点
变得十分突出，苏联领导人米哈伊尔·戈尔巴乔夫着手重大改革，由于

---

① Zbigniew Brzezinski. "The Soviet Union: World Power of a New Type", *Proceedings of the Academy of Political Science*，1984，35（3）：147－159.

错误判断了形势，最终导致 1991 年苏联的解体。1991 年 6 月，俄罗斯苏维埃主席叶利钦当选为俄罗斯联邦第一任总统，俄罗斯历史便开启了新的历程。1999 年叶利钦辞职后，俄罗斯政治一直由弗拉基米尔·普京主导。经历了叶利钦领导下的经济混乱之后，俄罗斯经济有了显著改善。但俄罗斯与西方世界源于历史与现实的矛盾持续不断，双方长期处于对抗中。

三、纪念碑礼瞻

俄罗斯是一个十分重视文化艺术发展的国家，俄罗斯历史文化中出现的重要人物、重大事件，往往是艺术家最为重要的表现对象。纪念性雕塑，因其特殊的空间形式和坚固的材料，便成为重中之重。以下课程，我将以雕塑家和雕塑艺术研究者的视角，围绕俄罗斯重要纪念碑，回顾俄罗斯历史。

（一）《千年纪念碑》

将沙俄历史用《千年纪念碑》划分，在本次教学中具有明显的意义。1862 年沙皇亚历山大二世主张建造的《千年纪念碑》，几乎包括了俄罗斯全部历史。这件青铜作品具有非凡的纪念意义，可以作为历史的补充。

2006 年和 2021 年笔者两次前往俄罗斯大诺夫哥罗德探访《千年纪念碑》，获得大量一手资料。

1857 年，在留里克建国 1000 周年纪念日前夕，俄国内政部及部长委员会宣布举办纪念碑设计竞赛，在俄罗斯第一座首都诺夫哥罗德市建造纪念碑。纪念碑以历史上为国家做出贡献的人为主题建造，并宣布向各阶层民众广泛募集资金。纪念碑的计划成本为 50 万卢布，计划捐款约为 15 万卢布，其余部分由国库拨款补齐。1859 年 4 月，沙皇政府向新闻界广泛宣传，该纪念碑要求对应俄罗斯六个历史时期，即留里克建国、弗拉基米尔尊奉基督教、德米特里·顿斯科伊驱逐鞑靼人、伊凡三世的莫斯科中央集权、米哈伊尔·费多罗维奇·罗曼诺夫开启罗曼诺夫王朝、彼得一世建立中央集权并改造俄罗斯生活方式。纪念碑计划在 6 个月内完成方案设计，高度不超过 18 米。竞赛总共收集到 52 个方案，在皇家美术学院设立专家评委会，由副院长 G. G. 加加林亲王担任主席，艺术学院的主要建筑师、画家和雕塑家以及从通信和公共建筑总局借调的工程师和建筑师都参与其中。1859 年 11 月 25 日的一次会议上通过无记名投票，出人意料的是，列宾美术学院绘画系毕业的 24 岁的年轻艺术家米哈伊尔·奥西波维奇·迈克申（M. O. Mikeshin，1835—1896）的设计脱颖而出。

迈克申是列宾美术学院绘画系毕业生，他跟雕塑系的同学常有来往，并成为好朋友。他从事雕塑的朋友帮他完成了小稿的设计，列宾美术学院院长委派雕塑系教授协助他最终完成纪念碑建设。在圣彼得堡涅瓦大街上还能看到一件构图很相似的雕塑，这件位于亚历山大剧院附近的叶卡捷琳娜二世纪念碑正是同一个作者设计的，它们的风格一致，也使用了历史叙事的方法，在这里穿插介绍一下叶卡捷琳娜二世纪念碑。

叶卡捷琳娜二世的青铜雕像手中握着权杖和月桂花环，一件貂皮长袍从肩上垂下，俄罗斯帝国的王冠斜倚在她的脚下。皇后呈现至高者的姿势，但表情并不严肃，脸上带着淡淡的微笑。胸前可见圣安德列勋章。基座周围有九位叶卡捷琳娜时代的杰出人物的雕像：陆军元帅鲁缅采夫·扎杜奈斯基、政治家波将金、司令员苏沃洛夫、诗人杰尔扎文、俄罗斯科学院院长达什科娃、亚历山大·安德烈耶维奇·别兹博罗德科王子、俄罗斯艺术学院院长伊万·伊万诺维奇·贝茨科伊、极地探险家兼海军指挥官瓦西里·雅科夫列维奇·奇恰戈夫和政治家阿列克谢·格里戈里耶维奇·奥尔洛夫－切斯缅斯基。纪念碑的正面有一块青铜牌匾，上面装饰着象征科学、艺术、农业和军事的元素中间写有"法律"一词，并刻有铭文："亚历山大二世皇帝统治期间致敬女皇叶卡捷琳娜二世，1873 年"。

再回到《千年纪念碑》。作者把它设计成钟形，不仅叙述了 862—1862 年的全部重要历史，还表达了至高无上的宗教信仰。纪念碑由青铜铸造而成。雕塑的第一级由十字架和两位天使构成，寓意神的降临和至高无上的权力；第二级是一个圆球，围绕六个主题展开。

第一个主题：留里克建国。

作品中留里克望着南方，即基辅的方向。他穿着锁子甲，头上戴着尖头盔，肩膀上披着一张兽皮。留里克的盾牌上有一个神秘的铭文 **"ЛЕТА СТО"**，表示公元 862 年瓦良格人被召唤到罗斯，建立了国家。故事情节前面已经有叙述，不过这里有个故事需要补充。留里克去世后，他的儿子伊戈尔在奥列格的影响下，也向外扩张，甚至产生了没有原则的占有欲。

古罗斯的扩张同时伴随着被掠夺的现实，因此从罗斯的诞生开始，复杂而残酷的地缘政治斗争便从没停止过。伊戈尔受到奥列格的影响，崇尚武力，抵御外敌的同时对外扩张。伊戈尔常常以普通士兵自居，战斗总是冲在第一线，困了就以大地为床，马鞍为枕，常常枕戈待旦，攻城略地。但他在一年之内两次向德雷夫利安人征税，引起了德雷夫利安人的反抗。战斗中伊戈尔被俘，并被施以树刑撕裂而死。这种刑罚是极其残忍的原始酷刑，施刑者把两棵大树弯成弓形，将树梢拉到地上固定住。然后把被施刑者四肢捆绑在树梢上，一声令下，刀斧手同时砍断固定树梢的绳索，把被施刑者活活撕裂。当然这也引起了伊戈尔的妻子奥尔加的报复，导致德雷夫利安人被血腥屠杀。奥尔加是一位非常有谋略且忠实而美丽的王后。德雷夫利安国王杀死伊戈尔之后，误以为奥尔加是个平凡的女子，便提出要迎娶奥尔加。奥尔加很快掌握了基辅的权力，并利用计谋诛杀了德雷夫利安的许多大臣和谋士。德雷夫利安人感到恐惧，于是请求讲和。但奥尔加并没放弃对敌人的仇视，她告诉德雷夫利安人，如果想要求和，每家每户必须在傍晚前献上一只飞鸟。德雷夫利安人按奥尔加的要求献上飞鸟，奥尔加命令士兵在每只鸟儿腿上绑上带火星的可燃物，鸟儿归巢回到德雷夫利安城，使整座城市葬身火海。如此，奥尔加终于平息了心中的怒火。之后，她反思战争的起因，制定了法令，规定每年只能对属地收一次税。这也成为俄罗斯最早的税法。奥尔加同时也看到，罗斯人的信仰太过复杂，不利国家统一，便主动皈依拜占庭，受洗成为东正教徒。

第二个主题：弗拉基米尔尊奉基督教。

前面讲过伊戈尔的妻子奥尔加虽然身为女大公，并且皈依了东正教，但是她的儿子们并没接受东正教，反而是她的孙子弗拉基米尔·斯维亚托斯拉维奇意识到信仰的混乱不利于巩固王权和统一分散的东斯拉夫民族，于公元 988 年与拜占庭公主安娜成婚，并接受东正教的洗礼，皈依了东正教。随后他命令罗斯全境的人民立即到河里去受洗。那时正是严冬，他便派军队把封冻的第聂伯河冰面砸开一个大窟窿，把所有人赶下河，连三岁小孩也不例外，这就是俄罗斯历史上著名的"罗斯受洗"。在雕像中，弗拉基米尔手里拿着一个八角十字架；他的左边站着一个女人，她把孩子带到弗拉基米尔身边，以便为孩子施洗；右边是一位基辅人，他正在推翻象征异教时代的偶像。这些人物面向西南，即拜占庭所在的方向。

第三个主题：德米特里·顿斯科伊驱逐鞑靼人。

德米特里·伊万诺维奇·顿斯科伊，1350 年 10 月 12 日出生于莫斯科，1359 年继任莫斯科大公，兼任弗拉基米尔大公和诺夫哥罗德亲王。顿斯科伊是伊凡二世和第二任妻子亚历山德拉公主的儿子，因在库利科沃战役中战胜蒙古军队而被称为"顿斯科伊"，意思是顿河的主人。这为俄罗斯人战胜蒙古军队树立了坚定的信念。在顿斯科伊统治期间，莫斯科公国成为俄罗斯政治中心，管辖弗拉基米尔大公国和诺夫哥罗德公国，同时特维尔公国和斯摩棱斯克公国也受其管辖。顿斯科伊成功地成为俄罗斯土地上公认的反蒙古统治的政治领袖。在他的领导下，罗斯实现了独立并完成了政治统一，莫斯科成为反蒙古统治的中心。雕塑表现的是顿斯科伊面向莫斯科的方向，右手握着古罗斯兵器六翅杖，左手握着一支布楚克——顶端月牙形带马鬃的权杖。他脚下踏着战败的鞑靼可汗马麦，坚定的表情让罗斯人看到了挣脱蒙古人统治的希望。

此处需要补充一个关于亚历山大·涅夫斯基的故事。由于历史上存在争议，亚历山大二世没有选择让这个人物出现在纪念碑显赫位置上。但历史最终证明了亚历山大·涅夫斯基的英勇与远见。2008年全俄罗斯投票选举俄罗斯最伟大的英雄，亚历山大·涅夫斯基成为冠军。因此，在这里穿插介绍关于他的纪念碑。

公元13世纪初，在罗斯民族四面楚歌、危机重重之时，弗拉基米尔大公雅罗斯拉夫三世并没有选择与蒙古人正面对抗。但他的二儿子亚历山大·涅夫斯基的出世，改变了罗斯的历史格局。

主讲人在涅瓦河畔古战场和亚历山大·涅夫斯基做亲王的诺夫哥罗德考察时拍摄的照片

亚历山大·涅夫斯基1220年5月30日生于佩列亚斯拉夫尔扎列斯基，父亲是弗拉基米尔大公雅罗斯拉夫·弗谢沃洛多维奇。当时以基辅为中心的罗斯公国分裂成许多小公国，政治中心也由基辅转向了弗拉基米尔公国。涅夫斯斯跟随长兄诺夫哥罗德亲王生活，但兄长不幸早夭。1234 年，在父亲的带领下，时年 14 岁的亚历山大·涅夫斯基第一次披挂上战场，与入侵的格里高利九世的十字军作战，取得了首次胜利。16 岁时他已经身经百战，创造了许多战争奇迹，继承了诺夫哥罗德亲王爵位。亚历山大·涅夫斯基原名亚历山大·雅罗斯拉维奇，而"涅夫斯基"的名字源于一场战争。古代罗斯地缘政治极其复杂，北有瑞典侵扰，西有波兰、立陶宛和日耳曼德国袭击，南有奥斯曼土耳其的骚扰，到 13 世纪，来自东方的蒙古人更是铺天盖般碾压而来。面对来自北、西、南三方强敌入侵，亚历山大·涅夫斯基从小便表现出了出色的军事才华。1240 年 7 月，在蒙古人大兵压境的关键时刻，北方强敌瑞典派 100 多艘战舰越过波罗的海，进入涅瓦河，入侵罗斯。英勇无畏的亚历山大·涅夫斯基沉着应战，借助浓雾，与数倍于自己的瑞典军队作战，仅以牺牲 20 余人的代价，毙敌 2000 余，大获全胜，以极小的代价赢得了涅瓦河之战。刚满 20 岁的亚历山大·涅夫斯基从此被冠以"涅瓦英雄"的称号，因此更名为亚历山大·雅罗斯拉维奇·涅夫斯基。就在今天圣彼得堡南约 30 千米处，涅瓦河畔有一个叫乌斯季－伊佐拉的小镇，还保留着 1240 年古战场的记忆，那里矗立着一尊亚历山大·涅夫斯基雕像。这尊雕像面目俊朗，意气风发，身披斗篷，脚踩瑞典败军军旗和丢盔卸甲的狼藉。

我们再回到历史，北方的瑞典遭到重创后，再不敢主动挑衅罗斯。但是西方的波兰、立陶宛和德意志又气势汹汹地杀了过来。1242 年 4 月，楚德湖面依然被冰雪封冻。德意志条顿骑士团身披重甲，所向披靡，征服了整个中欧地区，并拉上盟友波兰和立陶宛，挥师直指罗斯。在普斯科夫附近的楚德湖战役中，亚历山大·涅夫斯基又用巧妙的伏击战术团灭了敌人。骑士团跪地求和，涅夫斯基又赢得了"冰河英雄"的称号。[①] 在楚德湖畔战争发生地，1993 年立了一座由雕塑家约瑟夫·伊万诺维奇·科兹洛夫斯基设计的亚历山大·涅夫斯基纪念碑。

亚历山大·涅夫斯基普斯科夫楚德湖战役纪念碑

在现代的研究者眼里，亚历山大·涅夫斯基是位杰出的军事家，但他的政治智慧超过了他的军事才华。就在罗斯四面楚歌、列强侵扰的时局之下，亚历山大·涅夫斯基的父亲弗拉基米尔大公选择了投靠蒙古人。当时掌握军事实权的亚历山大·涅夫斯基和弟弟安德烈·雅罗斯拉维奇同时收到来自罗马教皇英诺森四世针对蒙古人结成欧洲战略同盟的建议。其中一个条件是只要罗斯人改信天主教，他们便会援助罗斯，并停止所有来自天主教国家对罗斯的攻击。亚历山大·涅夫斯基多年征战，对西方天主教国家有自己的认识，他有句名言："上帝不是掌权的，而是掌握真理的。"当时他站在了父亲的一边，他深知父亲的良苦用心。雅罗斯拉夫·弗谢沃洛多维奇大公笃信东正教，不愿改变自己的信仰，而亚历山大·涅夫斯基则看得更为长远，他看到的是整个罗斯民族的未来。首先，改变信仰就是极为艰难的事情，让罗斯人和他们的土地成为战场，这是亚历山大·涅夫斯基必须思考的长远问题。相反，金帐汗国可汗拔都十分欣赏亚历山大·涅夫斯基的军事才华，承诺只要归顺金帐

① Александр Невский. Большая советская энциклопедия, 3—е издание: в 30 т. (30 т. и 1 доп.) / гл. ред. А. М Прохоров. — М. : Советская энциклопедия, 1969—1978.

汗国，罗斯人不需要改变信仰，还承诺封涅夫斯基为统领罗斯的大公，替金帐汗国征收赋税。亚历山大·涅夫斯基虽然接受了大公封爵，但并没前往基辅登基，而是留在弗拉基米尔。他派他的小儿子前往一块不起眼的封地即莫斯科驻扎下来，经过子孙后代的经营，莫斯科最后成了反蒙古的策源地，加之征收赋税的特权，亚历山大·涅夫斯基逐渐壮大了自己，并统一了四分五裂的罗斯各公国。经过 240 年的努力，罗斯人最终赶走了蒙古人，走出了一条自己的道路，成就了今日的俄罗斯。

相反，他的弟弟安德烈·雅罗斯拉维奇就接受了罗马天主教皇英诺森四世的建议，与瑞典结盟，对蒙古发动战争，最后被亚历山大·涅夫斯基镇压。安德烈逃到瑞典，改信了天主教，主要活动在第聂伯河以西，晚年又被亚历山大·涅夫斯基招安，做了苏兹达里亲王。① 安德烈的这一支反蒙古侵略的力量也是第聂伯河哥萨克的重要组成部分，他们强大时，就作为周边国家的军事附庸，替宗主国打仗；他们落魄时，就寻求保护伞，寄人篱下。这支力量既悲壮又像无处安放的灵魂，数百年来总是作为第聂伯河上的游侠战斗不止。

以亚历山大·涅大斯基的军事才干和勇气，如果跟蒙古人血战到底，也许会留下许多可歌可泣的故事，战死疆场，但他的国民也必将被势如破竹的蒙古铁骑消耗殆尽。他的政治智慧为后来的彼得一世所推崇。彼得一世在战胜瑞典，取得涅瓦河出海口后，兴建了圣彼得堡。彼得大帝首先就把亚历山大·涅夫斯基作为这座城市的天堂守护神，建造了涅瓦大街，并且在涅瓦大街的尽头修建了亚历山大·涅夫斯基修道院，把亚历山大·涅夫斯基的遗骸和遗物从弗拉基米尔迎接到了这所修道院。

在圣彼得堡涅瓦大街的东段，直抵涅瓦河畔的亚历山大·涅夫斯基

---

① Полное собрание Русских летописей. — Т. Х. Никоновская летопись. — СПб, 1885. — С. 138—139.

修道院入口前的街心广场，有一座亚历山大·涅夫斯基纪念碑雕塑，代表了对历史事件永不磨灭的记忆。纪念碑原作者雕塑家瓦伦丁·科泽纽克，是原穆希娜美术学院（现为以 A. L. 斯蒂格利茨命名的圣彼得堡国立工艺美术学院）雕塑系教授。瓦伦丁·科泽纽克教授一生致力亚历山大·涅夫斯基雕塑纪念碑创作，有不同版本建造在不同地点。不幸的是尽管 1990 年他在圣彼得堡亚历山大·涅夫斯基雕塑纪念碑方案设计竞赛中获得了第一名，却没有等到这座纪念碑的最后落成就去世了。①1997 年，他在临终前委托他的学生，当时的穆希娜美术学院院长、雕塑家亚历山大·帕尔明教授，以及建筑师弗拉基米尔·波波夫继承他的遗愿完成这件作品。但是在建造过程中，他们遇到了技术性难题，在市政组委会的建议下，邀请了列宾美术学院的阿尔伯特·查尔金参与这个项目，才最后完成这件意义非凡的作品。阿尔伯特·查尔金是我熟知的教授，2007 年我与他有过半小时的交谈。2019—2021 年我在列宾美术学院做两年期的访问学者，其间在档案馆结识了他的女儿玛利亚·查尔金娜，了解到更多关于查尔金教授的研究资料。

第四个主题：伊凡三世的莫斯科中央集权。

伊凡三世统一了长期与莫斯科竞争的诺夫哥罗德地区、特维尔公国、雅罗斯拉夫尔公国、罗斯托夫公国和部分梁赞公国、维亚特卡地区。在与立陶宛大公国的战争取得胜利后，全俄罗斯大公的权力扩展到了维尔霍夫斯基公国、诺夫哥罗德-谢韦尔斯基、切尔尼戈夫、布良斯克、普蒂夫尔、库尔斯克和许多其他城市，大约占立陶宛大公国领土的三分之一。伊凡三世临终前，交给继任者的土地比他本人登基时多了几倍。② 正是在伊凡三世大公的统治下，俄罗斯国家才完全独立，终结了

① Мосты памяти — пл. Александра Невского СПб. Дата обращения: 16 ноября 2013. Архивировано 7 февраля 2019 года.

② Пресняков А. Е. Образование Великорусского государства : Очерки по истории XIII — XV столетий. — Пг. ; 9-я гос. тип., 1920. — С. 458. — 494 с. Архивировано 14 ноября 2017 года.

蒙古人的统治。伊凡三世进行改革的过程中，通过了一套国家法律——1497 年法典。与此同时，奠定了管理指挥体系的基础，地方体系也随之出现。国家继续中央集权，消除分裂，与封地诸侯的分裂主义进行了相当艰苦的斗争。伊凡三世统治时期，文化繁荣。新建筑的建造（特别是莫斯科圣母升天大教堂）、编年史的撰写、新思想的出现，所有这些都证明了文化领域的重大成功。历史学家认为伊凡三世统治的消极方面是专制权力的加强以及在解决公共事务时过度使用暴力。雕塑作品中，伊凡三世身着皇家法衣，头戴莫诺马赫帽，手握权杖和宝珠，从跪着的金帐汗国战士手中接受了鞑靼象征权力的权杖布楚克。他的附近躺着一名在战斗中战败的立陶宛人和一名战败的利沃尼亚骑士，背景中有一个西伯利亚男子，代表着西伯利亚并入俄罗斯王国。

　　在这个主题里依然需要补充一段历史资料，那就是关于伊凡雷帝为什么没有入选《千年纪念碑》。前面在俄罗斯历史概述部分提到了画作《伊凡雷帝杀子》，就是一个很好的印证。伊凡雷帝即伊凡四世，生于莫斯科，是莫斯科大公瓦西里三世和埃琳娜·格林斯卡娅的长子。伊凡三岁时成为名义上的统治者。1547 年才被尊奉为沙皇。在他的领导下，俄罗斯编制了 1550 年法典，并进行了兵役制度、司法制度和公共行政改革，包括在地方一级引入自治要素的改革；征服了喀山、阿斯特拉罕和西伯利亚汗国，吞并了巴什基里亚和诺盖部落的部分土地。在伊凡四世的统治下，俄罗斯国家的领土面积增加了几乎一倍，从 280 万平方千米增加到 540 万平方千米；到他统治结束时，俄罗斯的面积已经变得比欧洲其他国家都要大。他是实现古罗斯统一的第一个帝王，也被称为俄罗斯历史上第一位沙皇。解释一下"沙皇"这个词，它是罗马皇帝"凯撒"的译音，就是皇帝的意思，它与国王、大公的内涵不一样，它是王上之王，称为皇帝。从这些事实来看，伊凡四世远比伊凡三世的贡献要大，按理应该选择伊凡四世进入《千年纪念碑》。但由于他性情暴虐，且手段残忍，加上他打死了自己的儿子，使一代王朝绝嗣，还有他曾残暴屠杀诺夫哥罗德的反对人士，而《千年纪念碑》正建设在诺夫哥罗德，这里的人民拒绝伊凡四世，而且，选择伊凡三世也是沙皇亚历山大二世的想法。

第五个主题：罗曼诺夫王朝的开启。

米哈伊尔·费奥多罗维奇·罗曼诺夫是罗曼诺夫王朝第一位沙皇，留里克王朝最后一位君主费奥多尔一世的表弟。伊凡雷帝失手杀死了自己培养的继承人王太子之后，知道他剩下的唯一的儿子费奥多尔是无法承担国家大任的。果然在伊凡四世去世后，虽然儿子继承了皇位，但国家马上进入了混乱期。波兰卷入了俄罗斯王室的纷争，1612 年 10 月，德米特里·波扎尔斯基亲王和库兹马·米宁领导的第二民兵分队解放了首都，迫使波兰驻军投降。俄历 1613 年 3 月 27 日（新历 4 月 6 日），米哈伊尔·费奥多罗维奇·罗曼诺夫开始执政，结束了伊凡四世去世后的政治混乱。国家恢复了秩序，镇压了起义，并与瑞典签订了《斯托尔博沃和平条约》（1617），与波兰签订了《杜利诺停战条约》（1618），罗曼诺夫王朝从此开始。

雕塑作品表现的是波扎尔斯基亲王身着古代俄罗斯武士的服装，右手握着一把锋利的军刀，他用这把刀保护年轻的沙皇米哈伊尔·费奥多罗维奇·罗曼诺夫免受敌人的伤害，商人库兹马·米宁跪在他面前，手里拿着象征王室权力的莫诺马赫帽和权杖。莫诺马赫帽是沙皇最著名的礼仪头饰，莫斯科大王子的王冠。帽体是貂皮做的，其他材料包括黄金、祖母绿宝石、红宝石、尖晶石和珍珠。权杖是君主权力的象征，配有一颗宝珠，被称为"莫诺马赫宝珠"。

第六个主题：俄罗斯帝国建立。

彼得·阿列克谢耶维奇·罗曼诺夫是第一位全俄罗斯皇帝（自 1721 年起）。他从小就在家接受教育，学习德语，后来又学习荷兰语、英语和法语。在宫廷工匠的帮助下，他掌握了许多技艺。

1676 年，彼得 4 岁的时候，他的父亲，沙皇阿列克谢·米哈伊洛维奇去世了。皇位由彼得的哥哥费多尔继承。费多尔是一个受过良好教育的人，他有心对俄罗斯进行改革。但是他的健康状况非常糟糕，于 1682 年去世，没有子嗣。皇位的继承权传给了彼得和大他 6 岁的同父异母的哥哥伊凡，伊凡身体同样很糟糕，彼得也才 10 岁。因此，就由他们的姐姐索菲娅公主摄政。这位在金庸《鹿鼎记》中美丽异常的罗刹国公主，实际上又胖又丑，而且十分狠毒。伊凡病死之后，索菲娅公主多次想除掉彼得，以便自己永久摄政，但每次都未成功，反倒迫使彼得不断强大白己。1696 年彼得执掌政权后，开启了他的改革之路，他游历欧洲各国，向先进发达的国家学习军事、政治、经济、医疗等知识，并带回大量的工匠建设俄罗斯。对内进行大刀阔斧的改革，对外军事扩张。他是一位精力充沛、严肃的君主，拥有天生的智慧和天赋，渴望自己解决一切问题。彼得是决定 18 世纪俄罗斯发展方向的杰出政治家。法国国王路易十四评价他关心军事准备和军队纪律，培养和教化人民，吸引外国军官和各类人才。他的政治措施成为欧洲最伟大的行动方针和权力的扩张，使他的邻国畏惧，并引起非常彻底的嫉妒！

关于彼得大帝的纪念雕塑非常多。《千年纪念碑》中的彼得一世戴着桂冠，身着普列奥布拉任斯基团军官制服。斑岩斗篷和权杖象征着帝国的权力。彼得一世身后有一个带翅膀的天使，手指北方，指向未来的圣彼得堡。彼得脚下是一个战败的瑞典人，捍卫着他破碎的旗帜。

另外一件著名雕塑《铜骑士》塑的也是彼得一世，建于 1766 至 1782 年，是女沙皇叶卡捷琳娜二世特聘法国名家法尔科内雕塑的。这一艺术佳作被安置在一块巨石上，骏马前蹄腾空，彼得大帝安坐其上，两眼炯炯有神，目视前方，充满信心，严厉而自豪。战马象征着俄罗斯，而马匹践踏着的蛇代表着当时阻止彼得大帝改革维新的力量。从任何方向欣赏这座塑像，都可以强烈地感受到它的艺术魅力。这一塑像曾受到俄国诗人普希金的高度颂扬，他为此写下了著名的叙事诗《铜骑士》。后来这件作品就被人们直接称作"铜骑士"了！

《千年纪念碑》表现了公元 862 年至公元 1862 年间俄罗斯的重大历史事件，前面六个主题高度浓缩了俄罗斯的政治历史。纪念碑底部有一个装饰带，上面是 109 位历史人物的高浮雕，展现了俄罗斯历史上最光荣的代表人物，包括启蒙者、政治家、军人和英雄，以及作家和艺术家。每个部分的人物按照他们在纪念碑上的位置从左到右排列。这 109 位人物可分为四个主题。

第一个主题：启蒙者。

主要人物有：基辅佩切尔斯克修道院院长费奥多西（手中拿着一本书坐着），涅斯陀尔·佩切尔斯基（即《往年纪事》的作者），身后是大修士库克沙·佩切尔斯基；基里洛－别洛泽斯基修道院的创始人基里尔，彼尔姆主教斯特凡，基辅和全俄罗斯都主教阿列克西，圣三一谢尔盖修道院创始人拉多内日的谢尔盖，背后是基辅和加利西亚都主教彼得·莫吉拉；索洛维茨基修道院的创始人萨瓦蒂，莫斯科都主教乔纳，莫斯科和全俄罗斯都主教马卡里乌斯，他们前面坐着的是马克西姆·格雷克；特维尔巴尔萨努菲乌斯大主教，喀山古里大主教，康斯坦丁·康斯坦丁诺维奇·奥斯托日斯基亲王，尼康族长，博雅尔·费奥多·里奇切夫，罗斯托夫的圣德米特里，他身后的是扎东斯克的吉洪主教；沃罗涅日的米特罗凡，科尼斯基的乔治大主教，诺夫哥罗德大主教费奥凡·普罗科波维奇。从族长尼康到费奥凡·普罗科波维奇都是同样的面孔。再从侧面看，坐着的是莫斯科都主教柏拉图，赫尔松和塔夫里德·英诺森大主教，基辅大公智者雅罗斯拉夫（手里拿着一本书站着），弗拉基米尔·莫诺马赫（坐着），立陶宛格迪米纳斯大公。

第二个主题：政治家。

政府和军事人物的雕像位于纪念碑的东侧和东北侧。主要人物有：

立陶宛大公格迪米纳斯，奥尔格德和维陶塔斯，莫斯科大公伊凡三世，西尔维斯特神父，沙皇阿纳斯塔西娅·罗曼诺夫娜和阿列克谢·阿达舍夫，赫莫根尼宗主教指着年轻的沙皇阿列克谢·米哈伊洛维奇，宗主教费拉雷特向他倾斜；彼得一世，军事领导人雅科夫·多尔戈鲁科夫，伊万·贝茨科伊，叶卡捷琳娜二世，格里戈里·波将金跪在她面前；外交官维克托·科丘贝，亚历山大一世，他身后是米哈伊尔·斯佩兰斯基和米哈伊尔·沃龙佐夫元帅；尼古拉斯一世，伊万·帕斯克维奇（坐），他身后是米哈伊尔·拉扎列夫海军上将，弗拉基米尔·科尔尼洛夫海军中将，帕维尔·科尔尼洛夫海军上将。

第三个主题：军人和英雄。

主要人物有：基辅王子斯维亚托斯拉夫·伊戈列维奇，加利茨基·姆斯季斯拉夫·乌达洛伊亲王，丹尼尔·加利茨基王子，普斯科夫·多夫蒙特亲王，弗拉基米尔·亚历山大·涅夫斯基大公，米哈伊尔·特维尔斯科伊王子（单膝弯曲，全脸），德米特里·顿斯科伊大公，立陶宛王子凯斯图特，15—16世纪的莫斯科总督丹尼尔·霍姆斯基（坐在军刀上），指挥官米哈伊尔·沃罗廷斯基，亲王兼总督丹尼尔·谢尼亚；玛莎·博列茨卡娅，她的脚下是诺夫哥罗德大帝破损的旧钟；亚尔马克·蒂莫费耶维奇（坐），他身后是米哈伊尔·斯科平—舒斯基王子；德米特里·波扎尔斯基王子，身后是圣三一谢尔盖修道院的酒窖管理员；库兹马·米宁跪在王权的象征前，农民伊万·苏萨宁（坐着，手按在胸前），在他身后是乌克兰酋长博格丹·赫梅利尼茨基，其后是陆军元帅鲍里斯·谢列梅捷夫将军的侧脸；伊万·苏珊宁和陆军元帅鲍里斯·谢列梅捷夫、米哈伊尔·戈利岑、彼得·萨尔蒂科夫、布尔查德·米尼奇，总司令阿列克谢·奥尔洛夫—切斯曼斯基（坐），陆军元帅彼得·鲁缅采夫—扎杜奈斯基，大元帅亚历山大·苏沃洛夫，陆军元帅米哈伊尔·巴克莱·德·托利、米哈伊尔·库图佐夫，海军上将德米特里·谢尼亚文。

第四个主题：作家和艺术家。

主要人物有：科学家、诗人和艺术家米哈伊尔·罗蒙诺索夫（Mikhail Lomonosov，坐着，全脸），作家丹尼斯·冯维津（坐着，侧面），诗人、政治家加夫里尔·德尔查杰文，他们身后是建筑师亚历山大·科科里诺夫（Alexander Kokorinov）；俄罗斯剧院创始人费奥多尔·沃尔科夫，作家兼历史学家尼古拉·卡拉姆津（Nikolai Karamzin）（只能看到他的背影）；费多尔·沃尔科夫，伊万·克雷洛夫（Ivan Krylov），旁边是亚历山大·格里博耶多夫（Alexander Griboyedov，坐着）；格里鲍耶多夫身后是瓦西里·茹科夫斯基和尼古拉·格涅迪奇；米哈伊尔·莱蒙托夫（用手托着下巴），亚历山大·普希金，尼古拉·果戈理，米哈伊尔·格林卡，卡尔·布留洛夫。

《千年纪念碑》的成功离不开年轻画家迈克申和年轻雕塑家施罗德。从形式上来说，只有迈克申被认为是该项目的作者，但施罗德也参与了创作，特别是他制作了纪念碑的小型模型。迈克申是一位没有雕塑经验的画家，他让他才华横溢的同伴施罗德参与了纪念碑的创作。另外铁路工程师、少将、建筑和水利工程委员会委员埃夫列诺夫被任命为工程建造者，上尉亚当斯被任命为工头，农民工安德烈·卡扎科夫被任命为石工工头，农民工伊万被任命为木工工头，纪念碑建造的总体监督工作由副将康斯坦丁·弗拉基米罗维奇·切夫金负责。帝国美术学院理事会认为，该项目需要组织强大的雕塑团队加快进程，要求雕塑家进行合作。帝国美术学院雕塑院士负责不同的主题单元。罗曼·卡洛维奇·萨莱曼负责米哈伊尔·费奥多罗维奇、圣人弗拉基米尔和德米特里·顿斯科伊主题，帕维尔·斯捷潘诺维奇·米哈伊洛夫负责留里克主题，尼古拉·阿基莫维奇·拉维列茨基负责政治家和军人主题，亚历山大·米哈伊洛维奇·柳比莫夫负责军人和英雄主题，马特维·阿法纳西耶维奇·奇佐夫负责启蒙者和军人主题，建筑师哈拉尔·安德烈耶维奇·博塞和维克托·亚历山德罗维奇·哈特曼参与其中。迈克申和施罗德负责创作了最上面的一组带十字架的天使和"俄罗斯母亲"，以及彼得一世和伊凡三世的塑像。

（二）反法西斯英雄三部曲纪念性雕塑

反法西斯英雄三部曲集中表现的是 1941—1945 年的历史，从雕塑的艺术成就来说，反法西斯主题代表了苏联雕塑艺术的最高成就。反法西斯英雄三部曲，是反法西斯主题雕塑的重要代表。从主题形式上来说，《前线—后方》表现的是铸剑抗战，《祖国母亲在呼唤》表现母亲呼唤儿女向死而生、英勇杀敌，《解放者》表现的是苏军战士粉碎了法西斯的侵略机器，发扬国际主义精神，不仅要打败敌人，还要拯救无辜平民。这个叙事线索是符合历史逻辑的时间顺序的，但事实上，雕塑完成的顺序却正好相反。

1.《解放者》

该纪念碑是 1949 年完成的一件关于反法西斯主题作品，安放在柏林的特雷普托公园。创作者叶甫根尼·武捷季奇是苏联最重要的雕塑家之一，1959 年被苏联艺术科学院评定为人民艺术家。他擅长创作大型纪念碑，仅在伏尔加格勒就有两座著名雕塑出自他手：除反法西斯英雄三部曲之一《祖国母亲在召唤》外，还有一座高达 57 米的列宁纪念碑。《解放者》这件作品是基于一个真实的故事创作的，最初的设计稿为苏军战士左手怀抱从战火中拯救出来的德国小女孩，右手举着冲锋枪，脚踩纳粹旗帜。这个设计稿提交到斯大林手中的时候，斯大林建议把冲锋枪改成利剑更有历史厚重感。这个建议随后激发了许多艺术家的创作灵感，许多有关反法西斯或战争题材的纪念碑都用剑代替枪，包括叶甫根尼·武捷季奇另一件安放在联合国总部的作品化剑为犁，备受推崇。反法西斯英雄三部曲，也被称为"反法西斯英雄三剑"。

德国柏林特雷普托公园苏军纪念碑《解放者》

2.《祖国母亲在召唤》

斯大林格勒保卫战是苏联卫国战争中红军与国防军在轴心国军队支持下进行的最重要、规模最大的一次战役，最终以苏联红军的胜利告终。这件雕塑作品于 1959 年至 1967 年建造，由预应力混凝土制成，使用了 5500 吨混凝土和 2400 吨钢结构骨架，底座除外。纪念碑的总高度为 85 米，加底座 87 米。地基 16 米，浇筑了混凝土加以稳固。雕塑是空心的，整个雕像内部由独立的空间组成，是一个牢固的建筑结构，雕塑钢筋混凝土的厚度为 25～30 厘米。在结构力学方面，工程师采用了"阻力器"原理，来减小由于超高造型产生的风摆系数。雕塑内部安装有 117 根金属缆绳，使顶部与地基拉扯起来，这些金属缆绳始终处于拉紧状态。高高举起的剑长 33 米，重 14 吨，原本是由不锈钢制成，外面覆盖着铆接的钛金属片，色彩更漂亮。剑身庞大，质量巨大，风阻系数很高，导致剑在受到风荷载时会剧烈晃动，持剑的手与剑身附着处会产生过大的机械应力，极易导致剑体结构变形，钛金属板铆钉脱落，在风力作用下产生刺耳的金属啸声，有人就说这是死者的冤魂所致。因此，1972 年，这柄巨大的利剑被替换为全不锈钢，并在剑身的上部开了七个孔，以减少风阻力。这件当时全球最高的纪念性雕塑作品，是举苏联全国之力建造的，也有跟美国《自由女神》比高下的攀比心理。不过这件作品的技术含量很高，虽然使用的材料很简单，以钢骨架和水泥为主，但为了建好它动用了当时苏联顶级的科学资源。2021 年 9 月，我去伏尔加格勒进行了六天时间的考察，被《祖国母亲在召唤》深深地震撼。这件作品的雕塑创作者依然是前文提到的叶甫根尼·武捷季奇，他是一位十分高产的雕塑家。

伏尔加格勒《祖国母亲在召唤》及其结构示意图

3.《前线－后方》

纪念雕塑《前线－后方》是马格尼托哥尔斯克市为纪念卫国战争而建造的。作者包括雕塑家列大·尼古拉耶维奇·戈洛夫尼茨基，建筑师雅科夫·鲍里索维奇·别洛波尔斯基，材质为青铜和花岗岩，纪念碑于 1979 年 6 月 28 日建成竣工。

纪念碑由站在马格尼托哥尔斯克钢铁厂背景下的一个工人和一个战士构成。作为雕塑背景的工业区是这个艺术纪念碑整体的有机组成部分。工人面向东方的冶金厂，战士向西，朝着前线敌人所在的位置。该作品还包括一朵由卡累利阿花岗岩制成的带有永恒火焰的石花。雕塑整体安放在乌拉尔河畔的一座 18 米高的假山上。山体一侧连接着公路，面向钢铁厂方向，用梯步结构设计护坡，既起到稳固结构的作用，又使雕塑更显高大（雕像本身高 15 米）。马格尼托哥尔斯克全城居民对雕塑《前线－后方》充满敬意。2021 年 9 月我前往该地，进行为期七天的考察，采访过年纪很大的老人，也采访过年轻的朋友，甚至还有上学路上背着书包的小学生。他们都很熟悉这件作品，称它融入了他们的城市精神，他们都为这件作品感到自豪！

马格尼托哥尔斯克的《前线－后方》纪念雕塑

"反法西斯英雄三部曲"完整地叙述了反法西斯战争中的英勇事迹。《前线－后方》位于马格尼托哥尔斯克，因为战争期间每两辆坦克就有一辆、每三发炮弹就有一发是由马格尼托哥尔斯克钢铁厂的钢铁制成的！一名工人将一把剑递给一名苏联士兵，暗示在乌拉尔锻造的胜利之剑，随后将在战争的根本性转折点所在地——伏尔加格勒的《祖国母亲在呼唤》那里举起，最后由"解放者"在敌人的巢穴——柏林挥下，碾碎法西斯战争机器。三座雕塑形成一个完整的反法西斯史诗，这就是"反法西斯英雄三部曲"纪念碑的意义。

（三）俄罗斯联邦

苏联解体后，俄罗斯联邦也建造了大量的纪念性雕塑。最具影响力的作品是苏联国民经济成就展览馆纪念雕塑。

苏联国民经济成就展览馆位于莫斯科东北行政区奥斯坦金诺区的展览中心，每年有 3000 万游客参观，总面积达到 700 公顷。2019 年 8 月 1 日，展览馆迎来了 80 周年纪念，它是苏联时代的纪念碑！

苏联国民经济成就展览馆最初的构想出自斯大林。1934 年，斯大林提议举办苏维埃政权成立 20 周年纪念展览，但由于工期延误，最初的想法不得不调整。展览中心于 1939 年 8 月正式开放，里面有许多主题展馆，每个展馆都以各加盟共和国原创风格建造。20 世纪 90 年代展览结束后，该展览中心被废弃了很长一段时间，这是众所周知的。2014 年展馆重建，并将全俄展览馆与奥斯坦金诺公园和植物园合并。

苏联国民经济成就展览馆凯旋门和中央展馆

现在，苏联国民经济成就展览馆的一系列雕塑成为苏联时代的视觉纪念，同时也是一座拥有各种活动的现代化城市公园。展览馆内共有 49 处文化坐标。其中一个象征着卫国战争胜利的凯旋门顶上，装饰着金色的和平雕塑群《拖拉机司机和集体农场妇女》。从拱门出发，通向展览的另一个标志建筑——中央展馆，包括尖顶在内的展馆总高度达到 97 米，阶梯式的设计显得严谨、气派、庄严。

中央展馆后面是人民友谊广场和人民友谊喷泉。《权谊喷泉》雕塑由 16 个贴着金箔的青铜雕像围绕着一根巨大的捆扎成圆形的麦穗构成。每座雕塑都象征着一个联盟共和国，包括卡累利阿－芬兰苏维埃社会主义共和国（1956 年之前是苏联加盟共和国之一）。

苏联国民经济成就展览馆《友谊喷泉》纪念雕塑

中央廊道上还有一个喷泉"彩色花卉"雕塑，其灵感来自帕维尔·巴佐夫的《乌拉尔故事》中的图像。这朵巨大的雕塑花由彩色混凝土组装而成。喷泉随着德米特里·肖斯塔科维奇的《节日序曲》的音乐喷出水柱，并在夜间点亮灯光，因此被认为是苏联第一座灯光音乐喷泉。

雕塑群《工人与集体农庄女庄员》是苏联时代的象征之一，也是莫斯科电影制片厂的标志。作者是维拉·穆希娜（Vera Mukhina）。纪念碑装饰了 1937 年巴黎国际博览会上的苏联馆，然后搬到了全俄展览馆。这座纪念碑没有放置在原本的 34 米高的基座上，而是放置在一个 10 米高的"树桩"上——维拉·穆希娜本人如此称呼这种结构。2009 年修复后，雕塑按照作者设计的高度再次亮相。

《工人与集体农庄女庄员》纪念雕塑

四、结语

俄罗斯历史并不算悠久，却是一个热爱文化艺术的国度，总给人以历史文化深厚的印象。俄罗斯是一个崇尚英雄的国家，每一座城市都有自己的英雄，每一位雕塑家都有自己的英雄偶像。今天我们通过纪念碑来解读俄罗斯的历史，同时也向俄罗斯历史长河中那些非凡的、创造历史的英雄人物致敬，是他们为俄罗斯留下了丰厚的历史文化遗产，也为繁荣多样的世界文明提供了俄罗斯方案。

本讲全部纪念碑案例，除德国柏林《解放者》纪念碑外，其他纪念碑，作者均前往现场进行考察，通过调查、走访获得一手文献，以并查阅博物院、档案馆、图书馆文献及网络资源等，尽最大可能以第一视角为大家分享文艺中的俄罗斯历史道路。

参考资料

张建华：《俄国史》，北京：人民出版社，2022 年。

Александр Невский. Большая советская энциклопедия, 3—е издание: в 30 т. (30 т. и 1 доп.) / гл. ред. А. М Прохоров. — М.: Советская энциклопедия, 1969—1978.

Монументальная и декоративная скульптура Ленинграда. Альбом. Текст вступительной статьи: Евсеев В. А., Раскин А. Г., Шапошникова Л. П. —Л.: Искусство, 1991.

Мосты памяти—пл. Александра Невского СПб. Дата обращения: 16 ноября 2013. Архивировано 7 февраля 2019 года.

Полное собрание Русских летописей. —Т. Х. Никоновская летопись. —СПб, 1885.

Пресняков А. Е. Образование Великорусского государства: Очерки по истории XIII —XV столетий. —Пг.: 9—я гос. тип., 1920. —С. 458. —494 с. Архивировано 14 ноября 2017 года.

D. Konstan. *Beauty: The Fortunes of an Ancient Greek Idea*. New York: Oxford University Press, 2014.

Walter G. Moss. *A History of Russia*. Volume 1: To 1917. London: Anthem Press, 2003.

Zbigniew Brzezinski. "The Soviet Union: World Power of a New Type", *Proceedings of the Academy of Political Science*. 1984, 35 (3): 147—159.

第十讲

足尖上的风云： 芭蕾舞与时代
——俄罗斯"学院派" 芭蕾漫议

主讲人：邢小于

一、风起之时

"土壤般的厚重，天空般的轻飘"①，这是一位俄罗斯文学研究者对著名诗人阿尔谢尼·塔尔科夫斯基诗歌的评价。有意思的是，倘若把这句话用于蜚声国际的俄罗斯芭蕾学派（习称"学院派"），竟然也不偏不倚、恰如其分！

俄罗斯芭蕾的真正起始点可以追溯到 17 世纪下半叶，即从法国神父约翰·格里格里奉贵族阿尔塔蒙·马特维耶夫之命于 1672 年筹组克里姆林宫剧院时算起。该剧院在 1673 年上演了第一部俄国舞剧《奥菲十在欧里狄克》，深得沙皇的欢心。虽然它对俄罗斯芭蕾的发展作用甚微，但却为后面整个俄罗斯艺术舞蹈的兴盛垫下了第一块铺路石。1737年，让·巴蒂斯特·兰代上书沙皇，获准成立舞蹈培训班，招收 6 男 6女，计划三年内完成培训，目的是将他们培养成第一批俄国芭蕾演员。

---

① 张猛：《镜子与迷宫：俄罗斯文化评论》，北京：作家出版社，2023 年，第 1 页。

1738 年 5 月 4 日，俄国第一所芭蕾舞校——皇家舞蹈学校在圣彼得堡正式成立，这也是当今世界顶尖芭蕾教学机构瓦冈诺娃舞蹈学院的前身。它的重要意义在于，从此开始，俄国芭蕾演员完全依赖"进口"的状况成为历史！何以言此？历史为证。

1581 年 10 月，《皇后喜剧芭蕾》在巴黎卢浮宫小波旁宫正厅上演，起源于意大利的宫廷芭蕾正式在法国站稳了脚跟，开启了芭蕾发展的萌芽时代。随后，芭蕾的浪潮逐渐进入欧洲各国宫廷，并稳步走向成熟，而唯有远在东欧的俄罗斯，由于正在经历一场场历史变革，无暇他顾，对此显得有些后知后觉。直至彼得大帝西行归来，尤其是在叶卡捷琳娜对法国文化产生了极大兴趣之后，俄国才逐渐对外敞开了引入芭蕾的大门。自此，法国的舞蹈编导、教师、演员纷至沓来，圣彼得堡和莫斯科两座城市转眼间成为欧洲芭蕾大师的新宠！这似乎是历史的必然选择？

回首 1661 年，在芭蕾大师皮埃尔·博尚的努力下，法国皇家舞蹈学院制定基训规则和专业术语，完善舞姿舞步研究，使古典芭蕾体系逐渐成型。此后，这门欧洲古典舞在历经了喜剧芭蕾、歌剧芭蕾和之后 18 世纪"情节芭蕾"① 的发展阶段后，终于在 1832 年 3 月 18 日，随着《女树精》（*La Sylphide*）在法国的惊艳问世一炮而红，迎来了自己的黄金年代——浪漫主义芭蕾时期。1841 年 6 月 29 日在巴黎上演的两幕芭蕾《吉赛尔》（*Giselle*），由于剧情更完整，加之女演员已经可以驾轻就熟地运用脚尖功（Pas de pointu）这项技术，塑造出生动感人的艺术形象，遂当之无愧地成了浪漫主义舞剧的巅峰之作！而凭着这股风尚涌现出来的众多光彩夺目的著名舞蹈家，犹如过江之鲫，难以胜数，他们好像夜空中璀璨的群星，熠熠生辉，以其仪态万方的舞台形象，照亮古今！

---

① 原文为 "Ballet d'action"，由法国 18 世纪舞蹈革新家乔治·诺维尔提出并付诸实践，使芭蕾成为一门独立的艺术。

　　然而好景不长，由于受到法国国内动荡局势的影响，以及巴黎歌剧院内保守势力的故步自封，法兰西芭蕾学派陷入了持久不振的困局，其间除了1844年佩罗的《艾斯米拉达》（*Esmeralda*，取材于雨果《巴黎圣母院》）、1856年马西里耶的《海侠》（*La Corsaire*）、1870年圣莱翁的《葛佩莉亚》（*Goppelia*）等屈指可数的几部作品还差强人意，再无佳作面世。此刻谁也没有料到，法国人手中的浪漫主义芭蕾旗帜即将易手，而这个接班者，竟然是远离西欧的俄罗斯芭蕾学派！这一结果看来在意料之外，但稍加分析，却又似乎在情理之中。

　　"本就有着强大神秘主义与象征主义传统的俄罗斯文化很容易接受浪漫主义赋予艺术的类宗教角色。虽然到了19世纪40年代，法国重新成为俄罗斯思想的宗主国——面对帝俄严酷的社会现实，知识分子从德国浪漫主义影响下的向内静观更多地转向了法国社会批判传统，要求更积极地介入现实——但之前接受的那种浪漫主义艺术观与其说是被取代了，不如说是变得更落地了。"① 由此可见，浪漫主义的发源地法国对俄罗斯文化的影响不可谓不巨大，既深且远。维克多·雨果在《克伦威尔序言》中早已一语道出了浪漫主义的本质："浪漫主义的真实定义，不过是文学上的自由主义而已。"而浪漫主义饱满的激情、奇特夸张的手法，以及超凡绝尘的想象力，对于身处水深火热统治中的"俄罗斯灵魂"而言，则具有非凡的诱惑力。

　　前文曾提过，随着法国文化思想的引入，许多杰出艺术家来到圣彼得堡和莫斯科。19世纪中下叶，则更有大批意大利、法国舞蹈家应聘到俄国工作，对俄罗斯芭蕾学派的形成和发展做出了不可磨灭的贡献，他们中的佼佼者，当首推塔戈里奥尼父女、狄德罗、佩罗、圣莱翁和马里尤斯·佩蒂帕。而马里尤斯·佩蒂帕，可谓俄罗斯学院派芭蕾的真正

---

　　① 龙瑜宬：《边缘崛起：俄罗斯文学传统的跨文化生成与重释》，杭州：浙江大学出版社，2023年，第8页。

奠基人。

著名诗人普希金对来自法国的狄德罗评价甚高，他认为，"狄德罗的舞剧充满想象力和不平凡的美。我们的一位浪漫主义作家从中找到了比全部法国文学中还要多的诗意"①。在此还要说明的一点是，狄德罗也是当年最早一批让演员尝试过脚尖功的功臣之一。

19世纪20年代中期以来，十二月党人起义虽然被沙皇当局残酷镇压，但民心浮动，对现实极度不满的情绪如暗流涌动，难以遏止。俄国众多知识分子强烈要求文艺介入对现实生活的批判。1848年，法国编导佩罗在圣彼得堡重排的浪漫主义芭蕾《艾斯米拉达》，似乎正是在以一种人道主义的呼声，顺应了当时俄罗斯政治风云下潜藏的人心思变的历史潮流。

二、创立学派

1. 奠基者马里尤斯·佩蒂帕（1818—1910）

起初，这位出身舞蹈世家的法国马赛人以演员的身份于1847年受聘于圣彼得堡皇家芭蕾舞团，担任首席演员，后任芭蕾编导。正是在这一领域，他展现了令人惊叹的才华。在创作了一系列流芳百世的舞剧作品的同时，他还带出了一支在诸多芭蕾学派中傲视群雄的"硬核"队伍：俄罗斯学院派。

由此，人们称他为"俄罗斯芭蕾之父"。

这位来自法国的学院派芭蕾宗师，十分敏锐地捕捉到了俄罗斯民族的审美习性，进而将斯拉夫民间舞蹈和音乐融入创作的舞剧作品，如《法老的女儿》和《山谷精灵》中的"鸽子舞"及"山民舞"等，在俄

---

① 转引自朱立人：《西方芭蕾史纲》，上海：上海音乐出版社，2001年，第55页。

罗斯引起了巨大的反响！如此看来，佩蒂帕应该是一位非常善于将外来艺术与本土艺术相结合的编舞高手。除此之外，他还深谙俄罗斯民族审美心理的另一层面：对阳刚之美和力量之美的向往。这个了不起的发现，促使他与意大利学派的名师恩里科·切凯蒂密切合作，把法兰西学派的优雅、程式同意大利学派的高超技巧无缝衔接，充分发掘出俄罗斯人体格高大健硕、肌肉爆发力强等生理优势，把男演员从以前充当把杆和女演员陪衬的角色中解放出来，为男演员淋漓尽致地释放天性开拓了一条尽显其阳刚之美的康庄大道，此举可谓利在当时，功盖千秋！

　　走到了这一步，俄罗斯学院派的特征已初露端倪，那就是被行家们赞叹不已的"斯拉夫风范"。有西方舞蹈史学专家曾经一针见血地指出："法国古典学派的特点是在注重节奏的同时，辅之以优雅和敏感的表情；意大利学派一以贯之地推崇敏捷的动作和高超的技艺；学院派则靠着善集百家之长的'斯拉夫灵魂'，将以上两派融合后演变出一种新型的风格，它的特点是：激情、生动、崇高、敏捷、光彩照人！"①

　　循着这条独辟的蹊径，佩蒂帕的创作之路终于走上了正轨，佳作频出。在俄国的 60 余年里，他大胆打破了多年来芭蕾传统的固有形式，首次推出三幕及以上的多幕芭蕾，从而扩展了舞剧剧情，丰富了芭蕾的表现力。1869 年，佩蒂帕正式出任皇家舞剧院首席编导，相继创作了《堂吉诃德》（1870）、《三角帽》（1871）、《蝴蝶》（1874）、《舞姬》（1877）、《天鹅湖》（1877）、《睡美人》（1890）、《胡桃夹子》（1892）、《雷蒙达》（1898）、《四季》（1900）等一系列足以列入芭蕾宝库的舞剧作品，而其中最能代表他创作巅峰的杰作，当属与俄罗斯音乐大师柴可夫斯基精心合作的三幕芭蕾——《睡美人》。

---

① 保尔·布尔西埃：《西方舞蹈史》，刑晓瑜、耿长春译，成都：四川人民出版社，1996 年，第 195 页。

芭蕾舞剧《睡美人》剧照

　　早在 1877 年，佩蒂帕就和柴可夫斯基合作，推出了四幕芭蕾《天鹅湖》，却票房惨淡，遭遇败绩。柴可夫斯基经此重挫，一度对创作芭蕾音乐感到心灰意懒，乃至无心提笔。后经皇家剧院院长符谢沃洛日斯基多次敦请，又在仔细看过佩蒂帕精心制定的分场分段结构计划（细致到音乐所对应的舞蹈段落的拍子、速度和小节数）后，才接下了为《睡美人》创作音乐的任务，并说出了那句流传甚广的至理名言："要知道舞剧同样也是交响乐啊！"① 接下来，柴可夫斯基按照这份计划写出了整部舞剧音乐，佩蒂帕又严格按照从内心感知到的音乐情调出发，去设计和编排舞蹈和场景。这足以表明佩蒂帕具有对舞蹈和舞台场景的非凡想象力——在作曲家写出音乐之前，就能够借助感觉，暗暗领略到音乐所能展现出的丰富的舞蹈动律和舞台画面感！

　　《睡美人》作为佩蒂帕舞剧创作的巅峰之作，它的成功除了剧本和音乐的要素，还与其中阿芙罗拉公主和杰齐林王子的双人舞以及变奏的

---

① 转引自朱立人：《西方芭蕾史纲》，上海：上海音乐出版社，2001 年，第 66 页。

精彩编排密不可分。在这些舞段中，佩蒂帕将自己精湛的编舞技能发挥到了极致！1890 年 1 月 15 日，该剧在马林斯基剧院首演，据说沙皇在中场休息时专门接见了舞剧创作者，但除了连声称赞"很好"，这位自诩为芭蕾守护者的君王就只能叹为观止了①。

佩蒂帕的最后一部作品是 1903 年创作的《魔镜》。同年，垂垂老矣的佩蒂帕被宫廷辞退，后于 1910 年病逝于俄罗斯小城古尔佐夫。

一代宗师马里尤斯·佩蒂帕将他的大部分生命献给了俄罗斯学院派，他对俄罗斯学院派乃至世界芭蕾舞界做出的巨大贡献并未随着时间的推移而被掩埋。他的诸多优秀作品至今还被世界各大芭蕾剧团当作保留节目，而其中的大批双人舞（Pas de deux）和变奏（Variation），更是被列入了各项国际芭蕾大赛的必选节目名单。

2. 后起之秀列夫·伊凡诺夫的创作

步入晚年的佩蒂帕曾经计划尽早完成新舞剧《胡桃夹子》并搬上舞台，然而，病痛的折磨使他不得不搁置此计划，最后极其不舍地把这项任务移交给自己的助手——俄罗斯本土编导列夫·伊凡诺夫（1834—1901）。这应该被视为一个划时代和具有里程碑意义的转折点，它首次向外界凸显了一位俄罗斯芭蕾编导的国际地位，也开启了两百多年来由俄罗斯人自己在本土芭蕾学派中当家做主的崭新时代！

---

① 参见钱世锦：《世界经典芭蕾舞剧欣赏》，上海：上海音乐出版社，2005 年，第 162 页。

《胡桃夹子》剧照

伊凡诺夫临危受命，不负重托。这位曾在莫斯科舞蹈学校和圣彼得堡皇家舞蹈学院受训的优秀学生，一毕业就进入马林斯基剧院做演员，并成功扮演过芭蕾名剧《关不住的女儿》（*La Fille Mal Gardée*，西方舞蹈史上第一部情节芭蕾）的男主角柯乐斯。伊凡诺夫由于平时思维活跃，爱提建议，所以长期受到剧团保守势力的排挤而郁郁不得志。佩蒂帕则慧眼识珠，在排练过程中发现了这位俄罗斯青年演员身上的闪光点，遂有意对其加以培养，当他确定伊凡诺夫是有用之才后，便于1882年起用他做舞台监督的工作并继续观察其表现。1885年，佩蒂帕亲自向院长推荐伊凡诺夫做自己的助手，就任二级编导。这样，伊凡诺夫在名师的指导下节节进步，充分展现了自己不凡的天赋，逐渐由名师足下的杰出弟子，成长为一名编舞高手，继而在世界芭蕾领域崭露头角，遐迩闻名。

《胡桃夹子》取材于德国作家霍夫曼的童话《胡桃夹子与老鼠国王》，上百年来，许多西方国家据此改编的舞台演出版本众多。在排练过程中，伊凡诺夫从柴可夫斯基优美的音乐旋律中获取编舞灵感，既完美地遵循了音乐家的交响作曲原则，又避免了舞蹈段落为照顾音乐的完整性而游离于剧情之外，在使整部作品让人获得直观的视觉享受之余，又能给予观众优雅的听觉享受。评论家认为，伊凡诺夫的这部作品中的"小雪花舞"堪称经典，参加这个群舞的女演员多达史无前例的 60 人！① 需知群舞的编排不但要考虑队列的整齐，还得要变化出各种令人眼花缭乱的穿插走位。由此可见，作品编导在舞台调度上的功力堪称一流。伊凡诺夫在编排这个舞段时完美照应了柴可夫斯基的交响乐段，由此开启了后世交响编舞法的先河。

伊凡诺夫虽从恩师佩蒂帕那里学到的编导手法甚多，但他还是走出了一条与佩蒂帕截然不同的创作道路。简而言之，佩蒂帕在舞剧创作中是绝对强势的一方，其他相关部门如作曲、布景、灯光、道具等负责人员，对他的指令都得绝对服从，排练中他坚持自己的计划，寸步不让；伊凡诺夫则不然，无论在和柴可夫斯基还是后来的格拉祖诺夫合作期间，他都秉持作曲家创作居先的原则，而后才会在音乐的启发下去捕捉编舞的灵感。佩蒂帕使用舞蹈约束音乐家，伊凡诺夫则恰恰相反，跟随音乐家去寻找编舞灵感的源泉。后世的编舞大师乔治·巴兰钦正是将他这个特点加以放大，喊出了那句比较偏激的口号："音乐是舞蹈的灵魂。"另外还必须一提的是，1877 年经佩蒂帕编导首演失败的《天鹅湖》，时隔 17 年后经伊凡诺夫重新编排，于 1894 年 2 月 17 日重演，竟神奇地"满血复活"，最终还成为俄罗斯学院派的扛鼎之作，从此进入世界各大芭蕾剧院的保留剧目单，誉满全球！这是否也能反证伊凡诺夫创作思路的合理性呢？

---

① 朱立人：《西方芭蕾史纲》，上海：上海音乐出版社，2001 年，第 71 页。

俄罗斯国家芭蕾剧院芭蕾舞《天鹅湖》剧照

三、芭蕾的救赎者——俄罗斯芭蕾舞团（Russian Ballet）

19 世纪末，俄罗斯芭蕾发展的重心悄然由圣彼得堡向莫斯科偏移，那里的工商业资本家以及大量平民显然比首都的宫廷贵族更真心喜爱芭蕾这种充满活力的艺术形式。于是，俄罗斯芭蕾一分为二，由福金和戈尔斯基分别作为圣彼得堡马林斯基剧院和莫斯科大剧院的领军人物，在两所城市形成了不同的表演风格，彼此暗暗较劲，却又相互包容。

20 世纪初，世界风云的风眼似乎突然间停驻在了俄罗斯，1917 年 11 月 7 日 21 时 45 分，阿芙乐尔号巡洋舰上发出的炮声撕裂长空，"十月革命"的成功，宣告着这个地球上有着最广袤疆域的国度，在推翻帝制之后，发生了天翻地覆的变化，这一变化后来极大地影响全人类发展的方向。

红色风暴席卷了整个俄罗斯乃至东欧大部分国家，许多俄罗斯艺术家追随革命前就离开俄国的前辈的脚步，选择了通往法国巴黎的道路。因为，那里不但有牛奶和面包，还有一位"艺术家之上的艺术家"——谢尔盖·巴弗洛维奇·佳吉列夫（1872—1929）。这位出身外省破落贵族之家的青年才俊遵从家嘱，18 岁才来到圣彼得堡，考入帝国大学，主修商科。但由于他酷爱艺术，修养全面且聪颖过人，很快就摇身一变，以商科生的身份，频繁出入于校内的艺术沙龙，还成为帝国大学《艺术世界》杂志的主编。佳吉列夫具有很高超的管理才能，他先后着手组织的俄国画家巴黎巡回画展（1906）和俄国古典音乐会（1907）取得了意料之外的成功。商机在握，促使他下决心开始紧锣密鼓地筹办"俄罗斯演出季"。

　　1909年5月18日，俄罗斯芭蕾舞团精英全体出动，在巴黎夏洛特剧场举行了首场演出。当晚，嘉宾云集，盛况空前！雕塑家罗丹，作曲家拉威尔、圣桑，舞蹈家邓肯等一众名流到场观剧，而俄罗斯芭蕾舞团全员上下则倾尽全力展示才华，最终他们不负众望，演出取得了巨大的成功！

　　更有意义的是，由于俄罗斯芭蕾舞团著名编导福金在这场视觉盛宴中负责几部新型芭蕾的主创任务，所以有人又把那一日确定为现代芭蕾的起点，而福金本人则被西方舞蹈界公认为"现代芭蕾之父"。往后20年间，佳吉列夫一直统领着这个以俄罗斯人为主体的世界一流芭蕾舞团，并为之殚精竭虑，甚至终生未婚。

　　佳吉列夫以他无人匹敌的个人魅力，吸引了全俄罗斯十月革命前后最顶尖的音乐舞蹈人才加盟，福金、巴甫洛娃、尼京斯基、尼京斯卡、斯特拉文斯基、马辛、巴兰钦、普罗科菲耶夫、里姆斯基－柯萨科夫等都参与过剧团的艺术创作，法国印象派作曲家德彪西也曾受邀为剧团写过一部作品——《牧神午后》。更匪夷所思的是，画家毕加索和达利居然也曾参与过剧团舞剧背景的制作。由此可见佳吉列夫超强的个人魅力，早已远远溢出了传统芭蕾的圈子！

　　须知就是如此一位不从事任何一门具体艺术专业创作的人士，竟然可以吸引如此众多的艺术大师争相为其献艺而不计报酬，真可谓前无古人后无来者！人们惊叹钦佩之余，交口称赞，并给他献上了一顶至高无上的、只能属于他一人独有的桂冠：艺术家之上的艺术家。

19 世纪 20 世纪之交，古典芭蕾在欧洲各国的发展走入了困境。时代的原因肯定无法排除，但主要原因，还是这项艺术无法突破传统、盛极而衰。俄罗斯芭蕾舞团生逢其时，以吻合时代的意趣推出了一部部充满锐意进取精神的现代芭蕾作品，在西欧各国舞台上大受欢迎！而学院派女演员的训练有素和精湛技巧，俄罗斯男演员那有别于西欧舞台上弱不禁风形象的孔武有力的"斯拉夫人"的阳刚之气，则为芭蕾舞台带来了一阵改头换面的俄罗斯疾风。凭借《阿尔米达的帐篷》《伊戈尔王》《仙女们》《天方夜谭》《火鸟》《彼得卢什卡》《牧神午后》《春之祭》《三角帽》等一大批现代芭蕾佳作，俄罗斯芭蕾舞团在天才领导者佳吉列夫的率领下，重新让芭蕾走进了广大民众的心灵，激发出他们对芭蕾的热爱和兴趣。在俄罗斯芭蕾舞团仅存的短短 20 年间，它凭一己之力，一边拯救古典芭蕾于衰败，一边还为芭蕾继续向前铺出了一条崭新的道路。

佳吉列夫手下最值得称道的俄罗斯芭蕾编导和演员，当数福金和尼京斯基。上文曾提及，米哈伊尔·米哈伊尔洛维奇·福金（1880—1942）以自己过人的睿智和勇气，搭建起了一座古典芭蕾通往现代芭蕾的桥梁，由此获得了"现代芭蕾之父"的美称。1905 年俄国资产阶级革命被镇压，一贯向往社会改革的青年福金不可能置身事外，他连续创作了一系列打破传统的芭蕾作品，如《仙女们》（Les Sylphides，又称《肖邦组曲》）、《埃及之夜》、《葡萄藤》、《仲夏夜之梦》、《叶甫尼卡》，来表明自己对黑暗统治的抗争立场，这导致他成为皇家剧院的"弃子"，被迫逃往巴黎。与此同时，他制定了芭蕾创作的五项原则，至今仍具有极其重要的指导意义。而瓦兹拉夫·福米奇·尼京斯基（1889—1950）则是一位集表演奇才与编导异类于一体的天才艺术家，从彼得堡马林斯基剧院到巴黎的佳吉列夫俄罗斯芭蕾舞团，他都担任首席演员，法国著名雕塑大师罗丹对他的表演赞不绝口，除了非常心仪他绝美的身材（罗丹曾专门为他制定塑像计划），还称道：尼京斯基是能在舞蹈中表现人类心灵的一切激动的为数不多的艺术家之一。[①] 的确，尼京斯基把学院派饱满的激情和炫目的技巧完美展现在观众眼前，他的表演振兴了欧洲面临衰落的男子舞蹈，因此他被后来者们誉为 20 世纪芭蕾四大天王之首。除此之外，尼京斯基在芭蕾创作方面也常有惊人之举，激进程度甚至超越了他后来取而代之的恩师福金。《牧神午后》（德彪西作曲）、《春之祭》（斯特拉文斯基作曲）是其代表作，尤其是《春之祭》这部逆天之作，从 1913 年 5 月 29 日上演至今，已经在欧美舞台上出现过无数同名版本（法国编导 2018 年到四川大学，为纪念 5·12 汶川地震 10 周年而编排《春之祭》，笔者有幸带队到北京海淀剧场参加演出），可见其影响之深远！

芭蕾舞剧《仙女们》剧照

1929 年，佳吉列夫病故，俄罗斯芭蕾舞团也随风而逝，因为再也没有一位像他这样能使众多艺术门类的顶级艺术家心悦诚服地围绕在身旁从事创作的领导者。

---

① 朱立人：《西方芭蕾史纲》，上海：上海音乐出版社，2001 年，第 97 页。

近一个世纪以来，从俄罗斯芭蕾舞团走出去的艺术家分别前往美国、英国、法国及南美洲，把俄罗斯学院派和现代芭蕾的种子撒向世界各地，发枝散叶，开花结果……这大大推动了世界芭蕾艺术往前发展的步伐，为芭蕾事业建立了无与伦比的历史功勋。

四、苏联芭蕾——阵痛与探索

十月革命胜利后，芭蕾的发展首先进入了一个阵痛期。在苏俄，芭蕾面临着生死存亡的紧要关头，要求关闭沙皇用于宫廷消遣的圣彼得堡马林斯基剧院和莫斯科大剧院的呼声甚嚣尘上。此刻，曾经旅居巴黎的苏维埃教育人民委员卢那察尔斯基挺身而出，用《我们保存大剧院为的是什么?》的小册子强调了保存剧院和舞剧的必要性。他旗帜鲜明地指出：它们之所以重要，"与其说是因为它们本身，不如说是因为无疑地将要从它们中间产生出来的东西"①。然而现实是，剧院的著名编导、演员基本滞留在国外，因为国内战争造成的物质奇缺严重威胁着艺术家的生存。然而俄罗斯民众，却对剧场芭蕾有着近乎狂热的喜爱，他们丝毫不嫌弃另起炉灶的演出阵容的简陋，也大度地容忍了女演员因饥寒交迫而瑟瑟发抖的身体，能用革命前五分之一的价格去观赏一台芭蕾演出，已经足以使他们深感欣悦。

摆在苏联舞蹈艺术家面前更为关键的问题是：芭蕾往何处去? 它该如何存在?

瓦冈诺娃作为全苏联最权威的芭蕾教育家开始发声了："断言旧芭蕾已经衰亡、应该被人忘却的人是不正确的……"她接着在回答记者提问时强调："作为舞蹈艺术，芭蕾舞剧建立在情节的神幻性和一定的虚

---

① 转引自朱立人，《西方芭蕾史纲》，上海：上海音乐出版社，2001年，第107页。

拟性上，但舞剧演出的情节仍然可以是现实性的。……古典芭蕾和古典基训——这是整个舞蹈艺术大楼藉以建造的基础。"① 另一位芭蕾专家费多尔·洛普霍夫早在1922年就写出了专著《舞蹈编导之路》，成为20世纪20年代苏联芭蕾改革的纲领。书中的观点与伊凡诺夫的思路别无二致——从音乐出发寻找编舞的灵感。这一观点在苏联芭蕾舞界占有统治地位。巧合的是，与洛普霍夫合作过的芭蕾名人中，有一位被誉为"托举之王"的舞蹈家和编舞家古雪夫，他后来成为新中国成立后首批来华教学的专家，对中国芭蕾表演教学做出的贡献足以彪炳史册。此为后话。

按照这样一条探索道路，苏联芭蕾阔步朝着"交响芭蕾"的目标行进，苏联舞蹈家们在竭尽全力保留旧时代芭蕾经典剧目的同时，还以"旧瓶装新酒"的形式，创作了许多现实题材的作品，一些早期剧目，如《斯捷潘·拉辛》（1918）、《永不凋谢的花朵》（1922）、《鹰的叛乱》（1925）等，因主题先行的创作意图过于明显，无一可称佳作。走过一段弯路后，"交响芭蕾"终于开始出现成功之作，比如《红罂粟花》（1927），成为现实主义戏剧芭蕾的开山之作，它证明了保留古典芭蕾的必要性，也印证了此前瓦冈诺娃观点的正确。1927年，洛普霍夫还同时在列宁格勒歌舞剧院上演了他的另一部三幕五场芭蕾剧《冰娘》，音乐取自挪威作曲家格里格的《索尔维格之歌》。这部作品成了苏联芭蕾继承与创新的典范。

---

① 转引自朱立人：《西方芭蕾史纲》，上海：上海音乐出版社，2000年，第108页。

芭蕾舞剧《红罂粟花》剧照

　　但受苏联国内政治环境的影响，如何更好地把现实题材融入芭蕾创作，仍是一个令苏联舞蹈家们深感头疼的问题。而《螺丝钉》（1931）、《足球队员》（1930）、《巴黎的火焰》（1932）、《清澈的小溪》（1935）等屡遭诟病，使众多芭蕾编创人员陷入困局。

　　与此同时，芭蕾是以戏剧中的哑剧为主还是以舞蹈本身为主的论争，也在两派的论辩过程中愈演愈烈，前者自诩为改革派，后者被斥为保守派，这场论争直到 1934 年四幕舞剧《巴赫奇萨拉伊水泉》（扎哈罗夫编导）上演后，才消停下来。该剧的成功，很大程度上与女主角玛丽亚的扮演者乌兰诺娃有着很强的关联，洛普霍夫高度评价了这位来自莫斯科大剧院的功勋演员的出色表演，事后也证明，他的眼光的确极准，后来所有玛丽亚的扮演者都无一能望其项背。

　　此后苏联的戏剧芭蕾作品不断涌现，如《高加索的俘虏》（扎哈罗夫编导，1938）、《群山之心》（恰布基安尼编导，1938）、《罗密欧与朱丽叶》（拉夫罗夫斯基编导，1940）以及卫国战争期间的《红帆》（拉东斯基编导，1942）、《加雅涅》（阿尼西莫娃编导，1942）、《洛拉》（布尔梅斯杰尔编导，1944）等。其中由普罗科菲耶夫作曲、乌兰诺娃担纲主

演的《罗密欧与朱丽叶》已成为当今许多国际知名芭蕾舞团的保留
节目。

　　戏剧芭蕾统治了苏联芭蕾舞坛 40 年之久。20 世纪 60 年代始，伴
随着苏联对外开放的程度的加深，其他欧美国家的无情节芭蕾和交响芭
蕾引起了苏联国内许多编导的极大兴趣。之后，苏联的交响芭蕾时代逐
渐开启，两部过渡作品《帕格尼尼》（拉赫玛尼诺夫作曲，1960）、《古
典交响乐》（普罗科菲耶夫作曲，1961）均出自拉夫罗夫斯基之手。当
年洛普霍夫极力推崇的交响编舞法正式取代了戏剧编舞法，终成主流。
而其中最杰出的代表人物格利戈罗维奇，经过多年不懈的努力，脱颖而
出，站在了苏联交响编舞中青年编导队伍的前列。他的《宝石花》
（1957）、《爱情的传说》（1961）、《斯巴达克斯》（1969）、《伊凡雷帝》
（1975）、《安加拉》（1976）、《黄金时代》（1982）都获得了巨大成功。
其中《斯巴达克斯》作为苏联当代最伟大的芭蕾保留剧目中的精品，还
获得了苏联政府颁发的"列宁奖金"，声名远播。其他编导如别尔斯基、
波亚尔斯基、维诺格拉多夫、波亚尔奇科夫，后起之秀艾夫曼、卡莎特
金娜、瓦西里耶夫、普列谢斯卡娅等，都以自己的作品表明了苏联芭蕾
编导界人才辈出的可喜局面。他们各有专长，出手不凡，依托俄罗斯这
片丰沃厚重的芭蕾宝地，推陈出新，恣意放飞心中的梦想，并成功地使
它幻化为轻灵的芭蕾幻影活跃于舞台，极大地丰富了俄罗斯学院派芭蕾
的表现力。

五、俄罗斯学派与中国芭蕾

　　前文提到，佳吉列夫的俄罗斯芭蕾舞团于 1929 年停止运行后，其
中的芭蕾精英走向了欧美各地并开枝散叶，把学院派芭蕾的风格继续发
扬光大，同时也惠及欧美多国的芭蕾教学机构和芭蕾院团，使芭蕾这门

具有悠久历史的艺术重新焕发夺目的光彩。

幸运的是，新中国成立初期，我们也享受到了其他欧美国家所获得的俄罗斯学院派芭蕾带来的红利。

苏联时期，我国文艺界就因深受俄罗斯文化的影响，在文学、音乐、美术方面获益良多，舞蹈自然也概莫能外。可以这样讲，中国芭蕾成长的每一个阶段，都离不开来华的俄罗斯学院派芭蕾大师的指引和教授。

早在 20 世纪 50 年代初，我国文化部就已决定聘请苏联舞蹈专家来华，帮助建立一所正式的舞蹈学校。1953 年底，苏联舞蹈专家奥尔格·亚历山德罗夫娜·伊莉娜到北京调研，随后于 1954 年 2 月提出了北京舞蹈学校建校方案：在苏联专家的主持下，先办师资培训班，同时编写教材，下半年开办一所六年制的中等舞蹈学校。1954 年 9 月 6 日，北京舞蹈学校正式成立。在学校的教学方案里有一句话指向非常明确："学习苏联及其他先进国家的舞蹈艺术成果"①。

1955 年 12 月 2 日，北京舞蹈学校开办第一届舞蹈编导训练班，学制两年。考试委员会人员的主体是三位苏联舞蹈专家。首席教师是苏联舞蹈编导专家、俄罗斯功勋演员维克多·伊万诺维奇·查普林。正是他倾其所有的付出，才为新中国培养了第一代专业舞蹈编导队伍。

1958 年，北京舞蹈学校开办第二届舞蹈编导训练班，首席舞蹈教师是苏联表演、教学和编导专家彼·安·古雪夫。古雪夫在苏联舞蹈界素有双人舞（Pas de deux）"托举之王"的盛名，还创作过舞剧《七美人》，是一位编、导、演俱佳的舞蹈全才。由于记忆力惊人，他仅凭记忆即可复制排演出许多芭蕾经典名作。1958 年上半年，他便为成立仅仅四年的北京舞蹈学校的师生们顺利完成了《天鹅湖》全剧的排练任务，并且安排好了正式演出前的一切准备工作。当年 7 月 1 日，北京天

① 王克芬、隆荫培：《中国近现代当代舞蹈发展史（1840—1996）》，北京：人民音乐出版社，1999 年，第 205—208 页。

桥剧场成功上演了这部经典之作。事后，古雪夫在兴奋之余，曾激情洋溢地表示，这可以"为今后在中国建立第一个芭蕾院团打下基础"！

中国首批年轻的芭蕾舞演员成功地演出世界芭蕾名作《天鹅湖》，具有深远的历史意义，他们以舞蹈本身无声但强大的语言向世界宣告：中国的芭蕾舞者已经登上了芭蕾艺术的一个高峰！西方芭蕾艺术的大门从此向中国的舞者和观众敞开了。

1959年4月18日，由古雪夫排练、白淑湘担纲主演的另一部世界古典芭蕾名作《海侠》在北京天桥剧场公演。古雪夫选择它作为北京舞蹈学校首届芭蕾专业毕业生的实习剧目，是颇有深意的。首先是起点高，再就是开创"中国特色芭蕾"的道路（加入了中国代表性的民间舞蹈元素），最后的目的，就是进一步提升中国编导的创编水平。

中央芭蕾舞团芭蕾舞剧《海侠》剧照

古雪夫堪称中国芭蕾大师。1963年，中央歌剧舞剧院芭蕾舞团（今天中央芭蕾舞剧团前身）在北京舞蹈学校实验芭蕾舞团的基础上正式建立，古雪夫等一大批苏联芭蕾专家当年种下的芭蕾种子开始生根发芽，中国芭蕾吸收俄罗斯学院派芭蕾的养分，不断成长壮大，已然成为当今世界芭蕾之林中不可或缺的一股新兴力量！

甚至直到今天，俄罗斯芭蕾学派仍旧对我国的芭蕾教学有着直接的影响。2023 年 12 月，被西方媒体誉为"世纪舞者""芭蕾王子"的著名芭蕾表演艺术家、教育家，现任北京舞蹈学院芭蕾专业系主任的弗拉基米尔·马拉霍夫，在北京舞蹈学院成功举办了一堂芭蕾集训公开课，充分展示了学院派基本功训练的精髓所在，使我国芭蕾学子获益良多。

俄罗斯学院派大师弗拉基米尔·马拉霍夫芭蕾公开课现场

饮水思源，永志难忘。

六、结语

俄罗斯学院派芭蕾有其强大的民族基因和优秀的艺术传统，底蕴丰厚，如宽广厚重的大地，深沉、神秘、稳固、强力；形态多样，如无垠空灵的长天，轻飘、剔透、迷幻、炫目。赏心悦目之余，令人难捺击节称叹之情！

回溯往昔可以发现，从彼得大帝始，俄罗斯宫廷就莫名地迷恋西欧的舞蹈文化，似乎它能给沉郁的俄罗斯文化带来新的活力。的确，芭蕾开、绷、直、立的形态，以及无限向外延伸的舞姿舞态语言中所包含的美学意蕴，好像施施然于不经意间，恰好契合了当时沙俄统治者潜意识里深藏的开疆拓土的内心需求。因此，既端庄高雅又张扬恣肆的芭蕾，才颇受俄国皇室的青睐，得以在这片丰沃厚重的土壤中生根发芽，并结出了累累硕果。很明显，其间有历史的必然。

首先，忧郁、敏感、悲悯、内敛、自傲、坚韧等一系列民族基因，混杂在俄罗斯文化厚重丰沃的土壤中，催生滋养了近现代多位文艺名家，以及他们奉献给世界的大量文艺精品。如普希金、托尔斯泰、陀思妥耶夫斯基、屠格涅夫、契诃夫、果戈理、格林卡、格拉祖诺夫、柴可夫斯基、里姆斯基－柯萨科夫、哈恰图良、鲁宾斯坦、斯特拉文斯基、克拉姆斯柯依、列宾、苏里科夫、萨维斯基等各路文化艺术巨匠，不胜枚举！如此，俄罗斯学院派芭蕾在面对外来舞蹈之时，能够做到守正创新并蜚声海外，继而跻身世界舞林前茅，也就不足为奇了。

其次，时代风云的变幻以及政权更迭带给俄罗斯芭蕾的影响，同样不容小觑。在沙俄时期业已成熟的学院派，随着世界风云的变幻，尤其是在经历了 20 世纪国际国内的动荡局势后，迅速崛起，锐意革新，以佳吉列夫率领的俄罗斯芭蕾舞团为代表，在巴黎掀起了一场现代芭蕾的飓风，震撼欧美，声名远播。苏联时期，俄罗斯舞蹈艺术家们力主传承与创新并重，相继迎来了戏剧编舞法和交响编舞法两大潮流的涤荡，推出了众多不可多得的芭蕾佳作，更为世界芭蕾舞坛增光添彩！再看当今的俄罗斯学院派芭蕾，还会从容不迫地呼应风起云涌的世界气候的流变，有所作为吗？

唯愿经历了 200 多年时代风雨洗礼的俄罗斯学院派芭蕾，大美无言，再造辉煌……

透视双头鹰：从文艺看俄罗斯的历史道路

参考资料

布尔西埃：《西方舞蹈史》，邢晓瑜、耿长春译，成都：四川人民出版社，1996年。

李明滨：《俄罗斯文化史》，北京：北京大学出版社，2013年。

龙瑜宬：《边缘崛起：俄罗斯文学传统的跨文化生成与重释》，杭州：浙江大学出版社，2003年。

钱世锦：《世界经典芭蕾舞剧欣赏》，上海：上海音乐出版社，2002年。

王克芬、隆荫培：《中国近现代当代舞蹈发展史（1840－1996）》，北京：人民音乐出版社，1999年。

张猛：《镜子与迷宫：俄罗斯文化评论》，北京：作家出版社，2023年。

朱立人：《西方芭蕾史纲》，上海：上海音乐出版社，2001年。

第十一讲

导师和朋友： 俄罗斯文学与中国现代作家

主讲人：高树博

本讲主要讨论中俄两国在 20 世纪前半期的一段文学关系史、交流史。本讲的主标题"导师和朋友"取自鲁迅的断言，其具体出处后面会谈到；副标题中的"现代"，按照中国现代文学史的通行说法，指的是1917—1949 年这段时期。本讲所涉及的现代作家主要指五四时期那一代先知先觉者，"他们在建构我国文学的新格局，将我国文学引向现代的过程中，正是以俄国文学作为主要参照系的"①。

本讲首先概述五四时期中俄文学的交往情况，尤其侧重列举中国现代作家接受俄国文学影响的相关情况，接着探讨中国现代作家为何自觉地、不遗余力地以俄国文学为师法对象，最后以鲁迅、巴金为个案说明中国现代作家在接受俄国文学的过程中的继承和创造。

一、五四时期中俄文学交流的总体情况

中国现代文学的发生、发展及演变过程始终离不开对外国文学的译

---

① 汪介之：《论中国文学接受俄罗斯文学的多元取向》，载《南京师大学报》，2009 年第2 期。

介、吸收和借鉴，而对俄国文学的译介在其中发挥着显著作用。俄国文学在中国的百年旅行史可分为六个阶段：前五四时期、五四时期、20世纪50—80年代、80年代、90年代、21世纪。由于政治形势和社会需求的不断变化，每个阶段呈现出不同特点。中俄虽然在地理上相邻，但是两国的文化交流却姗姗来迟，迥异于中日、中印之间的悠长交往史。中俄之间的文学交流始于18世纪中期，当时兴起于法国并席卷欧洲的"中国热"也传到了俄国宫廷，流行的《赵氏孤儿》也由法文译为俄文。1772年，俄国传教士、汉学家列昂季耶夫翻译的《中国思想》在彼得堡出版，被认为是"俄国出版的第一部中国文学作品单行本；1880年，彼得堡大学汉学家瓦西里耶夫写出世界上第一部《中国文学史》"①。

相较而言，中国对俄国文学的译介更晚。1872年8月（同治十一年七月）北京第一份近代报刊《中西闻见录》创刊号刊有美国传教士丁韪良翻译的《俄人寓言》，被认为是最早的汉译俄国文学作品。1903年"俄国文学之父""俄罗斯诗歌的太阳"普希金的中篇小说《上尉的女儿》（1836）被译成中文，这被视为中俄文学交流的起点。该书的最初译名是《俄国情史：斯密士玛利传》（又名《花心蝶梦录》），译者为戢翼翚，他依据日本译者高须治助的日译本进行了转译。

到了五四时期，俄国文学同德国马克思主义、法国启蒙思想一样成为中国知识分子的重要文化资源，因此对俄国文学的译介呈现出"极一时之盛"的局面。据《中国新文学大系》史料索引卷的"翻译总目"不完全统计：在1920年到1927年间，中国翻译的外国文学作品近190种，其中俄国近70种，占总数的近五分之二，数量不可谓不大。而且不是单个作家偏好俄国文学，其接受主体呈现出群体性、普遍性特征。

---

① 刘文飞：《中俄文字之交的几种悖论》，载《文艺报》，2016年8月8日。

我们所熟知的现代文学六大家"鲁郭茅巴老曹"就是典型代表。具体而言，中国现代文学之父鲁迅本人就是卓有成就的俄国文学翻译家、研究家和介绍者，巴金、茅盾、郭沫若、瞿秋白、郑振铎、郁达夫等人在译介、研究俄国文学方面做出了重要贡献，老舍、曹禺、叶圣陶、周扬、冯雪峰、蒋光慈、王统照、艾芜、张天翼、路翎、田汉、夏衍、丰子恺、陈白尘等人都同俄罗斯文学有各种各样的密切关系。

总体而言，五四时期中国对俄国文学的接受自觉不自觉地采取了非常政治化的、社会化的策略。因此，俄国文学在彼时的中国往往发挥着一种非审美性的功能。在后面的一个阶段，中苏关系的变化始终制约着译者对苏联文学作品的选择。直到 21 世纪，中国对俄国文学的译介才逐步回到审美本位。

当然，我们应该看到，中俄文学的交流不是单向的，而是双向的，不是只有输入，也有输出。根据俄国当代汉学家罗季奥诺夫的统计，上述多数作家的作品在 20 世纪五六十年代被译为俄文在苏联出版，其中尤以鲁迅作品的印量最大。"1950 年代初，苏联积极出版了鲁迅、郭沫若、茅盾、丁玲、张天翼、艾青等人的作品。除此以外，还大量翻译了以新中国建设、抗美援朝为题材的赵树理、周立波、刘绍棠、刘白羽、魏巍的小说。无产阶级文学和社会主义现实主义文学大浪过去了，才到了巴金、老舍、叶圣陶和曹禺的时代。……截至 1950 年代末，巴金的代表作都被译成了俄文，其印刷总量（刊物以外）达到了 54 万册。……1960 年曹禺著作译文印刷总量达 16 万册、叶圣陶达 21 万册、老舍达 27.8 万册、郭沫若达 40.8 万册、茅盾达 55.11 万册、张天翼达 59 万册（他的儿童文学深受俄国小读者的欢迎）、鲁迅达 87.8 万册……"[①]

---

① 罗季奥诺夫：《巴金研究在俄罗斯》，载《文艺理论与批评》，2005 年第 6 期，第 43—44 页。

　　那么，中国现代作家为何对俄国文学情有独钟呢？对这个问题，那些作家们早已给出了答案，而当代学者倾向于用"中俄相似性原则"来解释。帝俄时代、苏联时期的俄国知识分子普遍具有强烈的社会责任感、社会批判意识、民族性诉求等，这与中国士大夫的传统观念和现代中国知识分子的启蒙与救亡意识相吻合。同时，文学在两国承担着相似的社会功能。1918年，中国共产主义运动的先驱李大钊在《俄罗斯文学与革命》中说："文学之于俄国社会，乃为社会的沉夜黑暗中之一线光辉，为自由之警钟，为革命之先声。"① 中国革命文学事业的重要奠基者瞿秋白1920年指出："……俄国的国情，很有与中国相似的地方。"② 1920年，郑振铎在《俄罗斯名家短篇小说集》的序言中写道："我对于现在我们文学界里，俄罗斯文学介绍之热闹，是极抱乐观的。"③ 这与之前对欧美文学青睐有加有所不同。为何有如此的变化呢？郑振铎给出了五条理由：

　　第一，我们三四十年来的西欧文学介绍，大多是限于英法的古典主义，罗曼主义，及其他消遣主义的小说，永不能见世界的近代的文学真价。几十年来的努力，而一无收获，不可谓非因此之故。俄罗斯文学是近代的世界文学的结晶。现在能够把俄国文学介绍来，则我们即可以因所得见世界的，近代的文学真价，而中国新文学的创造，也可以在此建其基础了。第二，我们中国的文学，最乏于"真"的精神，他们拘于形式，精于雕饰，只知道向文字方面用功夫，却忘了文学是思想，情感的表现，所以他们没有什么价值。俄罗斯的文学，则不然，他是专以"真"字为骨的；他是感情的直觉的表现；他是国民性格，社会情况的

---

① 李大钊：《俄罗斯文学与革命》，载《人民文学》，1979年第6期。
② 瞿秋白：《瞿秋白文集》第二卷，北京：人民文学出版社，1953年，序。
③ 郑振铎：《〈俄罗斯名家短篇小说集〉序》，载《郑振铎选集》第二卷，成都：四川文艺出版社，1990年，第622页。

写真；他的精神是赤裸裸的，不雕饰，不束格律的表现于文学中的。所以他的感觉，能够与读者的感觉相通，而能收极大的效果。现在我们能够把他介绍来，则足以弃自己的陋，而另起一新文学。这是极有利益的事。第三，俄罗斯的文学是人的文学，是切于人生关系的文学，是人类的个性表现的文学。而中国的文学，则恰恰相反，是非人的文学，是不切于人生关系的文学，是不能表现个性的文学。……现在能够把俄罗斯文学介绍过来，或者可以把这个非人的，不切于人生关系的，不能表现个性的文学去掉，而创造一与俄罗斯相同的新文学来。这又是很有利益的事。第四，俄罗斯的文学，是平民的文学，非同我们一样，除了颂圣酬和，供士大夫的赏玩吟咏以外，绝少与平民有关系。所以现在把他介绍来，以药我们的病体，实在是必要的。第五，我们的文学，久困于"团圆主义"支配之下……而俄国的文学，独长于悲痛的描写，多凄苦的声音，足以打破这个迷信，引我们去（找）到文学的真价。这也是极与我们文学界前途，有大关系的。[1]

　　显而易见，郑振铎的论述基于一种二元对立思维，试图以彼之长补己之短。从中我们可以看到郑振铎对中国古代文学的认识与胡适的《文学改良刍议》（1917）的说法有部分相似之处。从当时的情况来看，他的观点有合理之处，但其片面性也不容否认，所以我们今天不能直接将这一论述作为对中国传统文学的总体概观和价值判断标准。

　　另外，"为人生"被确立为现代文学的主导理念。这个文学理念实乃俄罗斯的现实主义和人道主义文学精神最直接的、最集中的表征。茅盾、蔡元培、鲁迅都持这种观点。1920年茅盾在《俄国近代文学杂谭》中说："俄人视文学又较他国人为重，他们以为文学这东西……不但要

---

① 郑振铎：《〈俄罗斯名家短篇小说集〉序》，载《郑振铎选集》第二卷，成都：四川文艺出版社，1990年，第622—623页。

表现人生，而且要有用于人生。"1921 年蔡元培的《文学研究会宣言》有言："将文艺当作高兴时的游戏或失意时的消遣的时候，现在已经过去了。我们相信文学是一种工作，而且又是于人生很切要的一种工作"，"先译和人生密切相关的书"。1932 年鲁迅在《〈竖琴〉前记》中写道："俄国的文学，从尼古拉斯二世时候以来，就是'为人生'的，无论它的主意是在探究，或在解决，或者堕入神秘，沦于颓唐，而其主流还是一个：为人生。"

上述三人都基于俄国文学的既有特质，提炼出文学表现人生、为人生的主张，并大力倡导之。从这些观点中我们发现，中国现代作家赋予文学相当重要的社会责任和功能。现代作家不仅希望通过译介俄罗斯文学经典启迪国人的思想，还将之贯彻到具体的小说创作中，如鲁迅塑造了一系列"小人物"，以革新当时的文学景观，创造新的文学。

相比而言，鲁迅以"导师和朋友"来定位中俄文学关系应该说是最准确的、最公正的。在《南腔北调集·祝中俄文字之交》中，鲁迅说：

……俄国文学是我们的导师和朋友。因为从那里面，看见了被压迫者的善良的灵魂，的酸辛，的挣扎；还和四十年代的作品一同烧起希望，和六十年代的作品一同感到悲哀。我们岂不知道那时的大俄罗斯帝国也正在侵略中国，然而从文学里明白了一件大事，是世界上有两种人：压迫者和被压迫者！

从现在看来，这是谁都明白，不足道的，但在那时，却是一个大发见，正不亚于古人的发见了火的可以照暗夜，煮东西。①

"导师"一语意味着俄国文学是引领者、指导者和模仿的对象，而

---

① 鲁迅：《鲁迅全集》第四卷，北京：人民文学出版社，2005 年，第 473 页。

朋友则意味着两者之间的平等关系，体现出鲜明的主体间性和对话意识。"两种人"之说振聋发聩，蕴含着强烈的反抗意识。就文学而言，在奉行"拿来主义"的同时，更要强调创新以保持自己的独特性、民族性。

中国现代作家接受俄国文学的路径共有三条。第一条是借道英美，如郑振铎、茅盾、田汉等译介俄国文学和理论，大多是从英语文献入手。第二条是借道日本，这与不少现代知识分子、作家留日的经历有关，如戢翼翚、鲁迅等。明治时期的日本也经历了从学习西欧、北美到学习俄国的转变，屠格涅夫、托尔斯泰等批判现实主义作家逐渐受到推崇。即使在日俄战争（1904—1905）之后，日本还掀起过俄国文学翻译的高潮。中国现代作家把日本的俄国文学想象作为镜像，以探索自身的现代化。第三条是直接依据俄文翻译。20 世纪 20 年代末以后，中国直接转向了从苏俄本土引进苏俄文化。

二、鲁迅与俄国文学

鲁迅不仅是伟大的文学家、思想家、革命家，而且是伟大的翻译家。据统计，鲁迅翻译介绍过俄国、波兰、西班牙、日本、法国、德国等十几个国家的一百多位作家的作品。统计 2008 年福建教育出版社推出的八卷本《鲁迅译文全集》可知，鲁迅的译文字数竟达 300 多万字。1903 年 4 月，鲁迅据日译本用白话文翻译了"科幻小说之父"儒勒·凡尔纳《月界旅行》（今译《从地球到月球》），1903 年 10 月由东京进化书社出版；同年 6 月，接着翻译了凡尔纳的《地底旅行》（今译《地心游记》），第一、第二回发表于《浙江潮》第 10 期，全书于 1906 年由启新书局出版。以今天科幻文学的眼光来看，鲁迅是如此先锋，但那也是与当时的科学救国思潮相契合的。

鲁迅之所以能做出"导师和朋友"的论断，是因为他跟俄国文学结下了不解之缘。鲁迅翻译、评述、译述过的俄苏作家大约有 37 人，居其译述过的外国作家首位。冯雪峰说："鲁迅热心于俄罗斯和苏联文学的论述、介绍和翻译，以及在创作上把俄罗斯文学的伟大精神加以吸收，使俄罗斯和苏联文学的影响成为重要的有益的帮助的、最主要的一人。"鲁迅自己也说："俄国文学比其他任何外国的文学都丰富些。"

果戈理的作品在鲁迅那里占有显著地位。他在《南腔北调集》的《我怎样做起小说来》一文里说："当时最爱看的作者，是俄国的果戈理、波兰的显克微支。日本的，是夏目漱石和森鸥外。"在《摩罗诗力说》里说："十九世纪前叶，果有鄂戈理者起，以不可见之泪痕悲色，振其邦人。"1935 年鲁迅以德译本为底本并参照日译本和英译本翻译的果戈理《死魂灵》第一部，由巴金在上海文化生活出版社出版。后来，鲁迅编辑并自费印制了画集《死魂灵百图》。鲁迅在离世之前，还在翻译《死魂灵》第二部的残卷，可谓费尽心力。

接下来我们将比较果戈理出版于 1834 年的短篇小说《狂人日记》和鲁迅发表于 1918 年的中国现代第一篇白话小说《狂人日记》。虽然鲁迅曾坦陈自己的《狂人日记》脱胎于果戈理的《狂人日记》，但我们不能因其同名而认为鲁迅是在抄袭。相反，无论形式、表现手法还是内容、思想性，鲁迅的小说都堪称独一无二。两者的相同之处在于：都是日记体小说体裁；都采用第一人称叙述视角；都塑造了狂人形象；都以狗喻人，而且狗是重要的形象之一；都在小说结尾发出"救救孩子"的呼声。

两篇同名小说的不同之处也相当明显。

果戈理的小说一共有 20 节，每一节都有日记体的标准样式：日期标记。只不过，第 1 节到第 11 节是正常的日期（如 10 月 3 日、12 月 18 日，10 月 2 日、11 月 6 日、12 月 3 日），而自第 12 节起日期逐渐混乱（如 2000 年 4 月 43 日；349，月二，年月 30 日 4）。第 8 节两条狗麦琪和菲杰尔通信的内容是故事的转折点。鲁迅的小说由文言题记加 13 节白话日记片段构成，没有日记体的时间标记。这意味着 13 节的文字次序和每节的内容都不一定与狂人的原文对应。为何如此？题记对此有说明：狂人日记二册"不著月日""非一时之书"，余将"略具联络者，撮录一篇"。

关于以疯子为主人公的小说，人们总是有如下的疑问：谁来讲他们的故事？果戈理的小说是第一人称叙述视角，整个故事都是主人公狂人波普里希恩的自述。尽管果戈理在叙述上通过日期形式的前后分界来解决逻辑矛盾——疯子如何写出理性的文字，但我们的疑惑仍然存在。鲁迅则通过文言题记的"余"和白话文主体的"我"这样一种叙述分层很好地解决了悖论。

果戈理专注写狂人波普里希恩疯狂的经过以及疯狂后的表现，整个过程较为完整。单恋部长的女儿莎菲失败是他疯癫的转折点。果戈理的狂人是一个由正常而疯癫的真疯子。波普里希恩四十多岁，地位低下，是一个给部长削鹅毛笔的九等文官。作为七等文官的科长认为他"有时候像疯子似的""窝囊废""痴心妄想"。在变疯癫之前，他胆小、懦弱、唯唯诺诺。当爱情萌发并准备表白时，内心的话语却是"下流……没什么，没什么，别说了！"他把狗会说话和狗会写信理解为毫不奇怪之事，并举例证明，他一本正经地阅读"狗腔狗调"的书信，都无法表明他是否处在正常状态。如此荒诞的情节总让人哭笑不得。当他读了信的内容后大受刺激，因为以往的美好认识被彻底颠覆：部长及其女儿并不温文尔雅，而是爱慕虚荣，更致命的是他在他们眼中的形象是如此不堪："啊，亲爱的，你不知道这人长得多么丑。简直像一只装在麻袋里的乌龟……他的姓怪得很。他老是坐着削鹅毛笔。脑袋瓜上的头发像一把稻草。爸爸常常把他当仆人使唤……"① 这种奇耻大辱他如何能承受？加上恋爱的无望（因为部长及其女儿青睐的是侍从官或将军），他的精神世界随之坍塌了。他真的疯了。他把自己设想为西班牙皇帝费迪南八世，直达权力的顶峰，这或许就是他的"狂"。最终，他被关进疯人院。他在房间里不断胡言乱语，受尽"大臣们"浇冷水、剃光头的折磨。

而鲁迅致力描写不知名的狂人对吃人真相的种种发现及其拯救之路。鲁迅的狂人是一个由疯癫而正常，而觉醒，但举止却仍旧癫狂的佯狂者。狂人的面目是模糊的，作者甚至不愿意给他一个确切的名字（"隐其名"），这倒在某种程度上使这个人物形象更具有代表性、普遍性。这个患"迫害狂"病症的狂人是敏感的、多疑的、好沉思的、睿智的、有良知的。太阳不出，连月光都已不见，他终于发现自己生活在充满恶意的环境之中，而且逃无可逃。白天感受到的种种迹象令他不寒而栗，晚上他睡不着，于是反复研究，因为"凡事总须研究，才会明白"。

> 我翻开历史一查，这历史没有年代，歪歪斜斜的每叶上都写着"仁义道德"几个字。我横竖睡不着，仔细看了半夜，才从字缝里看出字来，满本都写着两个字是"吃人"！②

他的发现是如此触目惊心，又是如此令人拍案叫绝。为何他们要吃人呢？为何本是治病救人的医生也被认为是吃人的人呢？因为他们吃"我"可以"壮胆"，可以沾点"勇气"。因为吃人无处无时不在，是群体性的行为，而非某个人的行为。他们集体行动，相互掩护，这才是最可怕的。他们如此习以为常，人人皆是如此，就无所谓对错了。于是，

---

① 果戈理：《彼得堡故事》，满涛译，北京：人民文学出版社，1957 年，第 193－194 页。

② 鲁迅：《鲁迅全集》第一卷，北京：人民文学出版社，2005 年，第 447 页。

他要诅咒、劝转吃人的人。然而，他在梦里与二十岁左右的年轻人的辩论失败了，与大哥的争辩失败了，他最终被当成"疯子"，被群起而攻之。但他坚信"将来是容不得吃人的人"。如何解释他最终痊愈，"赴某地候补"呢？这到底是他放弃了希望，重新沉沦到原来的家族等级制度和礼教系统，还是他尝试在实践中改造那吃人的世界？这个问题见仁见智。

果戈理以荒诞的手法揭露个人的可悲境遇。波普里希恩将自己的不幸归结为不合理的封建官僚等级制度，愤而喊出"为何自己是个九等文官？"这个压抑者、妄想者希望颠倒现存制度，自己也能作威作福。

> 世界上一切最好的东西，都让侍从官或者将军霸占去了。你刚找到一点可怜的值钱的东西，满以为伸手就可以得到，——侍从官或者将军立刻就从你手里把它夺走。真是活见鬼！我也想当一下将军，倒不是为了便于求婚。不！我想当将军，为的是要看看这些人怎样在我面前摇头摆尾地讨好，玩出各种各样的繁文缛礼和双关语，然后我要对父女两个说：我向你们啐唾沫。①

他既是官僚等级制度的受害者，也是自视高人一等的迫害者。他憎恶下层人，咒骂仆人是愚蠢的，直言"低三下四的工人"倒的煤灰煤渣影响他这个上等人溜达。果戈理批判了俄国官僚制度的腐败，但他"含泪的笑"是讽刺而非解决之道，他似乎也无意解决这个问题。

鲁迅的狂人是启蒙者的代表，发现了正常人的世界是吃人的世界，进而把将来要做"真的人"作为拯救之道。他不仅批判、劝解周围的人不要再吃人，而且承认自己有"四千年的吃人履历"，进而自我批判："吃人的是我哥哥！我是吃人的人的兄弟！我自己被人吃了，可仍然是

---

① 果戈理：《彼得堡故事》，满涛译，北京：人民文学出版社，1957年，第194页。

吃人的人的兄弟！"① 狂人揭开了吃人的所有秘密。他并没有把自己排除在外，没有与哥哥撇清关系，相反他把自己置于整个吃人的系统，他也是其中的一环，这是需要勇气的。这对他来说应该也是一种痛苦的发现，他也有过挣扎。这里，他还是被吃的对象，某种程度上可以算是无辜的。然而，当他承认自己也吃了妹妹时，性质就发生了根本变化。

四千年来时时吃人的地方，今天才明白，我也在其中混了多年；大哥正管着家务，妹子恰恰死了，他未必不和在饭菜里，暗暗给我们吃。

我未必无意之中，不吃了我妹子的几片肉，现在也轮到我自己，……

有了四千年吃人履历的我，当初虽然不知道，现在明白，难见真的人！②

这下"我"也是吃人的人了，哪怕是无意中吃的。果报不爽，现在轮到了自己。所以，吃人者最终也会被人吃，吃别人吃得多爽快，自己被吃就有多惊颤，没有人能幸免，没有人能逃脱这个已经有几千年历史的闭环，从古至今各种形式、各种名目的吃人屡见不鲜并载于典籍。"真的人"虽然难见，但是仍然可以从源头上改变，从孩子改起："没有吃过人的孩子，或者还有？"不管有没有，都要在"铁屋子"里大声疾呼"救救孩子"，谁来救救孩子？怎么救？显然，这声呐喊的对象是不明确的，因而是开放的，可以指向某个群体，如知识分子，也可以指向整个社会、所有人。实际上，救孩子也是自救；救个人，更是救社会。

相反，波普里希恩只是向他的妈妈呼救："妈呀，救救你可怜的孩子吧！""妈呀！可怜可怜患病的孩子吧！"他渴望回到母亲温暖的怀抱

---

① 鲁迅：《鲁迅全集》第一卷，北京：人民文学出版社，2005 年，第 448 页。
② 同上，第 454 页。

以获得慰藉，逃离被折磨，却不知道反抗，哪怕是离开系统，他仿佛是没有长大的"巨婴"。由此，小说的批判力量在一定程度上被削弱。

果戈理将同情、怜悯包裹在荒诞之下，柔中带刺；将鞭挞融于叙事之中，看似非理性却反映了当时俄国社会的真实状况，就像后来的《死魂灵》那样。鲁迅的作品"忧愤深广"，他以相当激烈的、决绝的态度彻底批判了整个封建礼教制度。鲁迅的风格是辛辣的、刺目的、炽烈的。吃人既指肉体上的，更指精神上的，既是实指，又是隐喻。肉体上的吃人如此野蛮，绵延不绝，在今人看来是如此令人瞠目结舌甚至令人作呕。在那个时代，非如此不足以唤醒那广大的麻木的灵魂，非如此不足以达到疗救的效果。精神上的吃人是以文化的名义对心灵的钳制，思想上漫漫的长夜，令人窒息。因此，鲁迅及同时代人奋起抗争，不惜剑走偏锋，以便砸碎沉重的锁链。

总体而言，果戈理的小说《狂人日记》重在情节的编排，故事性较强，而鲁迅的小说《狂人日记》有点类似于杂文，思想性更胜一筹。此外，鲁迅的《狂人日记》需要读者填补的空白点较多，例如第一节有一句"我不见他，已是三十多年"中的"他"究竟指的是谁。

三、巴金与俄国文学

"人民作家"巴金同样不仅是著名作家，更是有影响力的翻译家。2019 年浙江文艺出版社推出的十册《巴金译文集》显示，巴金的译著也有数百万字。俄罗斯文学对巴金具有启蒙意义，是其人生路上的指路灯。他翻译过普希金、迦尔询、屠格涅夫、司特普尼克、高尔基、托尔斯泰和爱罗先珂等人的作品，还有赫尔岑、克鲁泡特金、薇娜·妃格念尔、亚历山大·柏克曼和爱玛·高德曼等人的著作。在巴金主持的"文化生活丛书"和"译文丛书"中，俄罗斯作品有 50 多部，占总数的一半还多。

　　1979 年 5 月巴金答《法国世界报》记者问时说："在所有中国作家之中，我可能是最受西方文学影响的一个……有哪些外国作家对你来说是重要的：俄国作家如屠格涅夫、托尔斯泰。"

　　1984 年 4 月巴金在访问日本时所作的《文学生活五十年》的报告中又一次提道："除了法国老师，我还有俄国的老师亚·赫尔岑、屠格涅夫、托尔斯泰和高尔基。"

　　巴金"一直热爱着"屠格涅夫的作品及其风格，并且"身不由己地置身于他的影响之下"。巴金翻译出版过屠格涅夫的《父与子》《处女地》《散文诗》《蒲宁与巴布林》《木木》等。巴金认为："中国读者热爱屠格涅夫，就如同热爱俄罗斯 19 世纪一切其它现实主义作家，在他的作品中他们看到了许多为他们所熟悉的人物。屠格涅夫非常了解和出色描绘了他所处时代的知识分子的生活，在旧中国经常可以看到像罗亭、拉甫列茨基、阿尔卡狄、聂日达诺夫这样的人。屠格涅夫的高度概括力和他的描写天才常常让读者欣喜若狂。"[1]

　　接下来我们将比较屠格涅夫于 1860 年出版的自传性中篇小说《初恋》和巴金写于 1930 年的短篇小说《初恋》（1931 年被编入《复仇》出版）。两者的相似之处在于：开篇都以宴会上谈"初恋"这个话题引出整个故事，超叙述是第三人称全知视角，主叙述是第一人称视角和限知视角，男主人公都对女主人一见钟情，爱情都以悲剧收场，在结尾处都有一首关于爱情的诗歌。

　　尽管有以上相似之处，两篇同名小说在人物形象塑造、故事情节安排、思想主题、风格等方面均存在较大差异。

　　屠格涅夫《初恋》的主体故事是四十岁光景的男主人公弗拉基米尔

---

　　① 转引自王立业：《巴金：中国屠格涅夫研究的先行》，载《俄罗斯文艺》，2008 年第 3 期，第 107 页。

写在笔记本里的，是他对自己"不很平凡"的初恋的回忆，因此我们确实是在"读"文字。女主人公齐娜依达 21 岁，是落魄贵族扎谢金公爵的大女儿。她不仅身材苗条，而且双手和脖颈美丽，脸颊娇嫩，眼睛充满智慧，甚为迷人，因此她同时有六个追求者："我"——一个 16 岁情窦初开正在考大学的贵族少年弗拉基米尔，骠骑兵别洛佐罗夫，马列夫斯基伯爵，医生卢申，诗人马依达诺，40 来岁的退伍上尉尼马尔茨基。他们对女主的追求主要通过玩小花打额头游戏、方特游戏、绳了游戏、比喻游戏等。那么，齐娜依达对追求者们是什么态度呢？

> 齐娜依达立刻就猜到我爱上她了，我也不想隐瞒；她拿我的爱情寻开心，逗弄我，娇纵我，折磨我。能成为别人最大的快乐和最深的痛苦的唯一源泉和绝对顺从的根由，是令人愉快的。可我在齐娜依达的手中却像一块柔软的蜡。不过，爱上她的不止我一个人：上她家去的所有男人都为她而神魂颠倒——她把他们一个个都拴在自己的脚边了。她时而唤起他们的希望，时而使他们忧心忡忡，随心所欲地支配他们（她把这称做让人们互撞），而她就以此取乐，可他们都不想反抗，都乐于听从她。在她那整个充满活力的、美丽的身上，狡黠和坦荡、做作和天真、文静和活泼特别迷人地交融在一起。在她所做和所说的一切里面，在她的每一个举动上面都有一种微妙、轻柔的美，处处都显示出她那独特的、推涛作浪的力量。她的脸是变化多端的，表情也随之而倏变：它几乎同时流露出嘲笑、沉思和热情的神情。各种各样的感情，宛如在阳光灿烂的刮风日子里的云雾，不时地在她的眼睛和嘴唇上轻快地掠过。她的每个倾倒者都是她所需要的。①

---

① 屠格涅夫：《初恋》，苍松、冯加译，上海：上海译文出版社，2018 年，第 94～95 页。

　　齐娜依达需要众多追求者给予众星拱月的感觉。她善于驾驭自己的情绪，也善于驾驭自己的所有追求者，她让他们相互竞争、争风吃醋，她给他们一点点亲密接触作为爱情的甜头，却从不表态。我们可以说她把所有追求者玩弄于股掌之间吗？这样看似乎又太过苛刻。事实上，齐娜依达很多时候并不明白自己真正需要什么样的爱情？她是一个矛盾体。直到她介入"我"父母的婚姻。是的，齐娜依达爱上的是"我"那个"风度翩翩，十分英俊，只是为了经济利益才跟母亲结婚"的父亲彼得。父亲信奉"意志，自己的意志，它给予比自由更大的权力。你要是有意志，那你就会是自由的，你就能够指挥别人"。所以，齐娜依达被帅气、富有又有强大支配意志的彼得征服了。至于两人是怎么成为恋人的，叙述者并没有告诉我们，而且很多地方写得含含糊糊。最终两人的感情败露，彼得一家从租住的别墅搬到了城里。后来一次偷偷会面间，彼得用驱马的短皮鞭打了齐娜依达的手臂，但是她只是"吻了胳膊上那条发红的鞭痕"，而站在远处隐隐约约看到事情发生的"我"虽"恐惧""呆住了"，却认为"这就是强烈的爱情"。弗拉基米尔的心理是非常奇特和矛盾的，他嫉妒其他几人，尽管自己的爱情宣告失败，但他对自己的父亲却没有"任何恶意。相反地，他在我心目中似乎更大了"。后来，42岁的父亲在彼得堡中风去世了，中风前似乎有所醒悟，提醒儿子要对"女人的爱情，对这种幸福，对这种有害的东西存有戒心"。后来，"我"大学毕业了。再后来，齐娜依达成了多尔斯基太太，马依达诺夫给了"我"她的地址，但在"我"准备去找她的前几天，她难产而死。如果故事仅仅这样结束，读者可能是很难接受的。小说的结尾，"我"自愿吊唁同住的一个贫苦老妇人。那时我看到老妇人"一辈子为每天的生活而痛苦地挣扎着"，但她却在临终时不断低声请求上帝宽恕其罪孽，所有的一切使我"替齐娜依达担忧起来，我要为她、为父亲、也为我自己而祈祷了"。这说明作者对齐娜依达、弗拉基米尔、彼得等贵族的所谓感情生活有揭露和批判。而对于弗拉基米尔，作者主要写了他初尝爱情滋味时的各种心理：懵懵懂懂、小心翼翼、辗转反侧，期待、担忧、忧虑、嫉妒、怨恨、满足、自我折磨，等等。屠格涅夫用了足够的篇幅把故事写得较为复杂，故事展开得也比较从容，但有时也让人费心去猜。屠格涅夫的风格是奔放的、热烈的。

巴金《初恋》的主体故事是由四十多岁的唐君直接讲出来的，是他对十几年前的恋爱故事的严肃回忆，因此我们是在文字中"听"。相较而言，巴金的故事情节要简单得多、单纯得多，主要是写男主人公唐君和女主人公法国女子曼丽相恋，最后又忍痛分离。屠格涅夫写的初恋是女大男小，巴金的故事则体现了符合中国传统的婚恋观念：女小男大。23 岁左右的唐君去巴黎求学，因身体不好，去法国南部城市休养。同样，他也是在租房子时碰到房东的亲戚，十八九岁的少女曼丽。唐君是害羞的、腼腆的。曼丽天真纯洁、多愁善感，而又十分软弱。

> 女郎穿了一件粉红色的衫子，外面罩上一件青色大衣，披着白羊皮领。淡青色的帽子下，露出她底鹅蛋形的脸，鼻子隆起，眼深横若凤眼，嘴很小，却红得像熟透了的樱桃，但这是天然的颜色，并不是用口红染成的。虽然只有几分钟的时间，我却把她看够了。不仅是看得够，而且还入迷了。这几年来我也见过不少的法国女子，其中也有几个使我时常怀念的。可是一见就能令我倾心至此的，她却是第一个。①

对曼丽外貌的刻画是典型的传统笔法，令人印象深刻。曼丽的举止有东方少女的文静。唐君不可救药地爱上了曼丽，无心看书，无心做事，时刻想着她，睡不着觉，但他没有任何疯狂的举动。后来，在房东

---

① 巴金：《巴金全集》第九卷，北京：人民文学出版社，1989 年，第 146 页。

及曼丽亲戚的助攻下，两人有了接触的机会，两人比身高时被说成是一对。唐君勇敢地表白了，曼丽欣然同意了，两人成了一对真正的恋人。他们拥吻，经常约会。曼丽送给唐君她的照片。然而好景不长，曼丽经商的父亲几次来信催促她回去无果后，亲自来把她带走了，带到巴黎去学戏。曼丽不辞而别，留下悲伤的唐君哭了很久，感到人生的孤独、无味。唐君回到巴黎，找过曼丽几次，听说她在医院，但在几个医院都没找到，从此音信全无。后来，唐君回国，结婚，但他的爱情已死。他执着于自己的初恋，并留着曼丽的照片以解相思之苦。

与屠格涅夫不同，唐君的故事讲完之后，巴金还写了在场其他人的反应，包括"我"，巴金在第一人称和第三人称之间反复切换。唐君之所以与曼丽相爱，是因为两人的情形相似：母早亡，父经商，寄居亲戚家。巴金的《初恋》是一场浪漫的跨国恋，曼丽也愿意跟唐君到中国，但最终，这是一场异国青年男女的爱情悲剧，它鞭挞了专制的家长制，带有反封建的色彩。对于曼丽的离开，唐君不甘而又无奈地说："一个十七八岁的少女有什么力量反抗呢！"这是在陈述事实，也是在控诉。巴金的风格是节制的、含蓄的。

《初恋》是献给已经历过、即将经历和想要经历爱情的青年男女的青春故事。两篇《初恋》以不同的方式呈现了爱之初体验，但它们都是苦涩的、令人耿耿于怀的。每个人都有自己的爱情观。那么，爱情的本质是什么呢？是相互征服还是相互依赖？爱情可以跨越阶层、国界、年龄、性别、种族，但可以无视伦理秩序吗？无论爱情是什么，它都是被口头故事、文学、电影、电视、报纸等媒介编码过的。爱情是存活，是体验，是两个人的生命碰撞。

综上所述，中国现代作家借鉴和吸收了俄国文学，有机融合了俄国作家的创作经验，更重要的是在此基础上创造出了中国气派、中国风格的文学。我们需要辩证地看待中俄之间文学的交往，包括两国文学、文化之间的相互想象和误读。

参考资料

鲁迅：《鲁迅全集》第一卷，北京：人民文出版社，2005 年。

鲁迅：《鲁迅全集》第四卷，北京：人民文出版社，2005 年。

巴金：《巴金全集》第九卷，北京：人民文学出版社，1989 年。

陈建华：《20 世纪中俄文学关系》，上海：学林出版社，1998 年。

林精华：《误读俄罗斯：中国现代性问题中的俄国因素》，北京：商务印书馆，
　2005 年。

瞿秋白：《瞿秋白文集》第二卷，北京：人民文学出版社，1953 年

王富仁：《鲁迅前期小说与俄罗斯文学》，西安：陕西人民出版社，1983 年。

果戈理：《彼得堡故事》，满涛译，北京：人民文学出版社，1957 年。

屠格涅夫：《初恋》，苍松、冯加译，上海：上海译文出版社，2018 年。

郑振铎：《郑振铎选集》第二卷，成都：四川文艺出版社，1990 年。

第十二讲

俄罗斯的自我意识与中国想象

主讲人：池济敏

一、俄罗斯观照中国的自我意识

　　人对外部事物的审视，通常从主体的自我认知出发。同时，随着主体自我认知的不断演进，看待事物的角度也会发生变化。正因为如此，相同事物在不同主体的眼中会呈现不同的形态，正所谓"一千个读者眼中就会有一千个哈姆雷特"。瑞士心理学家皮亚杰认为："主体所完成的一切建构都是以先前已有的内部条件为前提的。"① 这个"先前已有的内部条件"指的就是主体看待某一事物时的心理认知结构。主体的自我认知是该结构中的重要内容。一个人在建构他者形象的时候，自我意识起到了重要的作用。法国学者达利埃尔－亨利·巴柔认为："所有的形象都源自一种自我意识（不管这种意识多么微不足道）。它是一个与他者相比的我，一个与彼此相比的此在意识。"②

----

　　① 皮亚杰：《发生认识学原理》，王宪钿译，北京：商务印书馆，1981 年，第 103～104 页。

　　② 转引自孟华：《比较文学形象学》，北京：北京大学出版社，2001 年，第 121 页。

俄罗斯对中国的认知同样是以其自我意识为前提的。俄罗斯中国形象的建构也随着俄罗斯自我认知的变化而不断变化。

俄罗斯的自我意识主要有以下三个方面的特征。

1. 俄罗斯从来不是东方

俄罗斯领土横跨欧亚大陆，尽管大部分国土位于亚洲，但其政治中心和经济中心都位于欧洲部分。俄罗斯国徽上那只"左顾右盼"的双头鹰，一头看向西方，一头看向东方，似乎寓意要张开双翼，在欧亚之间游刃有余地翱翔。可是几百年来，俄罗斯却一直处于身份认同的困惑中。

从 19 世纪上半叶开始的西方派与斯拉夫派之争到 20 世纪初的欧亚主义，20 世纪 90 年代后期的新欧亚主义，到 2016 年普京提出的大欧亚伙伴关系，虽彰显出俄罗斯要重振欧亚大国雄风的雄心，却并没有改变俄罗斯身份认同危机的困境。

从宗教文化和民族归属来看，正如俄罗斯科学院院士、文化学家德·利哈乔夫所说："俄罗斯从来不是东方。"[1] 他在《解读俄罗斯》一书中写道："拜占庭文化给了罗斯基督教精神的性质，而斯堪的纳维亚在大体上给了它军事部落的体制。在俄罗斯文化的产生中，拜占庭和斯堪的纳维亚起了决定性的作用。它们在俄罗斯文化的创建中也有着决定性的意义。是南方和北方，是拜占庭和斯堪的纳维亚，而不是亚洲和欧洲。"[2] "俄罗斯文化在其类型上是欧洲文化，并具有与基督教相关的三大特点：个性原则、易于接受异族文化（普适性）和追求自由。"[3]

利哈乔夫强调，俄罗斯文化对欧洲文明做出了独特的贡献，这当中最突出的是俄罗斯辉煌的艺术成就。同时他指出，俄罗斯人包容地吸收

---

① 利哈乔夫：《解读俄罗斯》，吴晓都等译，北京：北京大学出版社，2003 年，第 21 页。

② 同上，第 21 页。

③ 同上，第 18 页。

了东方文化，正是由于 13—15 世纪鞑靼人的统治使俄罗斯脱离西欧并
吸收了东方文化，西方人以及部分俄罗斯人才会错误地把俄罗斯看作东
方。但俄罗斯文化的起源和走向总体上是属于欧洲类型的："实际上俄
罗斯绝不是欧亚。如果从西方来看俄罗斯，那么它当然位于东方与西方
之间。但是这纯粹是地理学上的观点。……俄罗斯在其文化上与西方国
家的差异不大于西方所有国家自身的差异，比如英国和法国或者荷兰或
瑞士。"[①]

2. 俄罗斯是西方的潜意识

公元 988 年，弗拉基米尔大公迎娶了拜占庭皇帝的妹妹安娜，随后
接受洗礼。这就是著名的罗斯受洗，俄罗斯的文明史也由此开始。用利
哈乔夫的话说，"罗斯的基督化和统治家族与拜占庭宫廷结亲引导罗斯
在完全平等的基础上进入了欧洲民族大家庭"。这就是俄罗斯"第三罗
马"叙事的缘起。1453 年，"第二罗马"君士坦丁堡被土耳其穆斯林占
领。1472 年，莫斯科大公伊凡三世迎娶了拜占庭公主索菲娅。于是，
俄罗斯宗教界开始宣扬，俄罗斯的君主才是拜占庭皇帝和罗马帝国皇帝
的真正继承人。"俄罗斯东正教会和俄罗斯君主是上帝的选民。上帝将
先拯救俄罗斯，再由俄罗斯拯救世界"，这样的弥赛亚意识成为俄罗斯
人想象世界的出发点。

从《往年纪事》到之后各种史书中对古俄罗斯民族起源的发展想象
可以看出俄罗斯人的一种潜意识心理："仿佛皈依东正教就获得了进入
文明世界的门票。信仰基督教就使自己获得了同欧洲同胞（同为亚当和
夏娃的子孙）同等的生存权利。"[②] 他们把希伯来和希腊视为自己民族
的根基。在这样强大的集体无意识心理背景之下，俄罗斯人自然有着对

---

① 利哈乔夫：《解读俄罗斯》，吴晓都等译，北京：北京大学出版社，2003 年，第 474
页。

② 刘亚丁：《龙影朦胧——中国文化在俄罗斯》，北京：北京大学出版社，2018 年，第
9～10 页。

欧洲文明的文化认同。

纽约大学教授，俄裔艺术评论家鲍里斯·格罗伊斯（Boris Groys）的观点"俄罗斯是西方的潜意识"[①] 在俄罗斯得到了较大程度的认同。格罗伊斯认为，每一种伟大的文化同每个人一样，都有意识和无意识层面。被西方文化包括其固有的理性主义所取代的东西在另一种文化——俄罗斯文化中得到了表达。俄罗斯文化中这些原本属于西方文化，却不被西方人承认的内容，被不断挤出西方人的意识，成为西方的潜意识。根据精神分析理论，完全被压抑的东西永远不会消失，它仍然会被人感知。正因为如此，西方对待俄罗斯文化的态度是矛盾的。在此理论基础上，俄罗斯文化部国立艺术学院的赫列诺夫教授又指出，东方是俄罗斯的潜意识[②]。俄罗斯体现着东西方的结合，这可以追溯到远古时代俄罗斯与东方的接触。这些早期的文化原型构成了俄罗斯的无意识。彼得大帝改革以来，俄罗斯积极吸收欧洲主义的价值观，同时将一切与欧洲价值体系不相容的东西挤出意识，挤进无意识领域。[③] 从这个意义上说，俄罗斯人对待中国的态度也是矛盾的。俄罗斯不停摆荡于东西方之间，这构成了俄罗斯看待中国的"前意识"，或者是无意识。

3. 帝国梦与泛斯拉夫主义

15 世纪中期之后的几百年，俄罗斯诗人、文学家不断在作品中强化着一种印象，似乎罗马、君士坦丁堡都是俄罗斯的旧都。这样，通过宗教界和官方的宣传、知识界的传播，"第三帝国"的自我意识在俄罗斯民间得到了广泛的响应。弥赛亚意识助长了俄罗斯人的斯拉夫帝国想象。

泛斯拉夫主义的理论在诸多作家的作品中都有体现，19 世纪诗人

---

① Гройс Б. Россия как подсознание Запада // Гройс Б. Искусство утопии. М.，1993.

② Николай Хренов，Русская культура на перекрестке Запада и Востока//Перекрестки культур. Аспекты изучения，N. 3－4 /2013，С. 113.

③ 同上。

丘特切夫更是在诗中对斯拉夫帝国的疆域做了大胆的想象："哪里是它的尽头，哪里是它的边界？/在北方，在东方，在南方，在日落的地方？/这些地方的命运都将由未来决定……/这里有七大内海，七条大河……/从尼罗河到涅瓦河；从易北河到中国；从伏尔加河到幼发拉底河；/从恒河到多瑙河……/都属于俄罗斯王国……都将永世长存，/一如神灵和但以理的预言。"①

心怀着这样的帝国梦，难怪《死魂灵》中写道，当俄罗斯这架三套马车飞驰向前时，"其他的民族和国家都侧目而视，退避一旁，给她让开道路"②。

彼得大帝以来，俄罗斯似乎总是以帝国形象出现，虽然几经沉浮，有盛有衰，但"帝国梦"始终萦绕在心。泛斯拉夫运动的兴起迎合了斯拉夫帝国的想象和沙俄帝国对外扩张的需要。泛斯拉夫主义者更是俄罗斯文化优越论的坚定信奉者和推行者。糅合了民族优越心理和帝国思想的俄国泛斯拉夫主义，成为一种最具综合性和系统性的软实力手段。按照约瑟夫·奈的观点，软实力有三大来源：文化、意识形态和对外政策。19世纪的俄国泛斯拉夫主义则全面提供了这三大来源。今天，在北约东扩的背景下，泛斯拉夫主义成为俄罗斯应对威胁的思想手段之一。

从历史上看，自彼得大帝时代到苏联时期，再到今天，俄罗斯一直在经历西化的过程。试图融入西方文明的大家庭，一直是俄罗斯精英们的目标。普京上任之初也曾提出建立从里斯本到符拉迪沃斯托克的大欧洲的理想。不过，欧洲却鲜少与俄罗斯相向而行。2022年俄乌冲突爆发后，俄罗斯与欧洲更是渐行渐远。

---

① Тютчев Ф. Сочинение в двух томах. М: Правда，1980，С. 104.
② 果戈理：《死魂灵》，北京：人民文学出版社，2003年，第264页。

二、当代俄罗斯文学中的中国元素

古老睿智的中国哲学对俄罗斯知识分子的影响，在经典作家的经典作品中并不鲜见。列夫·托尔斯泰就是 19 世纪孔子形象在俄罗斯最重要的塑造者之一。而从 20 世纪末开始，中国传统文化在部分俄国知识分子中又开始产生广泛影响，俄罗斯出版了大量传播中国传统文化的书籍。20 世纪 90 年代后期，俄罗斯的汉学家和作家集体建构着对中国哲学和中国智者的想象。他们对中国传统文化表现出浓厚的兴趣，在自己的小说、诗歌创作中，汲取中国传统文化的养料，借以想象自己文学作品中的中式人物、奇趣异事和东方色彩。另一些俄罗斯作家将中国传统文化元素与俄罗斯文化相拼贴，通过这样的方式构建的中国形象，回归了 18 世纪"哲人之邦"的套话。

下面介绍两位俄罗斯当代作家。

第一位是俄罗斯当代作家、评论家阿列克谢·瓦尔拉莫夫（Алексей Варламов）。他是莫斯科大学语文系教授，曾荣获多个文学大奖。2004 年创作了短篇小说《上海》。

"上海"是莫斯科大学旁一家简陋的小酒馆。小说的主人公别佳曾是莫斯科大学的学生，因为成天泡在这里，虚度了整个大学时光。因此年轻的时候，别人给他起了个外号叫"上海斯基"。别佳看似心态平和，内心却非常脆弱。他忠于朋友，善于和各种人打交道。尽管大学没能毕业，但凭借着大学期间做小买卖的成功经验，别佳在生意场上却如鱼得水，大获成功。发达之后他也不改自己乐善好施的本性：为自己的母校捐款，资助曾告发他的教师，等等。可别佳始终不明白的是，为什么生活变得越来越好，人却变得越来越坏？为什么关于他的流言蜚语越来越多？人性中的嫉恨让他越来越难以释怀。他对一切都失去了兴趣，只想

235

不惜代价地回到过去的生活。就在这个时候，他心灵的方舟——小酒馆"上海"却拆除了，他动用了自己的钱、自己的关系、自己所有的影响力，都无法阻止这件事。他终于陷入了抑郁。朋友们为了帮助别佳重新振作起来，为他精心设计了一场 40 岁生日会，刻意重现了当年"上海"小酒馆里的情形。眼前的景象唤醒了别佳麻木的心灵。他流泪了，感动了。可是当朋友们结束表演，重新布置好灯红酒绿的生日会场时，他再次失望了。不过别佳明白了自己要寻找的是什么，于是等候在门口的司机把他送到了中国上海。在那里，别佳遇到了一位高人。高人告诉他，谎言不是外在的，而是深藏于人的内心，只有在万物皆空之处或万物皆备之时，谎言才能彻底消除。于是"上海斯基"搭上高人的私人飞机，来到了一个美丽的海岛。他从空中俯视人间，看到朋友们正在参加自己的葬礼。这个小岛就是他朝思暮想的乐土，这里的每一粒细沙都充满了真理。他终于如愿了。

从小说的情节可以看出，作者按照心中想象的东方人或者说是中国人塑造了别佳的性格。关于为什么要创作这篇小说，瓦尔拉莫夫说："从 90 年代起，我们陷入了倦怠、慌乱、失望。我见过很多优秀也很有思想的人变得无所适从。"[①] 这是当今俄罗斯知识分子在种种社会困境面前的典型心态。一批批"多余人"接连产生。他们既不理解别人，也不理解自己，更不理解这个国家到底发生了什么。他曾幻想回归俄罗斯传统的那座"乡间的房子"，在俄罗斯乡土和自然文化中寻找心灵的归宿。但是，作家和主人公都失望了。于是，作家开始尝试探索另一条救赎之路。

小说中有一个有趣的情节。别佳的司机是个研究别尔嘉耶夫的哲学系研究生。可是别尔嘉耶夫的研究者似乎并没能拯救别佳，唯一对他的

① Любовь Балакирева. В гостях портала "Религия и СМИ" писатель Алексей Варламов，网址：http：//www.religare.ru/2 _ 33607.html，发布日期：2006 年 10 月 17 日。

帮助就是把他送到了中国。中国，才有别佳要寻找的人生哲学。

社会的进步如同个人的成长，都是不断试错的过程。难能可贵的是博采众家之长，补自身之不足。利哈乔夫说："俄罗斯文化的根基不光是古代俄罗斯文学和俄国的民间文学，还有与我们相邻的文化。俄罗斯就像一棵大树，其根系和冠叶与旁边的树木相连。"[1] 俄罗斯知识分子已经开始从中国古典哲学的大树上吸收营养，以解决自身的问题，这无疑是一种有益的尝试，但又何尝不是一种承载着美好愿望的乌托邦梦想？

第二位是维克多·佩列文（Виктор Пелевин）。有中国研究者说：佩列文不仅使中国文化超出汉学研究而成为文化审美因素，也使当代俄罗斯文学呈现出别样的东方幻象。[2]

1991年佩列文创作了短篇小说《苏联太守传》，副标题为"中国民间故事"。这是一个包装得很"中国"的故事。标题中"太守传"直接采用了中文的音译，小说中的人物也起了地道的中国名字。故事主人公张七是个穷困潦倒的农民，成天浑浑噩噩地烂醉，在自家空空的米仓里苟且度日。一天，两名黑衣壮汉来到他家，恭敬地将他带上一辆加长轿车，穿过森林，落入黑洞，来到了一个叫"苏联"的国家。在这里，他莫名地成为万人膜拜的高官，飞黄腾达，极尽荣耀，娶妻生子，尽享奢华，甚至还成了最高统治者。可是，这一切正如一枕南柯梦般虚幻。十数年之后，他因几句话被群起而攻，瞬间被剥夺了一切地位和荣耀，被缚上手足投入汽车运到某处，头朝下扔入窖井。张七醒来发现自己依旧躺在自家米仓的地上。他看见米仓里有一个蚁穴，自己在"苏联"眼见的种种均藏身其中。张七在"苏联"所过的数载浮华不过幻梦一场。

---

① Лихачёв, Д. Заметка о русском, М: Советская Россия. 1981. С. 3.

② 王树福：《跨文化诠释与个性化改写：佩列文小说中的中国文化元素》，载《中华读书报》，2013年2月20日，第18版。

最后作者写道："让这一切给那些想趋炎附势向上爬的人一个教训。如果我们身处的整个世界都不过是吕洞宾酒壶中的一方天地，那么张七去的那个国度又算得上什么！山中方数日，世上已千年。从囚徒到君主，不过是从一个蚁穴爬到另一个。这是个奇迹，不是吗？华州党委李昭同志说过：'可以倾国的功名、财富、高位和权势，在智者看来，与蚁群无异。'"

熟悉中国文化的读者很容易发现佩列文这篇小说与唐代李公佐的《南柯太守传》的相似之处。佩列文在"南柯一梦"故事基础上嵌套了一个关于苏联的故事，实现了当代俄罗斯小说文本同中国唐传奇文本的互文。在《苏联太守传》中，张七来到的国度实际上也是一个蚁穴。正如汤显祖在《南柯记》中写道："人间君臣眷属，蝼蚁何殊！一切苦乐兴衰，南柯无二。""不须看尽鱼龙戏，浮世纷纷蚁子群。"小说中李昭这一句掷地有声的话实际上也是《南柯太宗传》末尾"前华州参军李肇赞曰"的翻版。

20世纪90年代之后，俄罗斯社会价值理念失范，导致社会主体信仰缺位，知识分子产生了重建价值理念的社会使命意识。俄罗斯汉学家和部分读者对中国的传统文化，尤其是儒家学说产生了亲近感。这为俄罗斯关注中国传统文化提供了现实的动力。[①] 将俄罗斯国情之"酒"装入中国文化之"瓶"，嬉笑怒骂，成了俄罗斯作家为反映社会现实而另辟之蹊径。

三、俄罗斯艺术家的中国想象

"中国元素"不光出现在俄罗斯作家笔下，在艺术家的作品中也有

---

① 参见刘亚丁：《龙影朦胧——中国文化在俄罗斯》，北京：北京大学出版社，2018年，第72~73页。

所体现。为了了解俄罗斯艺术家眼中的中国形象，以及中国文化对其艺术思维的影响，我们选取了三位各具代表性的俄罗斯当代艺术家①。他们出生于不同的年代，从事不同类型的艺术创作，有的已定居欧洲，但是他们都生于苏联，在苏联长大，俄罗斯文化是他们共同的创作基础。

　　第一位是维克多·皮沃瓦罗夫（Виктор Пивоваров），非官方艺术代表人物，莫斯科观念主义画派创始人之一。他出生于 1937 年，1982 年离开苏联，定居捷克布拉格至今。对于莫斯科观念主义画派而言，东方是一种象征、一种形象，甚至是一种隐喻。该画派的文集《牧师》（Pastor）2001 年第 8 期以"莫斯科观念主义画派的东方传统"为主题，发表了 27 位作者的相关文章。其中，维克多·皮沃瓦罗夫是莫斯科观念主义画派老一辈的代表人物。他于 20 世纪 90 年代曾远离莫斯科的艺术圈，可是 2000 年之后又重回俄罗斯当代艺术界并在其中占据着重要地位，多次在莫斯科特列季亚科夫美术馆、圣彼得堡艾尔米塔什博物馆等举办画展。他的作品《狐狸与节日》《汉语课》等都被认为采用了中国画的风格（卷轴、印章、诗画一体等），具有浓重的中国色彩。

　　第二位是拉脱维亚画家、诗人、摄影师弗拉基米尔·斯维特洛夫（Владимир Светлов）。他出生于 1973 年，现居里加，是拉脱维亚最主要的文化团体之一"轨道文字"的成员。该团体不仅是诗人和表演艺术家的联盟，也是一家面向拉脱维亚国内两大语言（俄语和拉脱维亚语）人群的出版社。斯维特洛夫在苏联度过童年和少年，后来拉脱维亚从苏联独立出来，成为一个独立的国家。弗拉基米尔·斯维特洛夫存在于两种语言（俄语和拉脱维亚语）之间，也存在于两种艺术语言（视觉语言与文字语言）之间。在斯维特洛夫乃至整个"轨道文字"团体的创作中，语言和形象都有着同样重要的作用。这些都使得斯维特洛夫同"中

---

① 这些艺术家当前的国籍不一定是俄罗斯，但他们都是出生于苏联的俄罗斯人。

国元素"的碰撞呈现出多层次的视角。

第三位是策展人、画家阿尔乔姆·菲拉托夫（Артем Филатов）。他出生于 1991 年，来自俄罗斯伏尔加河地区。苏联时期制作了一些关于中国神话的动画片，其中包括 1950 年阿塔玛诺夫导演的《黄鹳》。这是一部精美的手绘动画片，带有很多中国元素和中国特征。这些动画片让菲拉托夫认识了中国。他说："当时我还是个小孩子，爱看动画片。我就是这样接触到了苏联式对中国的刻板形象。我想，如果我们现在去中国，我们会发现这与我们之前印象中是两个世界。我最早接触到的实际上是中国的民间故事。"

总的说来，三位艺术家眼中的中国形象都是一种虚幻的乌托邦。正如萨义德所言："在与东方有关的知识体系中，东方与其说是一个地域空间，还不如说是一个被论说的主题（topos），一组参照物，一个特征群，其来源似乎是一句引语，一个文本片段，或他人有关东方著作的一段引文，或以前的某种想象，或所有这些东西的结合。对东方的直接观察或详尽描述只不过是由与东方相关的写作所呈现出来的一些虚构性叙事……"①

对于他们而言，中国与其说是一个地域空间，不如说是一个主题、一个参照物。他们的中国印象来自偶得的一些影像、一个文本、一段描述，再加上他们自身的想象。他们无意中采用了一些东方特有的艺术方法，或是间接地受到了来自东方的佛教、道教哲学的影响。当然，这种影响也在西方和俄罗斯文化背景下发生了变形。这样的"中国想象"与实际的中国文化内核相去甚远。

在俄罗斯文化人那里，"中国主题"或者说"东方主题"不过是一种投射、一种反光，一种以"中国"外形映射出的遥远想象。他们选取

---

① 萨义德：《东方学》，王宇根译，北京：生活·读书·新知三联书店，2019 年，第 236 页。

中国为载体，不过是采用了什克洛夫斯基所说的陌生化手法，作为思考俄罗斯自身问题的另一个维度。

参考资料

刘亚丁：《龙影朦胧——中国文化在俄罗斯》，北京：北京大学出版社，2018 年。

利哈乔夫：《解读俄罗斯》，吴晓都等译，北京：北京大学出版社，2003 年。

萨义德：《东方学》，王宇根译，北京：生活、读书、新知三联书店，2019 年。

图书在版编目（CIP）数据

透视双头鹰：从文艺看俄罗斯的历史道路 / 刘亚丁
主编 . -- 成都 ：四川大学出版社，2024. 12. --（明远
通识文库）. -- ISBN 978-7-5690-7608-0

Ⅰ . K512.07

中国国家版本馆 CIP 数据核字第 2025BG2854 号

书　　名：透视双头鹰：从文艺看俄罗斯的历史道路
　　　　　Toushi Shuangtouying: Cong Wenyi Kan Eluosi de Lishi Daolu
主　　编：刘亚丁
丛 书 名：明远通识文库

出 版 人：侯宏虹
总 策 划：张宏辉
丛书策划：侯宏虹　王　军
选题策划：于　俊
责任编辑：于　俊
责任校对：敬雁飞
装帧设计：燕　七
责任印制：李金兰

出版发行：四川大学出版社有限责任公司
　　　　　地址：成都市一环路南一段 24 号（610065）
　　　　　电话：（028）85408311（发行部）、85400276（总编室）
　　　　　电子邮箱：scupress@vip.163.com
　　　　　网址：https://press.scu.edu.cn
印前制作：成都完美科技有限责任公司
印刷装订：四川省平轩印务有限公司

成品尺寸：165mm×240mm
印　　张：15.875
插　　页：4
字　　数：222 千字

版　　次：2025 年 4 月 第 1 版
印　　次：2025 年 4 月 第 1 次印刷
定　　价：68.00 元

本社图书如有印装质量问题，请联系发行部调换

扫码获取数字资源

四川大学出版社
微信公众号